영화로 논리키우기, 영화로 세상보기

14세 소년,
극장에 가다

14세 소년, 극장에 가다

2006년 07월 05일 초판 1쇄 발행
2011년 08월 10일 초판 7쇄 발행
2015년 10월 15일 개정판 1쇄 발행

지은이 : 이대현
펴낸이 : 김영애
펴낸곳 : SniFactory (에스앤아이팩토리)
인　쇄 : (주)태원디앤피

등록일 : 2013년 6월 3일
등　록 : 제2013-00163호

주　소 : 서울시 강남구 삼성동 157-8 엘지트윈텔1차 1402호
전　화 : (02) 517-9385 / 팩　스 : (02) 517-9386
이메일 : dahal@dahal.co.kr / 홈페이지 : www.snifactory.com

ISBN : 979-11-86306-12-3

값 15,000원

영화로 논리키우기, 영화로 세상보기

14세 소년,
극장에 가다

이대현 지음

다홀미디어

'14세 소년'의 10년 후

10년 가까이 지났습니다. 14세 아들(동륜)은 대학졸업을 앞둔 청년이 됐고, 함께 생각하고 토론했던 시간들과 영화들도 추억이 되어가고 있습니다.

늘 새로운 영화는 쏟아집니다. 때문에 영화도, 그것에 관한 글도 금방 낡아버릴 것이라고 생각했습니다. 그런데 뜻밖이었습니다. 해마다 14세 소년들이 〈14세 소년, 극장에 가다〉를 찾고 있습니다.

청소년권장도서라서, 아니면 책 속 영화에 무슨 특별한 추억이 있어서는 아닐 것입니다. 자신들 눈높이에서 영화를 통해 인간과 세상, 삶과 죽음, 역사와 사회, 예술과 상상력을 이야기하고 있기 때문은 아닐까 아전인수(我田引水)격으로 추측해 봅니다. 그만큼 문화적 취향이 결정되는 시기인 14세 아이들이 영화 속에서 그런 모습들을 발견하고는 생각하고 대화할 수 있는 '마당'이 없었고, 10년이 지나도 여전히 없다는 반증도 되겠지요.

일본 미야자키 하야오 감독의 애니메이션 〈코쿠리코 언덕에서〉는 "낡았다고 함부로 버리지 말라"고 우리에게 말합니다. 그 메시지는 영화도 해당됩니다. 아이디어와 소재, 표현방식은 달라도 영화가 담고자 하는 것은 변하지 않습니다. 바로 우리의 삶을 아름답게 하는 '보편적 가치들'이지요.

그래서 쑥스러움을 무릅쓰고 개정판을 냅니다. 바꾼다고 새 영화들로 채우지는 않았습니다. 시간에 구애받지 않고 〈국제시장〉〈겨울왕국〉〈아바타〉〈아이언 맨〉〈마당을 나온 암탉〉 등 기억에 생생하고, 생각할 '또 다른 것'들이 있는 영화들을 추가했습니다. 연작으로 나온 영화들은 후속작의 느낌을 덧붙였습니다. 그중에는 이미 다른 곳에서 이야기한 것들도 있습니다.

내친김에 '14세 소년의 영화보기'도 새로 실었습니다. 글쓰기처럼 영화 보기도 각자 머리와 가슴, 눈과 귀를 열고 자신의 길을 따라 가면 됩니다. 나이에 따라 다른 것도 아닙니다. 때론 아이의 눈으로 본 세상이 훨씬 섬세하고 날카롭고 아름답습니다. 다만 그동안 경험을 바탕으로 조금이나마 영화 속의 세상을 더 다양하고, 넓게 볼 수 있는 방법이라고 생각하는 것들을 나름대로 정리해 보았습니다. 꼭 따라가야 할 필요도, 이유도 없습니다. 길은 하나가 아니니까요.

오랜만에 다시 14세가 되어 영화를 보았습니다. 시간이 흐를수록 점점 그때의 마음과 눈으로 돌아가기가 어렵습니다. 다행스럽게도 저에게는 〈14세 소년, 극장에 가다〉가 있다는 것이 행운입니다.

2015년 10월

이 대 현

영화로 세상을 보자

문화적 취향과 '재미'

"무슨 영화 볼까?" 하면 아이들은 대뜸 자신들이 보고 싶은 영화를 말하지요. 기준은 하나입니다. 바로 '재미' 이지요. 재미 있을 것 같아서, 아니면 (친구나 TV가) 재미있다고 하니까.

재미. 맞습니다. 재미가 없으면, 독서도 공부도 영화보기도 여행도 고통스러운 일이지요. 재미가 있어야 즐겁고, 즐길 수 있으니까요. 공자님도 '배우는 것보다 좋아하는 것이 낫고, 좋아하는 것보다 즐기는 것이 낫다' 고 했습니다. 즐기는 가운데 저절로 배우고 익히는 것 보다 더 행복하고 좋은 일은 없지요.

영화에서 '재미' 란 무엇일까요. 좋아하는 장르와 주제, 좋아하는 스토리와 배우, 아니면 좋아하는 영상이 있으면 '재미 있는 영화' 일까요. '재미' 의 기준은 사람에 따라 다릅니다. 어떤 사람은 잔잔한 감동의 영화를 좋아하고 어떤 사람은 그런 영화는 "졸린다"고 하지요. '취향' 의 차이이지요. 마치 즐겨먹는 음식이 다르듯, 문화에서도 사람마다 취향이 다르지요.

취향은 타고나기도 하지만 훈련과 경험에 의해 결정되기도 합니다. 그게 언제쯤 일까요. 대략 14세(우리 나이로 15세) 전후라고 합니다. 영국국립영화연구기관인 BFI (영국필름연구소)는 1920년대에서 2000년대에 나온 작품 중에서 '14세 이하 아이들에게 보여줘야 할 영화 10편'을 선정하면서 "좋은 영화들은 14세가 되기 이전에 보여주는 것이 중요하다. 대략 그들의 문화적 취향이 형성되는 나이가 14세 전후이기 때문이다"라고 했습니다. 그 10편 안에는 일본 미야자키 하야오 감독의 〈센과 치히로의 행방불명〉, 프랑스 미셸 오슬로 감독의 〈키리쿠와 마녀〉 같은 애니메이션과 영국 스티븐 달드리 감독의 〈빌리 엘리어트〉도 들어있지요.

문화적 취향은 평생을 갑니다. 때문에 그것을 폭 넓게 갖는 것은 문화를 보다 다양하게 즐길 수 있는 능력인 동시에 지식과 교양, 생각과 가치관을 넓고 깊게 만드는 지름길이기도 합니다. 영상시대에 세상과 삶을 보다 잘 이해하기 위해서는 다양한 영화보기 역시 무시할 수 없습니다. 영화는 특성상 유행처럼 흘러 보내기 쉽지만, 어느 예술보다 깊이 있는 탐구와 시선으로 인간과 사회와 세상을 이야기합니다.

영화는 인간과 세상을 보는 창窓!

영화를 보면서 우리는 가치판단에 먼저 빠집니다. 재미있다, 재미없다. 슬프다, 웃긴다는 표현들이 그것이지요. 부모들이라고 예외는 아닙니다. 기껏 물어본다는 것이 "재미있었어"지요. 그러면 아이들은 "예"와 "아니"란 대답으로 끝냅니다. "왜?"라고 물으면 돌아오는 대답도 "그냥" 아니면 "재미있으니까" 한마디 뿐입니다.

부모들부터 영화 보는 태도를 바꿔야 합니다. 영화를 보면서 끝없이 질문을 해야 합니다. 왜 저렇게 표현했나? 감독은 무엇을 어떻게 말하려는 것일까? 내가 감독, 배우라면 어떻게 했을까? 무슨 이야기를 하려는 걸까? 꼭 그 얘기밖에 없나?

그 순간, 영화는 단순한 오락이나 시간 죽이기가 아닌 생각과 논리와 토론의 마당이 됩니다. 영화에 대해 자신의 의견을 말하고, 아이들의 생각과 의견도 물어보세요. 영화를 보러 가기 전에도 질문을 해야 합니다. 왜? 무엇을 발견할 수 있을까? 어떤 시각으로 봐야 할까? 그러면 아이 역시 생각을 굴리며 영화를 보지요. 자신이 시나리오 작가, 감독, 배우가 돼 주제를 정하고, 구성을 개발하고, 인물을 발전시키지요.

그런 다음 대화를 나눠 보십시오. 분명 아이의 눈과 머리와 가슴이 달라져 있을 것입니다. 영화 속에서 훨씬 많은 것들을 발견하고, 그 발견이 주는 재미를 느끼게 될 것입니다. 생각도 깊어지고, 이전 같으면 재미없어 하던 영화도 보게 될 것입니다. 영화가 단순한 오락이 아닌 삶의 거울, 세상을 보는 창, 생각의 마당, 상상과 논리의 재료로 바뀌는 순간이지요.

영화 읽기에 공식은 없다

이 책은 영화 속에서의 그런 질문과 대답을 자유롭게 쓴 것입니다. 쓰면서 '영화를 이렇게도 볼 수 있구나', '이처럼 다양한 시각과 생각해야 할 것들이 많구나' 하고 놀랐습니다. 열 네 살의 시선으로, 마음으로 돌아가니 훨씬 많은 것들을 만날 수 있었습니다. 그 일이 무척 재미있고, 또 소중하다는 생각이 들었습니다.

영화에 대한 글이나 책은 많이 있지요. 대부분 어른들을 위한, 어른들만의 지나치게 작품 평가에 집착한 것들이지요. 반면 영상미디어교육으로서 '청소년들 영화보기'를 위한 글이나 책은 거의 없습니다. 그들의 눈높이에 맞추는 일도 쉽지 않고, 또 영화 보는 방법이라는 게 무슨 요리 만들기처럼 하나의 공식이 있는 것이 아니기 때문입니다.

이 책 역시 특별한 공식을 제공하는 것은 아닙니다. 영화를 보면서 가졌던 다양한 시각과 생각들을 영화 속 이야기와 삶, 현실, 역사, 상상 등과 재미있게 결합시키려고 했습니다. 부모와 아이들이 함께 읽고 영화로 대화하고, 영화를 통해 논리와 생각을 키우는 좋은 길잡이가 되길 바랄 뿐입니다.

생각지도 못했던 이런 재미있는 글들을 쓸 수 있는 계기를 만들어준 '중학 독서평설'과 이숙연씨, 20년 가까이 영화일(기획 · 마케팅)을 하고 있는 아내 김혜원, 눈높이를 맞추는 데 도움을 준 두 아들 동구와 동륜, 청소년 영상교육의 중요성을 역설하며 책을 출판해준 다할미디어 김영애 대표께 감사 드립니다.

2006년 7월
이 대 현

| contents |

01 인간

나는 누구인가

어메이징 스파이더맨
스파이더맨 1, 2, 3

감　　독 / 샘 레이미
제작국가 / 미국
제작연도 / 2002년(1편), 2004년(2편), 2007년(3편). 2012년
메　　모 / 미국 마블 코믹사의 최고 인기 만화를 영화화했다.

"나는 누구인가?"(Who am I?)

〈스파이더맨〉 시작에 주인공 피터 파커(토비 맥과이어)는 반문합니다. 그리고는 자신은 행복과 거리가 멀다고 말합니다. 그도 그럴 것이 그는 부모를 잃고 삼촌 집에서 살고 있습니다. 사춘기인 그는 옆집에 사는 소녀이자 학교 친구인 메리 제인(크리스틴 던스트)을 좋아하지만, 한 번도 그녀에게 다가가 말을 걸지 못합니다. 왜냐하면 MJ(메리 제인의 약칭)는 그에게 관심도 없는데다, 학교의 '짱' 이 그녀를 좋아하고 있기 때문입니다.

용기도 없고, 힘도 없는 피터는 학교에서도 마찬가지 처지입니다. 모두 그를 무시합니다. 스쿨버스 기사까지 그를 우습게 생각하지요. 늦어 이미 출발한 버스를 애면글면 쫓아가면 기사는 일부러 한참을 달리다 멈춥니다. 그나마 그를 불쌍히 여긴 MJ가 아니면 그냥 달렸을 것입니다. 그것으로 '고생 끝'이 아닙니다. 겨우 버스를 타면 그 다음은 아이들의 공격 차례입니다. 누구도 피터를 자기 옆에 앉게 하지 않습니다. 자리를 찾아 두리번거리면 다리를 걸어 넘어뜨립니다.

왕따! 맞습니다. 흔히 말하는 그는 왕따입니다. 유일한 친구라고는 해리(제임스 프랑코)뿐입니다. 그는 유명한 과학자인 노만 오스본(윌리엄 데포)의 아들이지요. 노만 박사는 미국 국방부의 지원을 받아 인간의 잠재능력을 개발하는 연구계획을 추진합니다. 피터는 자신의 과학적 재능을 알아주는 노만 박사가 좋고, 그런 아버지를 둔 해리가 부럽습니다. 그러니 이때까지, 즉 그가 스파이더맨이 되기 전까지는 '내가 누구냐'는 질문에 대한 피터의 답은 당연히 '행복과 거리가 먼 아이'지요.

불행한 사람일수록 더욱 간절하게 행복을 꿈꿉니다. 그 꿈은 불행한 현실에서 탈출하고 싶은 욕망의 표현이지만, 결코 쉽사리 그 꿈이 현실로 이뤄지지는 않습니다. 또 불행한 사람은 자신을 불행하게 만든 사람에 대해 적대감을 갖습니다. 그래서 '내가 만약 ○○라면'이라는 가정 아래, 통쾌하게 그들을 복수하는 상상을 하곤 합니다. 아마 '스파이더맨'을 비롯해 '두 얼굴을 가진 사나이'·'슈퍼맨'·'배트맨' 등은 이런 욕망을 반영한 존재들인지 모릅니다. 이들은 모두 인간이 가질 수 없는 능력을 가지고 있습니다.

인간의 욕망은 그것이 합리적인 사고와 검증을 통하면 과학이 됩니다. 새처럼 날고 싶은 꿈은 라이트 형제에 의해 비행기가 됐고, 물고기처럼 바다 속을 여행하고 싶은 꿈은 잠수함이 됐습니다. 그러나 그러한 욕망은 때론 그리스 신화의 **이카루스**처럼 무모한 도전이어서 추락하거나, 만화와 영화가 상상하는 갖가지 변종 인간을 만들기도 합니다.

그러나 변종 인간은 완전한 상상의 존재만이 아니라는 점에 주목할 필요

이카루스

Icarus. 그리스의 신화 속의 인물. 크레타의 왕 미노스의 크노소스 궁전을 지은 다이달로스의 아들로 밀랍으로 날개를 달고 비행한 인물. 그러나 너무 높이 날지 말라는 아버지의 경고를 무시하고 태양을 향해 더 높이 날다 태양열에 밀랍이 녹아 추락해 목숨을 잃었다. 때문에 '이카루스의 날개'는 어리석은 인간들의 헛된 욕심을 뜻하기도 한다.

가 있습니다. 인간의 모습을 하고 있지만, 완전한 인간이라 할 수 없으며 인간보다 물리적으로 강한 존재. 합리적인 제도나 법이 아닌 불법 폭력이나 힘에 억눌린 사람, 아무리 몸부림쳐도 끔찍한 현실을 벗어날 수 없는 사람일수록 변종 인간은 동경의 대상이 될 수 있습니다. 한편으로는 공포의 대상이 되기도 합니다. 인간이 다른 동물에 의해 인간 원래의 정체성을 잃어버릴 수 있다는 공포. 그 공포는 인간이 혐오하는 동물일수록 더 큽니다. 늑대, 박쥐, 거미 같은 동물이 대상인 것도 그 때문일 것입니다. 자신의 존재에 대한 공포야말로 타인에게도 공포입니다.

또 하나. 그 공포가 있기에, 인간은 과학적 연구로 그 공포를 좀더 안전하게 이용할 수 있도록 노력합니다. 피터가 견학 간 연구소도 그런 곳인 셈이죠. 수많은 거미를 채집해 연구하고, DNA를 조합해 슈퍼 거미 15종을 만들었으니까요. 거기에 비하면 인간 그 자체의 잠재 능력을 최대한 끌어올리려는 노만 박사의 연구는 역설적으로 좀 더 인간적일 수도 있습니다. 물론 부작용으로 그는 악의 화신인 그린 고블린이 돼, 결국은 피터와 목숨을 건 대결을 벌이지만.

나는 스파이더맨

피터는 우연히 그 슈퍼 거미에 물립니다. 그리고 거미 인간(스파이더맨)이 됩니다. 실제로 인간이 거미에 물리면 어떻게 될까요? 아마 두 가지 현상이 나타날 겁니다. 그냥 따끔하고 말거나, 아니면 독거미일 경우 목숨이 위태로울 정도로 심각한 피해를 입거나. 그런데 피터는 변종인간이 됩니다. 비록 만화적 상상력, 영화적 설정이라고는 하지만 여기에는 인간에 대한 비판이 담겨 있습니다.

바로 무분별한 과학발달에 대한 경고지요. 비록 하찮은 존재지만, 엄연히 하나의 생명체인 거미의 유전자를 함부로 조작하는 인간들. 그 뿐인가요.

이제는 인간에게까지 그 짓을 서슴지 않고 있지요. 마치 세상에 모든 병을 없애고, 우리의 생명을 무한히 연장해 주고, 우리나라를 세계 최고의 부자로 만들어 줄 것처럼 떠들다 '거짓말'로 온 국민을 실망시킨 황우석 박사의 인간 배아줄기세포연구도 그 중 하나지요. 어쩌면 '스파이더맨'은 복제 양을 만들고, 유전자 조작으로 커다란 콩을 만들어 내고, 이제는 그것을 인간에게까지 적용하려는 인간의 오만이 가져올 비극을 보여 주는 것인지도 모릅니다. '너희들이 함부로 우리의 유전자를 조작했으니, 너희들도 유전자가 조작돼 거미 변종이 되어 봐라'는 것이죠.

'스파이더맨'은 그렇게 태어났습니다. 손에서 끈끈한 거미줄이 나오고, 그 거미줄을 타고 마음대로 건물 사이를 옮겨 다니고, 벽을 타고 올라갈 수도 있고, 엄청난 힘으로 점프도 할 수 있게 됩니다. 처음 피터는 스파이더맨이 된 자신의 존재에 대해 갈등하기보다는 새로운 능력을 가진 것에 기뻐합니다. 이유 역시 지극히 개인적입니다. 바로 자기가 좋아하는 MJ 앞에서 좀 더 당당해질 수 있기 때문입니다. 이를 증명이라도 하듯 피터는 스파이더맨의 힘을 그 '짱'이란 친구를 단번에 날려버리는 데 가장 먼저 씁니다.

그의 존재가 세상에 알려지게 되는 것 역시 개인적인 일에서 비롯됩니다. MJ가 멋진 자동차로 드라이브하는 것을 좋아한다는 사실을 알고는, 중고차라도 사기 위해 프로 레슬러에게 도전하면서였습니다. 피터는 죄 없는 삼촌을 죽인 강도에게 복수를 하고, 사람들은 그런 그의 괴력을 목격하게 됩니다. 일부러 사진기를 설치해 놓고 자신의 모습을 찍어 신문사에 판 것도 다 MJ를 위해 돈이 필요했기 때문이었습니다.

그렇지만 나는 인간이야

이 같은 스파이더맨의 지극히 개인적인 활동은 다른 영화 속 변종 인간과는 다른 것입니다. 신세대적이라고 해야 할까요. 그린 고블린처럼 사악한 마음을 먹지도 않지만, 그렇다고 인류평화니 지구의 안전이니 하는 거창한 구호도 내걸지 않습니다. 그가 하는 일이라고는 현금 수송차량 강도를 잡고, 불난 아파트에서 어린아이를 구하는 것입니다. 배트맨처럼 거대한 도시의 책임자도 아닙니다. 그가 쪽지에 남긴 말처럼 '다정한 이웃' 일 뿐입니다. 단지 그 이웃을 못살게 굴고, 자신이 가장 소중하게 생각하는 MJ를 위험에 빠뜨리기 때문에 그는 그린 고블린과 맞서 싸웁니다.

피터는 거미보다는 인간이길 원합니다. 괴력을 가진 슈퍼 거미인간이 아니라, 순수한 십대 소년(1편), 대학생으로서 사랑하는 MJ와 즐거운 시간을 보내고 싶은 청년(2편)인 것입니다. 그래서 악마의 유혹에 넘어가지 않은 거죠. 그런 그를 보고 그린 고블린은 빈정댑니다. "정말 단순한 놈이야, 벌레처럼"이라고. 그러나 그는 결코 벌레가 아닙니다. 따뜻한 휴머니즘, 인간생명을 소중히 여기는 마음을 간직하고 있으니까요. 고블린은 그런 그를 시험합니다. 추락하는 케이블 카 속의 사람들과 MJ 중 어느 쪽을 구하겠느냐고. 그러나 피터에게 그것은 '선택' 의 문제가 아니었기에 온 힘을 다해 양쪽 모두를 구합니다.

1편에서 그는 친구와 사랑하는 여자 친구를 위해 두 가지 비밀을 혼자만 간직합니다. 하나는 자신이 스파이더맨이란 사실, 또 하나는 고블린이 해리의 아버지였으며 그를 자신이 죽였다는 사실입니다. 피터로서 그는 MJ의 사랑을 받아들일 수 있지만, 스파이더맨으로서 그는 그 사랑을 받아들일 수 없습니다. 스파이더맨으로서는 해리에게 아버지를 죽인 원수지만, 피터로서는 해리의 둘도 없는 친구입니다.

여기서 다시 영화는 '스파이더맨' 의 정체성에 대한 문제를 제기합니다. 피터는 MJ의 사랑 고백을 듣고 그냥 친구로 지내자고 말합니다. 삼촌이 말한 것처럼 '큰 힘에는 큰 책임이 따른다' 는 사실을 알았기 때문입니다. 그리고 그 큰힘으로 자신의 개인적인 일이 아닌 더 큰일을 해야 한다는 사실을

깨달았기 때문입니다.

　스파이더맨으로서 피터는 그만큼 성숙해진 것입니다. 그는 그것을 '축복이자 저주'라고 했습니다. 어쩌면 인간의 경계를 벗어나 버린 존재. 사람들은 스파이더맨이 피터인 줄 모르지만, 피터란 존재까지 피터일 수 없는 불행. 여전히 그는 행복과는 거리가 먼 존재로 남아 있습니다. 그는 1편 마지막에 다시 한번 자신에게 질문을 던집니다. "나는 누구인가?(Who am I?)" 그것은 맷 데이먼 주연의 영화 〈본 아이덴티티〉처럼 기억상실증으로 자신이 누구인지 모를 때 하는 질문과는 다른 것입니다. 그리고 큰소리로 대답합니다. "나는 거미 인간(I am a Spider-Man)"이라고요. 자부심일까요, 아니면 피터로 돌아올 수 없는 것에 대한 울부짖음일까요?

다시, 나는 누구인가?

피터가 대학생이 된 2편에서 그 답을 조금은 발견할 수 있을지도 모릅니다. 그는 더 바쁘고 유명한 스파이더맨이 됐지만, 여전히 자신의 신분을 MJ에게도, 해리에게도 밝힐 수 없지요. 그래서 MJ와 데이트는 번번이 어긋나고, 아버지를 죽인 스파이더맨에 대한 복수심으로 불타는 해리를 모른척 할 수밖에 없지요.

그러나 시간이 지날수록 피터는 스파이더맨으로서 자기 역할과 가치에 충실하고, 자부심까지 가지기 시작합니다. 그는 존경하는 핵물리학자 옥타비우스 교수가 실험 중 사고로 기계촉수를 휘두르는 악의 화신 '닥터 옥토퍼스' 되고, 과학재단을 운영하는 해리가 아버지 복수를 위해 옥터퍼스와 손잡고 도시를 위협하자, 목숨을 걸고 '다정한 이웃'으로서 그들과 싸웁니다. 그는 더 이상 변종인간, 괴물이 아니라 '때가 되면 나타나는 슈퍼 영웅'입니다. 영화는 그의 영웅적 용감성을 더욱 강하게 드러내기 위해 3편에서는 역시 그만큼의 더 강한 악당 베놈과 샌드맨은 물론 아버지 복수를 위해 뉴 고블린까지 등장시켰습니다. 부모님의 과거사를 추가시킨 〈어메이징 스파이더맨〉에서는 아버지의 옛 동료인 코너스 박사의 내면에 숨겨진 자아인 리처드가 악당으로 나오지요.

그것으로 피터가 정체성에 대한 갈등에서 완전히 벗어났다고 할 수 있을까요. 결코 아닐 것입니다. 3편에서 보듯 외계에서 온 수수께끼의 유기체인 심비오트(Symbiote)에 감염, 한층 강력한 블랙 슈트 스파이더맨으로 변화해 자신의 힘에 도취되어 마음껏 세상을 즐기지만 그럴수록 그는 본래의 피터와 점점 멀어지고, 소중한 사랑과 사람들로부터 멀어진다는 우울한 생각을 합니다. 이는 어쩌면 아무리 초능력을 가졌다 하더라도 인간 그 자체에 대한 존엄성을 강조하는 것인지 모릅니다. 다시는 인간으로 돌아올 수 없는 모든 변종인간의 숙명인지 모릅니다. 아무리 MJ가 그의 가면을 벗김으로써 피터와 스파이더맨의 경계를 무너뜨리고 그에게 키스를 퍼붓고 마침내 〈어메이징 스파이더맨〉에서는 죽은 삼촌이 "네가 가진 능력을 세상을 위해 쓰면 뭐가 되든지 넌 나의 영웅"이라고 유언을 했다 하더라도.

이 영화도 보세요

 배트맨

60여년 전 당시 18세의 만화작가 밥 케인에 의해 탄생한 인물. 범죄와 부패, 탐욕의 도시 고담시를 지키는 정의의 사도로 기발한 첨단무기와 하늘을 나는 초인적 재능으로 악당을 물리친다. 바로 백만장자 브루스 웨인으로 그는 어린시절 끔찍한 고통의 기억으로 우울해 하며, 자신이 배트맨이란 사실을 숨기고 산다. 팀 버튼 감독의 1편을 시작으로 지금까지 악당을 바꿔가며 4편이나 영화로 나왔고 2008년에 〈배트맨 비긴스2〉가 개봉했다.

 엑스맨

역시 미국 인기만화를 원작으로 했다. 닥터 자비에(닥터 X)가 '특수 군단'으로 키운 돌연변이 'X맨'들이 인류를 파멸로 몰아넣으려는 악한 마그네토에 대항한다. 브라이언 싱어 감독이 1, 2편(2000년, 2003년)을 연출했고 3편 〈최후의 전쟁〉(2006년)은 브렛 라트너 감독이 메가폰을 잡았다.

괴물(짐승)만도 못한 인간

킹콩

감　　독 / 피터 잭슨
제작국가 / 뉴질랜드, 미국
제작연도 / 2005년
메　　모 / 〈반지의 제왕〉 감독의 아홉 살 때 꿈을 실현시
킨 작품

　　　　　　　　　　　　　　　　　　〈반지의 제왕〉을 동시에
3편이나 만들어 세계를 놀라게 했던 뉴질랜드의 피터 잭슨 감독이 〈킹콩〉으
로 다시 한번 우리를 놀라게 했습니다. 그 놀라움이란 특수효과와 첨단 컴퓨
터그래픽을 이용한 킹콩의 존재이지요. 킹콩이란 글자 그대로 거대한(King)
고릴라(Kong)를 말하지요.
　　인간이 영화 속에서 무수한 괴수, 이를테면 저 아득한 중생대의 공룡이나
고질라, 용가리를 만들어내는 것은 자연에서 인간을 위협하는 동물을 찾아
내, 인간으로서는 도저히 가질 수 없는 그들의 물리적 힘이 가진 공포를 확
인하고 싶은 욕망과 호기심이 있기 때문이지요. 그러나 한편으로는 그들을

통해 인간의 탐욕과 이기주의를 비판하려는 것이지요. 〈쥬라기공원〉이 그랬고, 〈고질라〉도 그랬습니다. 거대한 뱀인 〈아나콘다〉도 예외는 아니었습니다.

'킹콩' 역시 그래서 탄생한 존재이지요. 더구나 고릴라는 지구상에 존재하는 인간 다음으로 영리하고, 인간과 가장 닮은 동물이란 점에서 인간은 늘 그들에게 약간의 공포를 가지고 있는지도 모릅니다. 그들이 우리 몰래, 모르는 장소에서 인간과 비슷한 문명과 기술을 개발해 인간에게 대항할지 모른다는 생각이지요. 실제 그런 상상은 영화를 통해 그려지기도 하지요. 팀 버튼 감독의 **〈혹성탈출〉**이 좋은 예이지요. 더구나 그 고릴라가 엄청난 덩치와 괴력을 가진 킹콩이라면 과연 어떤 일이 벌어질까요.

영화 〈킹콩〉은 이번이 세 번째입니다. 1933년 메리언 쿠퍼라는 감독이 처음 만들었습니다. 사람이 고릴라 인형을 뒤집어쓴, 지금과 비교하면 엉성하고 촌스럽기 짝이 없는, 흑백영화이지요. 그러나 그 당시만 해도 괴수영화가 거의 없던 시절이라 큰 고릴라가 미국 뉴욕에 나타나 세계 최고 높이의 엠파이어 스테이트 빌딩을 무너뜨리려는 장면 만으로도 엄청난 충격을 주었습니다. 이를 43년만인 1976년 존 길러민이란 감독이 리메이크를 했습니다. 그리고 또 30년 가까이 흐른 뒤 특수효과의 거장 피터 잭슨 감독이 더욱 실감나는 킹콩으로 다시 만들어낸 것이지요.

세 편의 〈킹콩〉은 거의 스토리가 같습니다. 몇 명의 사람들이 배를 타고 무인도(세 번째 작품에서는 해골섬)에 가고, 거기에서 여자주인공인 배우지망생 앤이 원주민에 의해 납치돼 킹콩의 제물로 바쳐지고, 남은 사람들이 그녀를 구하기 위해 필사적으로 노력합니다. 그런데 뜻밖에 무시무시한 킹콩은 여자주인공을 죽이지 않고 보호하며, 그것을 눈치챈 일행 중 한 명이 자신의 욕심을 위해 잔인하게 킹콩을 생포해 미국으로 데려오지만, 분노한 킹콩은 탈출해 뉴욕을 쑥대밭으로 만든 뒤 애타게 찾던 여자주인공 앞에서

혹성탈출

1968년에 만든 SF 명작을 팀 버튼 감독이 33년 만에 (2001년) 다시 만들었다. 〈혹성탈출〉은 그동안 4편의 속편과 2개의 TV 시리즈가 만들어질 만큼 충격과 인기를 모았다. 서기 2029년 이름 모를 행성에서 지구와 달리 인간이 하등동물 취급을 받으며 유인원들의 노예로 산다. 그리고 그곳의 지도자 테드는 인간을 말살하려 한다. 인간의 오만과 이기심을 매섭고 섬뜩하게 비판한다.

총을 맞고는 죽습니다.

다르다면 첫 번째와 달리 두 번째 작품은 시대배경이 1970년이고, 석유 회사 간부 윌슨이 엄청난 석유가 매장돼 있다는 확신으로 동물학자 잭과 함께 무인도로 가게 되고, 도중에 항해 사고로 구명보트로 표류하던 여자주인공을 발견해 구조하게 되고, 킹콩이 거대한 뱀과 싸웁니다. 마지막 장소도 다릅니다. 킹콩이 뉴욕의 지하철 등을 마구 부수는 난동을 부리다 엠파이어 스테이트 빌딩이 아니라 자신이 살던 섬의 두 개의 바위 기둥과 비슷한, 지금은 9·11 테러로 사라진 세계무역센터 쌍둥이 빌딩으로 올라갑니다.

고릴라가 인간을 사랑한다?

그러나 피터 잭슨의 세 번째 〈킹콩〉은 다시 1편으로 돌아옵니다. 그에게는 그만한 이유가 있습니다. 그가 군이 〈킹콩〉을 다시 만든 이유는 어릴 때 꿈이었기 때문이라고 합니다. 호기심 많던 아홉 살 소년 피터는 어느 날 TV에서 오래된 흑백영화 〈킹콩〉을 보게 됩니다. 영화는 그에게 깊은 인상을 남겼고, 그는 그 때부터 영화감독이 되기로 결심했습니다. 자기도 〈킹콩〉을 만들어보겠다는 생각 때문이었습니다. 어른이 되기까지 참지 못한 피터는 열 두 살 때 자신의 손으로 〈킹콩〉을 한번 직접 만들어보자고 덤볐습니다. 어머니가 주신 낡은 모피 코트의 털과 철사로 킹콩을 완성했습니다. 엠파이어 스테이트 빌딩은 널판지에 그림으로 그렸고, 뉴욕의 하늘은 침대 시트를 이용했습니다. 그때 만든 조악한 킹콩 모형과 엠파이어 스테이트 빌딩 모델, 뉴욕의 하늘 배경은 지금까지도 감독이 소장하고 있다고 합니다. 물론 아무런 도움과 기술과 능력이 부족한 그는 〈킹콩〉을 완성할 수 없었습니다. 그러나 그때의 집념은 30년이 넘도록 그에게서 떠나지 않았고 결국 지금의 〈킹콩〉을 탄생시킨 셈입니다. 그로서는 첫 흑백영화 〈킹콩〉에 대한 일종의 **'오마쥬'**이지요.

오마쥬

homage. 프랑스어로 '감사' '존경'을 뜻하는 말. 영화에서는 그 표시로 존경하는 특정 인물의 작품을 모방하거나 작품 전체를 리메이크한다.

때문에 그의 〈킹콩〉은 첨단기술로 보다 생생하고 리얼한 영상으로 재 탄생한 처음의 〈킹콩〉 그대로입니다. 시대배경도 경제불황으로 미국은 물론 전 세계가 살기 어려워 도시에 실업자가 넘쳐나고 빈부의 차이는 더욱 커진 1930년대이고, 등장인물들이 영화를 찍기 위해 무인도로 가며, 엠파이어 스테이트 빌딩도 다시 등장합니다. 다만 스릴과 흥미를 위해 시대가 서로 맞지 않은 두 괴수인 거대한 육식공룡 티라노사우루스와 킹콩이 여자주인공 앤을 놓고 벌이는 무시무시한 혈투 장면, 앤을 사랑하는 잭을 일등항해사가 아닌 시나리오 작가로 바꾼 것, 악역인 영화 속의 감독 칼을 좀 더 젊은 나이로 바꾼 것이 다를 뿐입니다.

　〈킹콩〉에는 선악이 분명한 인간들이 등장합니다. 이는 세 편의 영화 모두 같습니다. 악을 상징하는 영화감독 칼과 석유회사 간부 윌슨은 인간의 탐욕을 상징합니다. 그들은 거대한 킹콩을 미국으로 쇼를 벌이면 막대한 돈을 벌 수 있다는 생각합니다. 그러나 선의 상징인 여자주인공 앤은 그 반대이지요. 처음 원주민에 의해 납치돼 킹콩 손아귀에 들어갔을 때만 해도 그녀는 먹이가 될까 봐 공포에 떨었습니다. 그러나 그게 아니었습니다. 그 거대하고 난폭한 킹콩에게도 따뜻한 가슴이, 사랑의 마음이 있다는 사실을 알게 되지요. 그것도 인간과 거의 같은, 그리고 인간을 상대로 말입니다. 그때부터 미모의 여배우 앤과 야수인 킹콩은 서로 마음을 주고 받습니다. 앤은 킹콩에게 가슴에 손을 대고 심장이 뛰는 소리를 느끼도록 해주고, 킹콩은 목숨을 걸고 다른 야수들로부터 앤을 보호해줍니다.

　인간과 고릴라의 사랑. 〈킹콩〉은 이 종류가 다른 두 동물의 어색하고 말도 안 되는 감정을 아주 조심스럽지만 애틋하게 그려내 남녀의 멜로 영화보다 더 진한 감동과 비장미를 이끌어냅니다. 이를 위해 영화는 킹콩의 행동과 표정을 아주 섬세하고 자연스럽게 만들어냈습니다. 마치 인간의 표정과도 같이. 단순히 컴퓨터그래픽으로는 불가능해 감독은 〈반지의 제왕〉에서

골룸을 연기했던 배우 앤디 서키스에게 표정과 몸짓을 맡겼고, 그는 자연스런 고릴라의 연기를 위해 아프리카 르완다라는 나라에까지 가서 야생고릴라를 관찰했다고 합니다.

인간을 사랑한 고릴라. 도저히 이루어질 수 없는 사랑에 매달리는 그에게 주어지는 운명은 결국 죽음뿐입니다. 생물학적으로, 환경적으로 불가능한 것을 판타지를 통해 잠시 가능하게 만들었던 영화는 그것을 '순수'로 포장한 채 비극적 결말로 마무리합니다. 뉴욕거리를 헤매며 앤을 찾는 킹콩과 그의 생명을 지켜주기 위해 엠파이어 스테이트 빌딩에 함께 올라 울부짖으며 기관총을 쏘는 비행기를 막으려는 앤이 말하려는 것이 무엇일까요. 그 빌딩이야말로 미국의 경제의 상징이자 기술문명의 상징이지요. 반면 그 꼭대기에 올라간 킹콩은 원시적인 존재의 상징이지요. 생명체에 대한 최소한의 존중도 없어져버린, 오직 물질적 탐욕에만 눈이 어두운, 괴물 킹콩만도 못한 인간들에 대한 조롱이 담겨있는 것은 아닐까요. 아니면 킹콩은 그런 인간들이 없는 곳을 찾아 헤매다 그곳으로 올라갔는지 모릅니다. 그곳에서 자신이 살던, 앤과 아름다운 추억이 있는 해골섬을 보고 싶었는지도 모르지요.

고릴라의 시선으로 보면

그런데 왜 킹콩이 킹콩을 사랑하지 않고, 인간을 사랑했을까요. 그것도 하필이면 먹이의 재물로 바쳐진 인간을 말입니다. 여기에는 몇 가지 전제가 필요합니다. 킹콩은 같은 킹콩보다는 사람을 좋아한다. 킹콩은 아름다움에 대한 기준이 인간과 같다. 그래서 미녀를 좋아한다. 실제 영화에서 킹콩은 공룡과 다릅니다. 지능이 낮은 공룡은 앤을 단지 먹이로 생각하는데, 킹콩은 그렇지 않습니다. 만약 앤이 남자거나 아주 못생긴 여자, 아니면 원주민이라면 어떻게 했을까요. 수많은 해골이 있는 것을 보면 아마 십중팔구는 잡아먹었겠지요.

이런 어처구니 없는 설정은 인간의 기준입니다. 〈킹콩〉은 철저히 인간의 시선으로 킹콩을 만들었고, 행동하게 했고, 죽였습니다. 여기에서 킹콩은 사실은 겉모습만 킹콩일 뿐 또 다른 인간입니다. 급속한 산업화와 문명화로 잃어버린 인간의 원형이지요. '괴수(짐승)만도 못한 인간'을 드러내기 위한 존재이지요. 지금도 우리 사회에는 이런 인간이 얼마나 많습니까. 보험금을 노려 늙은 노모를 칼로 찌르는 폐륜아, 순간의 육체적 쾌락이나 울분을 풀기 위해 수십 명의 목숨을 망설임 없이 죽이는 살인마. 그래서 우리는 비록 말은 못하지만 순수한 마음으로 절규하는 킹콩과 앤을 보고 가슴 아파하는지도 모릅니다.

이쯤에서 킹콩의 시선으로 영화를 한번 봅시다. 인간에게 역시 인간이 가장 아름답듯이 킹콩에게도 킹콩이 가장 아름다운 존재일 것입니다. 그것이 없다면 종족 번식은 불가능하겠지요. 다만 킹콩의 눈에 생전 처음 보는 앤은 아주 작은 전혀 위험을 느끼지 않아도 되는 신기하고 앙증맞은 애완동물 일수도 있지요. 사실 먹어봐야 크게 배부를 것도 아니고. 그래서 그는 곁에 두게 됐습니다. 이따금 신기한 동작을 보여주니 재미있기도 하고요. 이게 자꾸 도망가려 하고, 비슷하게 생긴 것이 자꾸 빼앗아가려 하니까 기를 쓰고 지키는 것이지요. 그렇게 시간이 흘러가면서 둘은 친숙해진거지요. 야생의 세계에서 자신의 것을 다른 동물에 빼앗긴다는 것은 곧 죽음이겠지요. 그래서 공룡과 사투를 벌입니다.

　뉴욕으로 잡혀와 대형 무대에 묶여 있던 킹콩이 탈출한 것도 야생본능이 아닐까요. 그가 군대의 사격을 피해 엠파이어 스테이트 빌딩으로 올라간 것 역시 마찬가지입니다. 야생동물 대부분은 생명의 위협을 느끼면 가장 높은 나무나 아니면 안전한 자기 집으로 피하지요. 그는 그 빌딩이 그나마 해골 섬 절벽 꼭대기에 있던 자기 집과 가장 비슷한 안전한 곳이라고 생각했을 것입니다. 석양이 비치는 광경도 흡사하고요. 물론 비행기라는 존재 역시 독수리나 매, 아니면 익룡 정도로 생각했겠지요.

　이렇게 생각하니 갑자기 〈킹콩〉이 너무 재미없네요. 킹콩도 그냥 단순한 야수에 불과하고요. 당연하지요. 영화와 인간의 시선으로 설정한 판타지가 모두 다 깨지니까요. 판타지가 없다면 영화의 존재의미도 없지요. 그렇더라도 때론 역으로 동물의 눈으로 인간을 관찰하는 것도 재미있지 않을까요. 얼마나 인간이 많은 것을 착각하고 있는지 확인할 수 있으니까요.

이 책도 읽어보세요 - 동물이 인간을 풍자한 소설

 호질(虎叱)

조선시대 후기의 실학자이자 소설가인 연암 박지원이 지은 한문 단편소설. 박지원의 대표적인 저서 〈열하일기〉(熱河日記) 속의 〈관내정사〉(關內程史)에 실려 있으며 호랑이의 입을 빌어 양반계급의 위선을 비판한 작품이다. 저녁거리로 맛 좋은 선비의 고기를 먹기로 하고 마을로 내려온 호랑이. 한편 북곽(北郭)이라는 선생은 열녀 표창까지 받은 이웃의 청상과부와 밀회를 즐기고, 이를 엿들은 과부의 성이 각각 다른 다섯 아들은 북곽을 둔갑한 여우라고 생각하고 몽둥이를 휘두른다. 황급히 도망치다 시궁창에 빠진 북곽 선생. 겨우 기어 나온 그를 호랑이가 잡아먹으려 입을 벌린다. 머리를 땅에 붙이고 목숨을 비는 북곽 선생의 위선을 크게 꾸짖고 가버리는 호랑이. 날이 밝은 줄도 모르고 엎드려 있는 북곽 선생을 발견한 농부들이 그 까닭은 물으니, 그때야 호랑이가 가버린 것을 알게 된 북곽 선생은 창피해 도망을 친다.

 금수회의록(禽獸會議錄)

대한제국 말기 안국선이 쓴 신소설. 1908년 황성서적업조합에서 출간했다. 주인공인 '나'가 꿈 속에서 인간의 비리를 상징하는 8마리 동물인 까마귀 여우 개구리 벌 게 파리 호랑이 원앙새의 회의 내용을 기록했다. 인간은 까마귀만큼도 효도할 줄 모르고, 개구리만큼 분수를 지킬 줄 모르고, 여우같이 간사하고, 벌처럼 정직하지도 못하며, 창자가 없는 게보다 못하고, 파리처럼 동포를 사랑할 줄 모르고, 호랑이보다 포악하며, 원앙이 부끄러울 정도로 행실이 부정하다고 비판한다.

 동물농장

영국 작가 조지 오웰이 동물들이 착취하던 인간들을 내쫓고 세운 자신들만의 농장에서 벌어지는 일들을 그린 정치 풍자소설. 탐욕한 돼지의 모습을 통해 러시아혁명 후 스탈린의 배신과 독재를 우화적으로 그렸지만, 세계 곳곳에서 벌어지고 있는 인간사회의 일반적인 독재를 풍자했다.

나와 똑같은 인간이 존재한다면

아바타

감　　독 / 제임스 카메론
제작국가 / 미국
제작연도 / 2010년
메　　모 / 전 세계에 '아바타' 열풍을 불러일으키며 그해
　　　　 아카데미영화제 촬영상, 미술 상 등 3개 부분 수상.

아일랜드

감　　독 / 마이클 베이
제작국가 / 미국
제작연도 / 2005년
메　　모 / 2005년 국내 외화 흥행 2위를 기록했다.

　　　　　　　　　　　　　　　　　　　새로운 상상과
이를 영상으로 표현하는 영화는 늘 우리를 놀랍고 즐겁게 합니다. 디지털기
술은 사이버라는 새로운 공간을 창조했습니다. 그곳에 사람들은 '또 하나의
나', '또 하나의 세상'을 만듭니다. 인간복제도 마찬가지입니다. 유전자를
이용해 '나'와 세상을 얼마든지 만들 수 있다는 것입니다. '내가 살고 있는
세상, 우주는 여기 하나뿐이 아니다. 다른 곳에 똑같은 세상이 존재하며 난
지금과는 다른 모습으로 살아가고 있다'는 평형우주론을 실제로 보여주는

것이지요.

그러나 우리는 그곳을 가볼 수도 확인할 수도 없습니다. 동시성의 공간이동을 해야 합니다. 그러나 영화는 〈아바타〉처럼, 복제인간의 세상을 그린 〈아일랜드〉처럼, 한 공간에 과거, 현재, 미래의 수많은 '나'가 존재하는 공간인 하이퍼 큐브가 무대인 〈큐브 2〉처럼 가능합니다.

〈아바타〉에는 영상혁명, 영화의 미래란 평가가 쏟아졌습니다. 정교한 3D(차원)입체 영상은 가상과 현실의 경계를 무너뜨렸고, 인간의 아날로그적 감성까지도 담아낸 디지털 액터의 존재는 영화적 상상의 개념마저 흔들어 버렸습니다. 영화는 이제 더 이상 사실의 재현도, 단순히 스크린에 펼쳐진 영상을 눈으로 구경만 하는 대상이 아닌 것이 되었습니다. 하나의 공간, 그것도 내가 그 속에 들어갈 수 있는 살아있는 세계가 됐습니다. 분명 가짜라는 것을 알면서도, 그 가짜가 너무나 진짜 같은 착각. 〈아바타〉는 영화에서 나아가 문화사에 새로운 획을 그었습니다.

새로운 사이버 영상혁명은 〈아바타〉란 제목 그대로 또 다른 '나'를 창조했습니다. 그 '나'는 지금의 '나'이자 나와 다른 모습의 '나'입니다. 그는 나의 분신이자, 나의 전부입니다. 지금 내가 살고 있는 지구와는 다른 공간인 판도라라는 행성에 살고 있지만, 지금의 나와 떨어질 수 없는 숙명적 관계입니다. 그는 내 생각대로 움직이지만, 그렇다고 꼭두각시는 아닙니다. 그에게도 감정이 있고, 가치관도 존재합니다.

가짜인 아바타도 '나'다

한편 그는 현실에 '내'가 가진 제약이나 상황에서 자유롭습니다. 〈아바타〉의 주인공인 제이크(샘 워딩튼)가 유전자가 같은 죽은 형을 대신해 원격 조종 되는 아바타가 되기로 결심한 것은 '자유'를 원했기 때문입니다. 그 자유란 전투에서 얻은 하반신 불구로부터 오는 모든 제약을 벗어나는 자유입

니다. 그는 아바타가 하나의 삶을 끝내고 또 하나의 삶을 시작하는 것이라고 생각했습니다. 그래서 그 아바타가 사는 곳이 지구가 아닌 가장 혹독한 행성이란 사실도 고민거리가 되지 않았습니다. 불구인 실제 삶보다 완전한 몸으로 사는 것이 좋아 '스파이 아바타'로 나비족에 침투해 나비족의 생명과 삶의 터전을 파괴해서라도 얻고자하는 지구의 고갈된 에너지를 대체할 언옵타늄의 최대 매장지를 알아내라는 글로벌 기업의 명령에 기꺼이 동의합니다.

그러나 정작 판도라와 그곳 원주민인 나비족의 세상은 수많은 외계인의 존재를 다룬 영화들이 상상해온 황폐하고 혹독한 공간과는 거리가 멉니다. 모든 식물이 형광체로 밤이면 아름다운 빛을 발산하고, 나비족은 키가 3미

타나 되는 거구로 인디언과 모습이 흡사합니다. 추장이 있고, 무당의 예언을 따르고, 무기라고는 활과 창이 고작입니다. 발이 여섯 개인 짐승을 타고, 중생대 시대에나 존재했을 법한 '이크란'이란 큰 새를 타고 하늘을 날아다닙니다.

이런 상상들은 〈아바타〉가 의도한 것은 아닐 것입니다. 인간우월주의, 백인우월주의에 빠진 것도, 동양에 대한 막연한 호기심과 동경도 아닙니다. 아바타란 말이 산스크리트어의 '아바타르(내려오다)'에서 왔고, 힌두교에서는 '신의 다른 모습으로 나타난다'는 뜻이기에 동양적 신비감이나 가장 익숙한 생명체의 모습을 상상했을 것입니다.

이런 선입견만 배제한다면 〈아바타〉는 인간문명에 날카로운 비판을 담은 영화로 받아들일 수 있습니다. 그것은 제이크의 아바타가 나비족에 동화되어 가고, 아비족 추장의 딸인 네이티리(조 샐다나)와 사랑의 감정을 느끼면서 점점 강해집니다. 아바타로서 새로운 삶을 살면서 제이크는 새로운 가치들을 발견합니다. 인간의 세계에서는 가질 수 없고, 경험 못한 기쁨과 희열,

과학으로는 절대 불가능한 자연의 모든 생명체들과의 교감과 소통, 자연에 대한 무한한 존중, 생명에 대한 겸손과 초월이지요.

그 꿈같은 세계에서 제이크는 실제 자신과 아바타로서 경계를 허물어 갑니다. 더 이상 아바타가 원격조종 되는 가상의 존재가 아닌 것으로 바뀝니다. 제이크를 그렇게 변하게 만든 것은 '사랑' 입니다. 네이티리를 사랑하게 된 아바타, 비록 아바타이기는 하지만 제이크의 진실을 믿고 그를 사랑하게 된 네이티리. 실제 제이크로서는 불가능한 이 기이한 사랑이 제이크의 아바타를, 나아가 제이크 자신을 인간의 무자비한 파괴와 침략과 살육에 맞서는 가장 용감한 나비족의 전사로 만듭니다.

'공존의 법칙'은 내 기준을 강요하지 않는 것

그럼 인간이면서 인간세계를 배신한 제이크가 바라는 것은 무엇일까요. 공존입니다. 인간들 사이에서 뿐만 아니라 인간과 외계인, 인간과 자연과 우주와의 공존입니다. "내가 원하는 걸 누가 갖고 있으면 적으로 간주하고 빼앗아버리는" 세계가 아닙니다. 인간의 기준으로 필요한 문명, 이를 테면 청바지나 맥주를 줄 테니 언옵타늄을 달라며 나비족이 살고 있는 삶의 터전을 뺏으려는 것은 나눔이 아니라 파괴와 착취입니다. 그들은 우리 인간에게는 원하는 것이 없습니다. 그런데 왜 인간은 자기 기준을 다른 세계와 생명체에게 강요합니까.

그러나 인간은 나비족이 원하는 공존을 거부합니다. 제이크 역시 "절대 당신은 우리처럼 될 수 없다"는 네이티리의 생각을 뒤집고, 인간이 아닌 아바타를 선택합니다. 그리고는 자신이 나비족이 되었다는 사실을 증명하기 위해 전설로 남은 마지막 관문인 거대한 황금빛 새 토루크를 탑니다. 이제 판도라는 나비족 땅이 아니라, 제이크의 땅입니다. 그는 자신의 삶의 터전을 지키기 위해 인간과 맞설 수 밖에 없습니다. 아바타가 진정한 나비족이 되는 순간, 제이크와 그의 의식이 조정하는 아바타가 하나가 되는 순간, 마침내 네이티리는 말합니다. "당신을 봅니다"라고. 그녀가 보고 싶어 했으며 본 것은 단지 로봇에 불과한 아바타가 아니라 아름답고 진실한 한 인간, 새로운 삶을 진정으로 살아가려는 나비족, 자신을 진정으로 사랑하는 한 남자였습니다.

아바타는 가상의 존재로 아무런 느낌이 없으며, 단지 컴퓨터기술이 만든 허상이 아닙니다. 장자의 '나비의 꿈' 처럼 어쩌면 거꾸로 여기가 꿈이고, 아바타의 세계가 현실인지도 모릅니다. 인간이 탐욕으로 아무리 자연을 탐하려 해도 대지의 어머니는 절대로, 모든 생명체를 움직여서라도 균형을 지켜줍니다. 인간은 판도라를 정복하지도 완전히 파괴할 수도 없습니다.

〈아바타〉는 컴퓨터그래픽과 상상으로 만든 '또 다른 나'의 세계를 우리 앞에 실재하는 것처럼 생생하게 펼쳐 보이면서 이상향을 그려봅니다. 그곳은 인간이 죽어가는 세상이 된 지구보다 훨씬 평화롭고 자연적입니다. 우열이 없고, 삶과 죽음도 하나로 연결되어 있습니다. "정령이 모든 생명체를 하나로 이어주는 이런 곳이야말로 어쩌면 인간이 살아가야 할 새로운 세상이 아닐까, 혹시라도 이런 행성을 발견한다면 이제는 제발 자연과 생명체와 조화를 이루며 살아가야 한다"고 생각합니다. 아니면 "사이버 공간에서라도 그것을 창조해 '또 다른 나'로 살아가는 날이 오지 않을까" 상상합니다. 인간으로서 그것이 불가능하다면, 제이크의 마지막 선택처럼 인간으로서 존재는 포기하고서라도 말입니다. 현실의 인간보다 가상의 존재로 살기를 원할 만큼 인간 세상이 희망이 없다는 것일까요.

인간을 위한 상품, 복제인간

카스피안 트레드웰 오웬의 소설을 원작으로 한 영화 〈아일랜드〉는 자신과 똑같은 복제인간의 이야기 입니다. 생태계의 재앙으로 일부 사람만이 살

아남은 21세기 중반, 자신이 그 생존자라고 믿고 있는 사람들이 최첨단 시설이 갖춰진 유토피아라는 도시에서 빈틈없는 통제와 엄격한 관리와 꽉 짜인 생활을 합니다. 백옥 같은 하얀 옷을 입고, 잠자리에서 일어나면 먼저 건강 체크를 받고, 음식도 정해진 것만 먹고, 심지어 인간관계까지 간섭을 받습니다. 그래도 전혀 불만이 없습니다. 이게 가장 좋은 정상적인 생활이라고 생각하니까요. 도시 밖은 오염돼 도저히 인간이 살 수 없는 곳이라고 생각하지요.

이들에게는 꿈이 있습니다. 언젠가는 추첨을 통해 지구상에서 유일하게 오염되지 않은 땅 '아일랜드'로 가는 것입니다. 그들은 매일 영상을 통해 아름다운 해변과 새파란 파도, 야자수와 맑은 햇살이 넘치는 '아일랜드'를 보며 어서 빨리 자신에게 그 기회가 오기를 기도합니다. 링컨6-에코(이완 맥

그리거)와 여자친구 조던2-델타(스칼렛 요한슨)도 그랬습니다.

그런데 어느날부터 링컨은 알지 못하는 악몽에 시달리고, 어디서 날아 왔는지 모르는 작은 나비를 발견합니다. 차츰 유토피아와 자신의 존재에 의문을 갖기 시작한 링컨은 지금까지 자신이 믿고 있던 모든 것들이 거짓임을 알아가지요. 나비가 온 길을 따라 지하실을 헤매던 링컨은 비밀공간에서 아일랜드로 간다고 한 산모가 출산 후 살해되고, 흑인친구 역시 장기추출을 위해 수술대에 오르는 충격적인 장면을 목격합니다. 자신을 포함한 유토피아의 모든 사람들이 만약에 대비해 장기를 제공하기 위해 만들어진 복제인간 임을 알게 된 것이지요.

영화는 자신을 복제한 또 하나의 자기인 진짜 인간 링컨(자신의 스폰서)을 만나 어떻든 살아남는 방법을 찾으려는 링컨과 비밀을 유지하기 위해 그를 뒤쫓아 죽이려는 복제회사의 사설 경호대인 블랙 호크의 추격을 숨 가쁘게 그립니다. '복제인간의 존재와 생존 몸부림'이란 이야기를 위해 〈아일랜드〉는 몇 가지 가상을 했습니다. 인간에게는 한 가지 결점, 즉 시간이 지날수록 신체가 약해지거나 목숨을 잃는다는 것뿐이죠.

그것을 극복하는 유일한 방법이 인간신체에서 조직을 다시 얻어내는 것입니다. 2014년, 메릭 바이오테크사가 마침내 인간복제를 성공시켰고 회사 대표인 메릭 박사는 거부반응 없는 제품을 위해 복제인간에게 의식과 감정을 주입시켜 인간처럼 활동까지 하게 만듭니다. 또 자신들은 지구 재앙에서 살아남은 인간이며, 안전한 시설로 옮겨 와 살고 있고, 아일랜드로 가는 것이 꿈인 것으로 조작된 기억을 집어넣습니다. 자신들이 복제인간이라는 것을 모른 채 한 곳에서 생활하며 치유센터를 통해 관리되다가 스폰서의 건강에 문제가 생기면 치료를 위해 장기를 제공하고 죽습니다.

대리출산을 위해서도 복제인간이 만들어집니다. 의뢰인의 수정된 난자와 정자를 복제인간에게 삽입해 임신부터 출산까지 기능을 대신하게 합니다. 유전자 조직이 동일하기 때문에 직접 출산과 차이가 없습니다. 시스템 오류를 미리 방지하기 위해 대리 출산한 복제인간은 아이가 태어나자마자 죽입니다.

복제인간의 반란

그러나 인간의 영원한 삶을 위해서 완벽한 장치로 창조해 낸 복제인간에게 오류가 생기기 시작합니다. 보트 디자이너로 백만장자인 링컨이 주문한 복제인간 링컨 6-에코가 그렇죠. 그는 스스로 정보를 개발해 재생시킵니다. 창조성을 가지게 된 것이죠. 메모리 입력으로 꿈을 꾸는 것이 불가능한데 끝없는 악몽에 시달립니다. 유전적 DNA인자가 머리속에 자리 잡아 스스로 생각하는 능력이 생겨났다는 것은 기계나 제품이 아니라 생명체, 즉 인간이라는 것이죠. 조던2-델타도 마찬가지 입니다. 그녀도 여성적인 본능으로 링컨을 사랑해 프로그램에 없는 섹스 행위를 하는 오류를 보입니다. 그녀 역시 스폰서인 유명한 금발의 섹시한 광고모델 새라 조던이 교통사고를 당해 장기를 제공하러 '아일랜드' (죽음)로 가기 직전 링컨을 따라 유토피아를 탈출하지요.

인간복제 기술은 현재의 생명공학, 유전공학의 발전속도로 보아 이제 면상상 속의 이야기가 아닌 것만은 확실합니다. 〈아일랜드〉가 설정한 21세기 중반이면 복제양이 아니라 진짜 링컨 같은, 모든 것이 같은 '또 하나의 나'가 탄생할 수 있을지도 모릅니다. 복제인간을 소재로 한 영화는 이전에도 있었습니다. 1996년 해롤드 래미스 감독의 〈멀티플리시티〉가 대표적이지요.

〈아일랜드〉와 달리 이 영화는 복제인간을 보는 시각부터 약간은 다릅니다. 인간의 정신적인 부분까지 대신해주는 로봇 같은 존재 정도로 말입니다. 덕(마이클 키튼)은 헌신적인 남편이자 건축회사를 다니는 성실한 직장인입니다. 그에겐 두 자녀와 사랑스런 아내 로라가 있습니다. 가정과 직장에서 모두 성실하기엔 나날이 역부족임을 느낀 그는 세계적인 유전공학자 리드 박사를 만나 자기복제 인간을 부탁합니다.

이렇게 해서 탄생한 제2, 제3의 덕은 외모뿐만 아니라 성격과 개성, 기억까지 같습니다. 복제인간은 타고난 일꾼으로 직장에서도 인정을 받습니다. 덕은 복제인간을 회사에 보내놓고 남아도는 시간에 번지점프를 즐깁니다. 여기서도 치명적인 오류가 생기지요. 복제인간이 자기를 다시 불량으로 복제합니다.

조금 다른 점은 〈멀티플리시티〉는 코믹하게 그리고 있긴 하지만 복제 자체에 대한 위험을 경고하면서, 그것을 없애지요. 그러나 〈아일랜드〉는 복제 차제에 대한 비윤리적, 반인륜적 시각보다는 복제인간 자체의 아이덴티티(정체성)과 인권문제에 더 초점을 맞추고 있지요. 복제인간의 시선으로 영화를 만든 것이지요.

복제인간이 가짜인가

〈아일랜드〉의 원작자인 오웬은 "과학은 호기심에 의해 발전되기도 하지만 인간의 필요에 의해서도 발전하기 때문에 인간복제는 필연"이라고 했습니다. 이런 말도 했습니다. "우리는 모두 고기를 먹는다. 그러나 우리는 누구도 도살장에서 어떤 일이 일어나는지에 대해서는 알기를 원하지 않는다"고. 그렇다고 복제인간을 만드는 것이 타당할까요. 인간은 누구나 오래 살기를 원하니까 그것을 위해서라면 무슨 일도 할 수 있는 것일까요.

〈아일랜드〉는 또 하나 중요한 질문을 던집니다. 만약 복제인간이 인간 욕망의 속성상 어쩔 수 없이 탄생한다면 우리는 그들을 어떻게 봐야 할까요. 상품에 불과한가, 그들도 똑 같은 인간인가. 〈아일랜드〉는 인간 쪽에 손을 들어주는 것 같습니다. 링컨6-에코를 죽이지 않고 조던과 함께 인간 링컨으

로 살아가게 만들었으니까요. 사실 우리가 가짜라고 하는 복제인간이 진짜 '가짜'일까요. 같은 생명체를 가진 인간에게 진짜와 가짜란 말이 타당할까요.

〈아일랜드〉는 인간복제에 어느 나라보다 관심이 높고, 높은 만큼 윤리적인 문제에 대해 심각하게 고민하지 않은 우리로 하여금 많은 질문을 던지게 합니다. 그 선택은 과연 옳은 것일까? 생명창조는 '신의 섭리'인데 인간 스스로 과학의 힘으로 자신의 생명연장을 위해 같은 생명체를 인위로 만들어내는 것이 정당한가? 오래 산다고 인간은 행복한가? 이 지구는 인간들만의 것인가? 가톨릭에서는 배아세포도 생명체라며 이를 함부로 다루고 복제하는 것을 반대하는데 우리는 왜 한 과학자의 근거없는 연구와 성과에 열광했는가?

　무엇보다 가장 섬뜩한 가정과 질문은 이것이 아닐까요. "어느 날 당신 앞에 당신과 똑같은 인간이 나타난다면 당신은 어떻게 할 것입니까?" "그가 부모님께 '제가 아들입니다' 라고 하면서 당신을 '가짜' 라고 몰아부친다면 어떻게 할 것입니까?"

인간이 가장 위대한가

A.I

감　독 / 스티븐 스필버그
제작국가 / 미국
제작연도 / 2001년
메　모 / 1999년에 죽은 SF 영화의 거장 스탠리 큐브릭 감독이 생각한 프로젝트를 할리우드 최고 흥행 감독인 스티븐 스필버그가 1억달러를 들여 18년 후에야 영화로 완성시켰다.

바이센테니얼 맨

감　독 / 크리스 콜럼버스
제작국가 / 미국
제작연도 / 1999년
메　모 / SF 소설의 거장인 아이작 아시모프(Isaac Asimov)의 소설을 영화로 만들었다. 역시 제작비는 1억 달러.

여기 감정까지 지닌

인공 지능(Artificial Intelligence) 로봇 소년이 있습니다. 물론 미래의 이야기입니다. 이름은 데이비드(조엘 오스몬드). 그는 자신을 만든 회사 직원인 헨리 스윈튼의 집에 입양됩니다. 일종의 실험인 셈이지요. 그는 불치병에 걸려 냉동 보관된 헨리의 아들 마틴의 역할을 대신합니다. 그러나 헨리의 아내 모니카(프랜시스 오코너)는 그를 살아 있는 생명체가 아닌 단지 움직이는 기계인형쯤으로 보지요. 데이비드 역시 입력된 자료에 의해 그들의 명

아이작 아시모프

미국의 SF(과학소설) 작가. 1920년 러시아 페트로비치에서 출생해 어릴 때 미국으로 이주, 귀화하였다. 전공은 생화학이었으나 과학 일반에 대한 지식도 많아 뛰어난 과학해설자가 됐다. 미국 SF계 1인자로 200여편의 SF 소설을 발표하였으며 특히 로봇이 발달한 사회와 광대한 우주에 흩어져 있는 미래 인류의 모습을 많이 그렸다. 1992년 사망했다.

읽어봐야 할 대표작

- 〈파운데이션 Foundation〉
- 〈우주기류 The Currents of Space〉
- 〈강철도시 The Caves of Steel〉

령에 충실합니다.

그렇게 지내다 모니카와 데이비드는 어느새 정이 듭니다. 단순한 꼬마 로봇, 아니면 하인으로 지내는 것이 싫어 모니카는 데이비드에게 '어머니와 아들' 관계의 정보를 입력합니다. 그때부터 데이비드는 모니카를 정말 엄마로 생각하고 사랑하게 됩니다. 하지만 행복도 잠시. 냉동보관 중이던 헨리의 아들이 살아 돌아오면서 비극이 시작됩니다. 아들이 돌아오자 모니카는 데이비드를 다시 기계로 여기기 시작합니다. 그럴수록 더 악착스럽게 모니카의 사랑을 받으려 발버둥이치는 데이비드. 모니카는 말합니다. "너는 인간이 아니다"라고. "가짜 인간인 로봇"이라고.

이 세상에서 가장 사랑하는 사람, 엄마로부터 버림받고 숲 속에 내동댕이쳐진 데이비드의 소망은 오직 한 가지뿐입니다. "진짜 인간이 되어야 한다. 그러면 마틴에게처럼, 엄마(모니카)는 나에게도 동화책을 읽어 주고는 '널 사랑한단다' 라고 말하겠지." 그는 모니카에게서 들은 '피노키오' 동화를 떠올립니다. 그리고 그는 살인누명을 쓰고 쫓기는 청년 로봇 조(주드 로)와 함께 동화 속에서 피노키오를 사람으로 만들어 준 '푸른 요정' 을 찾아 떠납니다. 〈오즈의 마법사〉에서의 깡통 로봇과 도로시처럼.

이번에는 〈바이센테니얼 맨〉('200년을 산 남자' 란 뜻)을 한번 만나 볼까요. 가정용 로봇이 하나 있습니다. 이름은 앤드류(로빈 윌리엄스). 조립과정의 실수로 그는 명석한 지능과 감정을 가지게 됐습니다. 주인인 마틴(샘 닐)의 집에서 그는 충실한 가정부이자 어린 딸의 보모, 뛰어난 조각가로 살아갑니다. 마틴의 배려로 그는 자기 통장까지 가진 인격체로 대접 받지요.

그러나 '대접' 일 뿐 인간은 아닙니다. 그는 사랑도 하고 아이도 낳는 인간이 되고 싶었습니다. 그래서 조금씩 자신을 인간과 비슷하게 바꿔 나갑니다. 딱딱한 강철 피부를 말랑말랑한 인조 피부로 교체하고, 얼굴에 표정까지 집어 넣었습니다. 인공심장과 소화기관을 만들어 넣어 음식까지 먹고,

나중에는 성기능까지 갖게 되지요. '바이센테니얼 맨(Bicentennial Man)'은 인간이 되기 위해 200년을 살면서 그렇게 발버둥쳤습니다. 결혼도 하지요. 그러나 여전히 앤드류는 'him(그)'이 아닌 'it(그것)'로 불리어야 했습니다. '기계'이기 때문이지요.

'인간의 조건'은 무엇인가

다시 〈A.I〉로 돌아와 봅시다. 여행 도중 데이비드는 인간의 잔악성과 폭력성을 경험합니다. '편리하고 인간에 가까운 로봇 때문에 사람들의 출산이 줄어든다'며 무자비하게 로봇을 학살하는 현장을 목격하지요. 육체적 쾌락을 위해 로봇을 만들어 이용하는 것도 보았습니다. 인간들의 전쟁으로 물속에 잠긴 거대한 도시 뉴욕도, 기아에 허덕이는 지옥 같은 인간세계도 보았습니다. 한편 〈바이센테니얼 맨〉의 앤드류는 사랑하는 주인과 그의 아내, 자신이 보살피던 어린 딸까지 늙어 죽는 것을 보았습니다. 200년이나 살 수 있는 자신으로서는 이해할 수 없는 죽음과 그로 인해 그들이 흘리는 눈물과 아픔을 보았지요.

엄마에게 버림받은 데이비드는 사랑을 되찾고 싶었습니다. 공장에서 찍어내는 물건이 아니라 '세상에서 유일한 나'가 되고 싶었지요. 앤드류 역시 인간이 흘리는 눈물의 의미, 이별의 아픔, 사랑의 가치를 느끼고 싶었습니다. 그것들이야말로 만물의 영장인 인간만이 가질 수 있는 가장 아름답고 소중한 것이고, 어떤 기술과 과학으로도 만들 수 없는 것이라 생각했기 때문입니다. 가짜 인간의 진짜 사랑, 그것을 증명하기 위해 진짜 사람이 되려 데이비드와 앤드류는 몸부림칩니다.

〈인간의 조건〉이란 소설을 쓴 유명한 두 작가가 있습니다. 한 사람은 프랑스의 **앙드레 말로**로 그에게 '인간의 조건'은 굳은 의지와 능동적 정신이었습니다. 또 한 사람은 제2차 세계대전 당시 만주에 주둔한 일본군의 처참한

앙드레 말로

프랑스 소설가이자 정치가. 1901~1977. 파리에서 출생하였으며 동양어대를 졸업하고, 1923년 고고학 조사단으로 인도차이나의 크메르문화 유적을 발굴하였으며 인도차이나 민족주의자들의 독립운동을 도와주기도 했다. 2차 세계대전 후 드골정부에서 정보장관, 문화장관을 지냈다. 작품으로는 중국인과 프랑스인의 편지형식의 대화인 《서구의 유혹》, 유적을 찾는 모험을 그린 〈왕도〉, 중국 장제스(蔣介石)가 공산당을 탄압한 상하이쿠데타를 무대로 한 그의 대표작 〈인간의 조건〉, 1936년 스페인내란에 참가한 체험을 바탕으로 쓴 〈희망〉이 있다.

모습을 생생하게 기록한 일본의 소설가 고미카와 준페이입니다. 그에게 '인간의 조건'은 생명에 대한 경외(존경과 놀라움)이었습니다. 그러나 그가 전장에서 본 것은 '인간의 조건'이 아니라 '짐승의 조건'이었습니다.

그렇다면 컴퓨터와 로봇이 인간의 생각과 노동을 대신하고, 인공장기에서 유전자 복제에 이르기까지 인간의 모든 육체를 재생산할 수 있어 수명이 점점 늘어나는 사회에서 변하지 않는 '인간의 조건'은 무엇일까요? 〈바이센테니얼 맨〉은 역설적이게도 생명의 유한성, 즉 죽음이라고 말합니다. 기계인 앤드류는 마지막으로 인간이 되기 위해 '자연의 섭리'를 선택합니다. 스스로 인조 두뇌에 노화기능을 첨가해 죽음을 맞지요. 영화는 죽음을 받아들이는 자만이 인간일 수 있다고 말합니다. 영원하고 완벽한 기계보다는 유한하고 모순 덩어리인 생명체. 그것이 '인간의 조건'입니다.

〈A.I〉에서 말하는 '인간의 조건'은 이보다 훨씬 까다롭습니다. 아니 인간은 절대적 존재입니다. 누구도 함부로 창조할 수 없는, 오직 신만이 창조 가능한 '생명'이야말로 진정한 '인간의 조건'이지요. '나'란 존재는 이 세상에 단 하나뿐입니다. 신은 결코 또 다른 '나'를 만들지 않습니다. 이 세상에서 유일한 존재, 데이비드는 그런 존재가 되고 싶었습니다.

인간이 최고인가

이 물음에 〈A.I〉와 〈바이센테니얼 맨〉 모두 '그렇다'고 대답합니다. 앤드류는 자신의 생명을 끄는 순간, 잠시 환상처럼 마틴의 딸로 자신과 결혼한 아내를 만나고 인간으로 죽을 수 있었습니다. 그러나 정말 인간이 되었을까요? 그는 마지막 순간에 'him'으로 불리었을 뿐, '인간의 조건'을 모두 가졌을 뿐, 결코 인간이 될 수 없었습니다.

데이비드는 우리를 더욱 슬프게 합니다. '오직 하나뿐인 나'를 원하고, 스스로 "난 내가 하나뿐인 줄 알았어요"라는 그에게, 〈E.T〉를 비롯한 많은

영화에서 따뜻한 휴머니즘을 선물해 온 스필버그 감독은 잔인하게도 공장에 있는 수많은 데이비드(로봇)를 보여줍니다. 모든 것을 알고 있는 컴퓨터 '닥터 노우' 조차 데이비드에게 인간이 될 수 있는 답을 주지 못하지요.

그래놓고는 영화는 그를 끝까지 환상과 꿈 속에 가두어버립니다. 절망으로 깊은 물 속에 몸을 던진 데이비드는 물 속에 잠긴 코니 아일랜드(미국 뉴욕시 해안에 있는 위락 지구)가 신비한 나라이며, 피노키오 동화관의 푸른 요정 인형이 진짜라고 생각합니다. 그는 인간이 되는 꿈을 버리지 못하지요.

그것을 보고 어떤 생각이 드나요? 우선 데이비드의 마음으로 보면 슬플 것입니다. 꿈이 이뤄지지 않는 동화, 그런데도 그 꿈에서 깨어나지 못하는

존재에 대한 연민이 있을 것입니다. 그 꿈 때문에 데이비드는 인간하고도, 같은 로봇들과도, 자신처럼 버려진 테디 베어와도 어울리지 못합니다. 가짜 인간 데이비드의 진짜 사랑을 위한 몸부림, 가짜 인간의 진짜 사랑을 사랑으로 받아들이지 못하는 인간의 한계가 우리를 슬프게 합니다.

혹시 우리에게 이런 불안은 없을까요? 인간이 끝없이 인간과 가장 비슷한, 궁극적으로는 인간과 같은 기계(로봇)를 만들려고 하면서도, 다른 인간을 창조할 때 갖게 되는 존재에 대한 불안감 같은 것 말입니다. 인간과 같은 로봇을 만들었는데, 인간보다 오래 산다거나 인간보다 훨씬 영리하고 인간다우면 어떡하나. 복제인간을 다룬 영화의 결말을 보면 그곳에서도 비슷한 불안을 발견할 수 있습니다.

'인간이 창조할 수 있는 그 어떤 것도 인간 그 자체보다 뛰어나서는 안된다'는 생각은 이 세상에 인간보다 위대한 것은 존재할 수 없다는 생각과 일치합니다. 그래서 영화에서조차 로봇은 결코 인간이 될 수 없는지도 모르지요. 이러한 생각을 뒤집는 상상은 불온한 것일까요. 팀 버튼 감독의 〈혹성탈출〉은 원숭이가 인간을 지배하는 세상을 그리고 있습니다. 그 곳에서는 반대로 인간이 원숭이처럼 우리에 갇혀 지내거나 미개한 존재이고, 원숭이가 지금의 우리들처럼 살고 있습니다. 〈은하수를 여행하는 히치하이커를 위한 안내서〉란 긴 제목의 소설과 영화에서도 결국 지구를 지배하고 조종한 것은 쥐라고 말합니다. 인간이 그것도 모르고 자기들이 마치 다른 모든 동물을 지배하고 있다고 착각한다는 거죠.

어쩌면 그런 혹성이 진짜 있을지도 모르죠. 쥐가 우리의 조종자인지 모르죠. 만약 그렇다면 원숭이가 되고픈 인간, 생쥐가 되고픈 인간이란 가설도 가능하죠. 그런 상상이 끔찍하냐, 재미있느냐는 우리가 우리의 존재를 어떻게 규정하고 있느냐에서 오는 것이겠지요.

은하수를 여행하는 히치하이커를 위한 안내서

영국 작가 더글러스 애덤스가 1978년 처음 6회짜리 라디오 드라마로 쓰기 시작했으나 폭발적인 인기에 힘입어 소설로도 나왔다. 기존의 SF 소설의 생각을 완전히 뒤집는 상상력과 우스꽝스러움, 자유분방함, 괴상함과 우화가 넘치는 일종의 컬트 SF이다. 어느 날 우주도로 건설계획으로 지구가 공중분해될 때 가까스로 탈출한 아서 덴트와 우주의 히치하이커인 포드의 황당하고 기발한 우주여행기가 5권에 걸쳐 펼쳐진다. 꼭 한번 책을 읽어보거나, 가스 제닝스 감독이 만든 영화라도 보길 권한다.

이 영화도 보세요 – 로봇에 대한 다른 시각의 영화

 아이로봇

미국의 알렉스 프로야스 감독이 2004년에 만든 SF영화. 역시 아이작 아시모프의 소설이 원작이다. 로봇이 3가지 법을 절대적으로 지키며 인간의 모든 일을 대신하는 2035년. 그러나 로봇사회를 건설한 박사가 살해당하고, 그 범인으로 로봇 '써니'가 지목된다. 3법칙이 깨지는, 있을 수 없는 일이 생기게 된 로봇사회의 혼란과 무시무시한 음모를 통해 '로봇'에 대한, 나아가 인간의 기계문명에 대한 욕망을 비판한다.

 터미네이터

〈아바타〉의 제임스 카메룬(미국) 감독이 1984년 첫 편을 선보이며 세계적인 인기를 끌자 감독을 바꿔가면서 계속 속편을 만들어내어 2015년에는 결국 〈터미네이터 제니시스〉까지 6편이 나왔다. 미래의 상황인 인간저항군 존 코너의 존재를 없애려고 과거를 바꾸려는 로봇과 그것을 막으려는 저항군 용사의 이야기가 뼈대를 이룬다.

 월e

지구폐기물수거 처리용 로봇 '월e'와 탐사로봇 '이브'가 우주에서 펼치는 환상적인 모험을 그렸다. 물론 결론은 지구를 구하는 이야기. 미국 앤드류 스탠튼 감독의 애니메이션이다.

02 삶과 죽음

'사랑' 밖에 없다

겨울왕국

감　　독 / 크리스 벅, 제니퍼 리
제작국가 / 미국
제작연도 / 2014년
메　　모 / 디즈니 애니메이션의 힘은 전통에 대한 끝없
　　　　는 변화와 창조

마당을 나온 암탉

감　　독 / 오성윤
제작국가 / 한국
제작연도 / 2011년
메　　모 / 한국 애니메이션도 마음먹고 만들면 디
　　　　즈니에 못지않다.

안데르센 동화가 없었다면

디즈니 영화사는 어떻게 되었을까요? 반대로 디즈니영화사가 없었다면 안
데르센 동화는 지금 어떤 모습일까요? 디즈니 애니메이션이 이렇게 100년
이상 화려하게 이어질 수 있었을까요. 안데르센의 동화들이 어른들의 추억
과 환상으로까지 나아갈 수 있었을까요.

　　결코 가능하지 않았을 것입니다. 디즈니 애니메이션은 이야기꺼리를 찾
지 못해 허덕이고, 안데르센 동화 역시 어린 시절, 한때 어머니가 머리맡에

앉아 읽어주던 '먼 나라 옛날 이야기'로 남았을 것입니다. 디즈니에게 안데르센은 위대한 '음식재료'이고, 안데르센에게 디즈니는 그 재료에 맛과 향, 생명을 불어넣어주는 '요리사'가 아니었을까요.

이렇게 디즈니와 안데르센은 서로에게 필요한 존재이고, 요즘 말로하면 '윈-윈'의 관계입니다. '환상(판타지)' 때문임은 두말 할 필요도 없습니다. 디즈니와 안데르센은 현실에서 볼 수 없고, 이룰 수 없고, 가질 수 없고, 실현 불가능한 세상을 이야기 합니다. 애니메이션은 다른 영화와 달리 공간과 시간과 인물과 스토리를 무한 확장할 수 있습니다. 컴퓨터그래픽으로 그것이 더욱 자유로워졌지요.

동화도 자유롭습니다. 아이들은 '무한한 상상력'을 가지고 있으며, 어른들은 그 상상력과 환상을 마음껏 펼치도록 해줘야 합니다. 그래서 세상에는 수많은 동화들이 나라마다 저마다의 '환상'과 '상상력'의 옷을 입고 등장하고, 안데르센 역시 그 옷으로 '잠자는 백설공주'와 '인어공주'를 만들어냈습니다.

아이들의 꿈과 환상은 늘 아름답고 희망적 입니다. 공주는 더 없이 아름답고, 아무리 불행한 일을 당해도 결국은 멋진 왕자를 만나 행복하게 사는 미래로 나아갑니다. 그래야만 자신의 미래를 그렇게 생각하고 꿈꾸며 행복해 할 테니까요. 안데르센 동화는 그 대표적 작품들이라고 할 수 있지요.

디즈니와 안데르센의 우정과 배신

안데르센에게 날개를 달아준 사람이 디즈니입니다. 동화책 속에 그림으로, 아예 그것조차 없어 머리 속에서 그려보던 답답한 상상력을 디즈니 애니메이션은 눈앞에 마치 살아있는 요정처럼 펼쳐 보입니다. 그뿐입니까. 세상 어디에서도 만날 수 없는 에쁜 공주와 용기 있고 멋진 왕자들, 화려한 궁정과 아름다운 자연, 아름다운 음악과 춤이 넘쳐 흐릅니다. 이 무슨 억지입

니까.

　우리는 자신도 모르게 디즈니의 세상에서 살고 싶어 하고, 디즈니의 왕자와 공주가 되기를 원합니다. 가난한 백성보다는 귀족이나 왕족, 잘 생긴 사람이 더 행복하다는 것을 은근히 조장합니다. 어릴 때부터 동화와 영화가 이끄는 대로 세상을 보는 눈과 삶의 가치관을 자연스럽게 받아들이도록 만드는 거지요. 안데르센 동화와 그것을 더욱 '환상적'으로 요리한 디즈니 애니메이션을 보고 마냥 감동해 박수를 보낼 수 없는 이유이지요. 인종우월의식, 외모에 대한 지나친 집착, 선악의 단순한 이분법 등을 심어준다는 비판은 당연합니다.

　디즈니가 내놓은 수많은 다른 애니메이션들도 예외가 없습니다. 새로운 소재를 찾아 멀리 중국에까지 와서 이야기와 인물을 찾아내도 결국은 같은 모습이었지요. 그래서 어느 날, '옛날에 아름다운 공주님이 살고 있었는데, 공주님의 얼굴은 눈처럼 고왔으며'로 시작하는 동화책을 북북 찢고 나온 못생기고, 외모 바꾸기를 거부하는 푸른 동물 슈렉과 피오나 공주의 이야기가 통쾌했는지 모릅니다.

〈슈렉〉의 등장은 디즈니에게도 충격이었습니다. 꼭 아름다운 공주와 멋쟁이 왕자만의 애니메이션의 주인공은 아니라는 사실, 그런 안데르센의 동화책을 빌리지 않아도 얼마든지 더 아름답고 감동적인 애니메이션이 될 수 있다는 사실은 디즈니의 '길'을 바꾸기까지 했습니다. 그래서 디즈니는 '안데르센 동화'에서 벗어나려고 몸부림쳤습니다. 스스로의 한계에 대한 깨달음이자, 새로운 관객에 대한 적응이기도 했지요. 왕궁을 벗어나 거리로, 가난한 동네로 발걸음을 옮겼고, 아름다운 영상과 춤과 노래가 어우러지는 디즈니의 전매특허인 '종합선물세트'도 과감히 버리고, 마침내 영원한 친구 안데르센까지 과감히 뜯어고치기 시작했습니다.

〈겨울왕국〉(감독 크리스 벅, 제니퍼 리)은 그 몸부림이자 모험이기도 했습니다. 안데르센의 〈눈의 여왕〉을 제목부터 주인공의 이름, 배경과 분위기, 스토리까지 모두 바꾸었습니다. 오누이처럼 사이좋은 친구 카이와 게르

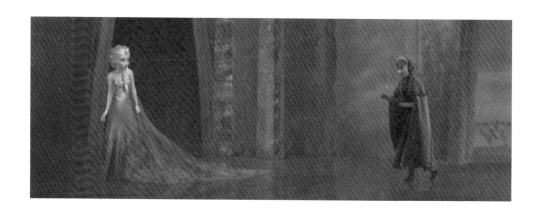

다는 엘사와 한나 자매가 됐고, 세상을 얼어붙게 만들고, 한나의 생명을 위협하는 얼음조각도 악마가 신과 천사를 놀려주려고 만든 '거울'의 조각이 아니라 카이의 마법이 만들어낸 것이지요.

그래도 변할 수 없는 것은 '사랑'

엘사와 한나 역시 백설공주나 인어공주처럼 아름답지도 않습니다. 오히려 한나를 말괄량이로 만들었습니다. 춤과 음악 역시 디즈니 애니메이션의 단골메뉴인 규칙적으로 선보이는 군무와 합창이 없습니다. 지금 세계 영화 시장에서 강자로 군림하는 장르가 무엇인지를 아는 디즈니는 〈겨울왕국〉을 아예 '뮤지컬'로 만들었습니다. 그리고 엘사와 한나에게 진짜 뮤지컬 못지않은 공을 들여 만들어 세계적인 선풍을 불러일으킨 노래 〈Do you want to build a snowman〉 〈Let it go〉를 부르게 합니다. 이중창, 번갈아 가며 부르기 같은 노래하는 형식과 캐릭터들의 움직임, 영상이나 무대도 뮤지컬처럼 꾸몄습니다.

세상을 보는 눈과 가치관도 바꾸었습니다. 한나가 첫 눈에 반한 한스 왕자와 결혼하겠다고 하자, 엘사는 완강히 반대하며 이렇게 말합니다. "방금 처음 만난 남자와 결혼은 안 된다". 인어공주나 백설공주 모두 처음 본 남자에게 첫눈에 반해 결혼했지만, 이제는 아니고 크피스토퍼처럼 신분보다는 얼마나 진심으로 나를 사랑하고 있는지가 중요하다는 것이지요.

물론 〈겨울왕국〉도 주제는 사랑입니다. 돌요정 '트롤'들은 합창합니다. "사랑엔 놀라운 힘이 있다. 사랑을 베풀면, 변화시킬 수 있다. 누구나 부족하다. 필요한 것은 사랑이고 해결 방법은 진정한 사랑이다. 사랑은 상대를 먼저 생각하는 것이다"라고. 디즈니의 사랑이 남녀가 아닌 가족(자매)에게로 향합니다. 얼음궁전에서 엘사를 나오게 하는 것도, 얼음으로 얼어붙은 한나를 다시 살아나게 하는 것도 결국은 사랑의 눈물입니다. 너를 위해서

나를 희생하는 진정한 사랑이 얼어붙은 심장을 녹이고 세상을 녹입니다.

디즈니는 새로운 모험과 영리한 변신으로 다시 한 세기를 멋지게 비상하는 꿈을 꾸기 시작했습니다. 그렇다고 디즈니가 안데르센으로부터 완전히 자유로워진 것은 아닙니다. 〈눈의 여왕〉의 어느 작은 도시, 평범한 이웃 소년과 소녀를 화려한 궁전에 사는 공주 자매로 바꾼 것을 보면 '왕자병과 공주병'에서 완전히 헤어나지 못하고 있으니까요.

용기와 희생, 이해가 '사랑'

〈겨울왕국〉에 비하면 닭이면서 오리새끼를 키운 잎싹의 사랑은 훨씬 용감하고, 넓지요. 황선미의 장편동화를 애니메이션으로 만든 〈마당을 나온 암탉〉(감독 오성윤)은 꿈과 그 꿈을 위한 모험, 타인에 대한 이해와 사랑, 새로운 가족과 모성애, 희생과 용기를 양계장을 뛰쳐나온 암탉의 경험으로 풀어냅니다.

알을 품어 병아리의 탄생을 보는 것이 소망이었지만, 오리알을 품어 팔자에 없는 오리 엄마가 된 잎싹은 자식인 오리새끼 초록이에게 사랑에 대해 이렇게 말합니다. "우리는 다르게 생겨서 서로를 속속들이 이해할 수 없지만 사랑할 수 있어" "서로 다르게 생겼어도 사랑할 수 있어" "같은 족속이라고 모두 사랑하는 것은 아니란다. 중요한 건 서로를 이해하는 것! 그게 바로 사랑이야"

양계장의 늙은 닭이 알을 품어 보겠다며 마당으로 뛰쳐나온 것도 모자라 청둥오리알을 품어 오리를 자식으로 키우는 잎싹의 모험과 소망은 "나는 왜 한번도 날아야 된다는 생각을 하지 않았을까. 미처 몰랐어! 날고 싶은 것. 그건 또 다른 소망이구나"라는 깨달음으로까지 이어집니다. 모든 우화가 그렇듯 동물 이야기지만 인간의 이야기입니다.

영화는 익살스럽고 수다스러우면서도 인정 넘치는 수달인 달수를 등장

시켜 자칫 심각하고 침울하기 쉬운 분위기를 가볍게 했고, 끝부분에 초록이의 비상(飛翔)에 감동을 주기 위해 박쥐와 올빼미에게 날기를 배우는 과정을 넣었습니다. 이런 것들이 작품에 활력을 더욱 불어넣었고, 화면에서 잠시도 눈을 떼지 못하게 만들지요. 초록이가 파수꾼이 되기 위해 다른 오리들과 벌이는 상공에서의 비행시합 장면은 아찔하고 장엄합니다.

청둥오리 초록이가 마침내 하늘로 올라 넓은 땅으로 날아가듯 영화 역시 세계시장으로 나아가기 위해 디즈니를 중심으로 한 할리우드 애니메이션에 길들여 있는 아이들 감각과 기호에 맞추어 풍경과 캐릭터들을 만들었습니다. 원색으로 도형적인 이미지를 사용해 그린 수달, 새, 살쾡이가 그렇습니다. 때문에 〈마당을 나온 암탉〉은 우리만의 이야기가 아닙니다. 계란만을 낳기 위해 품종이 개량되고, 길들여진 양계장의 닭 입싹이 토종이 아닌 것과 같습니다.

동화와 다른 결말은 안될까

〈마당을 나온 암탉〉은 맛과 향에 충실한 기획 상품처럼 느껴집니다. 영화를 보는 동안은 아름답고, 감동적이며, 강약과 장단이 잘 어울려 보는 흥미를 잃지 않게 합니다. 청둥오리 나그네와 살쾡이의 싸움은 중국무예를 보는 듯하고, 풍경은 화가 고흐의 그림을 연상케 하며, 초록이의 아름다운 비상은 비행곡예를 보는 듯합니다. 그러면서도 시각적 즐거움만을 추구하지 않는다는 듯이 3차원 입체영상을 욕심내지 않고, 종이에 그림 그리듯 2차원 셀로 회화적 느낌을 살렸습니다.

그러나 〈마당을 나온 암탉〉의 아름다움은 결국 "나는 외롭지 않아 아주 많은 것을 기억하고 있거든. 눈을 감으면 그것들이 떠올라"라는 잎싹의 말에 담긴 어머니의 한없는 사랑과 희생입니다. 친자식이 아니지요. 그 사랑은 막 자신의 생명을 노리는 적에게까지 이어지지요. 잎싹은 새끼를 낳은 살쾡이의 먹이가 되어 줍니다. "그래, 나를 먹어. 너의 아가들이 배고프지 않게."

사실 영화가 결말까지 이렇게 원작을 따라갈 필요가 있었을까 하는 의문이 듭니다. 결말이 동화를 읽으면서 가장 큰 의문과 불만이었기 때문입니다. 잎싹의 마지막 선택은 불교에서 말하는 육신공양이고, 이웃을 위해 바치는 숭고한 희생이지요. 그러나 선뜻 동의하기 싫습니다. 잎싹이 보여준 꿈과 용기, 사랑과 희생은 불변의 숭고한 가치들이지만, 마지막 선택만은 왠지 억지처럼 느껴집니다.

차라리 자신의 생명을 지키기 위해 도망치다 힘이 없이 잡혀 먹히는 것이 더 자연스럽지 않았을까요. 그래서 그의 죽음이 더욱 애처롭고 어색합니다. 우리의 어머니와 다를 바 없었던 잎싹이 마지막에 갑자기 부처가 된 것 같아서.

귀신의 세상이라고 다를까

센과 치히로의 행방불명

감　　독 / 미야자키 하야오
제작국가 / 일본
제작연도 / 2001년
메　　모 / 애니메이션으로는 처음 베를린국제영화제 황금
　　　　　곰상(최우수작품상) 수상, 일본에서 사상 최고 흥행(2천
　　　　　400만명) 기록, 영국필름연구소(BFI)가 발표한 '14세 이
　　　　　하 아이들에게 보여줘야 할 영화 10편'에 선정.

　　　　　　　　　　　　　　　　　　　우리가 살고 있는

이 세상은 인간들만의 것일까요? 아니면 우리 눈에 보이는 생명체들만의 삶
의 터전일까요? 혹시 우리가 모르는 어떤 세상, 눈에 보이지 않는 세상, 과
학으로도 밝힐 수 없는 세계가 존재하는 것은 아닐까요? 우리가 아직 모르
는 어떤 공간이 존재하고, 그곳에 우리가 모르는 생명체나 영혼들이 살고
있을지도 모릅니다. 어쩌면 바닷속 깊은 곳에 귀신의 세계가 있는지도…….
　볼 수 없고, 보이지 않기 때문에 '아니다'라고 하지만, 어쩐지 자신이 없습
니다. 우리 곁에 유령들이 늘 함께하고 있는지도 모르니까요. 혹시 나 자신이
유령은 아닐까요? 아니면 우리가 늘 인간이라고 생각하며 만나는 가족, 친구

들이 유령일 수도 있습니다. 우리는 한때 장난처럼 이런 말을 했죠. "너는 내가 아직도 사람으로 보이니?"라고 말입니다. 귀신영화를 보고 흉내낸 것이기는 합니다만, 이 장난스러운 말에는 두 가지 중요한 생각이 들어 있습니다.

하나는 '자기 자신과 다른 사람의 존재에 대한 의문'입니다. 우리 대부분은 '나는 나', '나는 사람'이란 사실을 한번도 의심하지 않습니다. 내가 살아 있는 존재라는 사실을 의심한다는 것 자체가 바보 같은 짓이라고 생각합니다. 그러나 인간은 아득한 고대부터 이 세상과 자기 존재에 대해 끝없이 의문을 제기해 왔습니다. '나는 진짜 존재하는 걸까', '내가 보고 있는 세상은 실제 존재하는 것일까' 하는 의문이야말로 철학의 근본이자 출발점이었습니다. 자, 그럼 우리는 무엇으로 우리 자신이 유령이 아닌 인간임을 증명할 수 있을까요? 꼬집으면 아프고, 다치면 피를 흘리고, 늙으면 죽으니까? 내 눈에 보이고 너의 눈에 보이니까? 그것으로 과연 완전하게 증명됐다고 할 수 있을까요?

두 번째는 '유령과 인간의 경계가 과연 무엇일까' 하는 의문입니다. '인간에게는 육체가 있고, 그래서 사람들의 눈에 보인다. 반대로 유령은 육체가 없다. 그래서 보이지 않는다'는 것을 우리는 당연한 사실로 받아들입니다. 그런데 이 '사실'은 누가 만든 것일까요? 그럼 귀신을 보았다고 주장하는 사람들은 모두 거짓말을 하거나 헛것을 본 걸까요? 귀신 역시 나와 같은 모습, 인간과 다름없는 존재는 아닐까요?

영화는 이따금 그런 상상을 하지요? 라이트 샤말란 감독이 만든 〈식스 센스〉에서 주인공인 형사(브루스 윌리스)는 자신이 유령이라고는 상상도 못합니다. 그러다 마지막 순간, 자신이 유령임을 알고는 공포와 절망을 느끼지요. 알레한드로 아메나바르 감독의 〈디 아더스〉에서 낡은 저택에 사는 유령가족은, 이미 전부터 그곳에 살고 있는 사람들을 유령으로 착각하고 오히려 자신들이 그들에게 시달린다고 생각합니다. 서양의 영화들은 대부분 이런 상황들이 마치 엄청난 '충격'이라도 되는 듯, 마지막 뒤집기(반전)를 통해 드러내는 방법을 씁니다. 과학적인 사실에 보다 충실하는 그들로서는 자기 존재에 대한 놀라움인 동시에, 유령과 인간의 경계가 무너지는 것에 대한 충격이겠지요.

반면 동양에서 유령(귀신)과 인간의 경계는 한층 약하게 나타납니다. 그것은 귀신의 세계는 곧 인간세상의 연장선이라는 생각에서 비롯된 것이기도 하지요. 죽으면 귀신이 되고, 귀신의 세상도 인간 세상과 다를 게 없다는 것입니다. 왜 그렇게 생각할까요. 인간에게 죽음보다 더 큰 공포는 없습니다. 그런데 죽은 뒤에도 삶이 있다면, 죽음을 무서워 할 필요가 없겠지요. 그리고 그런 생각은 귀신 세상에 대한 호기심으로 나타나기도 하지요. 귀신의 세상은 어떨까. 아, 그곳에 미리 한번 가 봤으면…….

인간과 귀신이 함께 사는 세상

〈센과 치히로의 행방불명〉은 바로 그 호기심과 희망을 담은, 상상의 세계입니다. 일본 애니메이션의 거장인 미야자키 하야오 감독은 일본전통문화를 배경으로 독특한 상상력, 신나는 모험, 재미있는 이야기를 짜임새 있게 그려넣어 전 세계인의 주목을 받았지요. 세계 3대 국제영화제의 하나인 독일 **베를린영화제**도 너무나 재미있고 신기해 애니메이션으로는 처음으로 이 영화에 최우수작품상(황금곰상)을 주었을 정도였으니까요.

일본 도쿄 근교에 '지브리 스튜디오'라는 곳이 있습니다. 하야오 감독이 애니메이션을 만들기 위해 준비한 모든 것들을 전시하는 곳입니다. 몇 년 전 그곳에서 산더미처럼 쌓여있는 〈센과 치히로의 행방불명〉의 원고와 그림들을 보고 하야오 감독이 이 영화를 위해 얼마나 많은 정성과 노력, 철저한 준비를 했는지 짐작할 수 있었습니다.

〈센과 치히로의 행방불명〉은 동화입니다. 그러나 그 환상의 세계 속에는 인간 존재와 삶의 본질적인 문제들이 자연스럽게 녹아 있습니다. 그것도 마치 꿈처럼 한바탕 난리를 치는 귀신세계에 말입니다. 열 살 난 평범한 소녀

베를린영화제
독일 베를린에서 매년 열리며 프랑스 칸영화제와 이탈리아 베니스영화제와 함께 세계 3대 국제영화제로 꼽힌다(우리가 잘 아는 아카데미영화제는 미국 국내영화제에 불과합니다). 1951년 분단된 독일의 통일을 기원하며 시작한만큼, 참가 작품 또한 정치적인 색깔이 강하고, 아시아영화에 대한 관심도 높다. 한국영화는 1956년 이병일 감독의 〈시집가는 날〉이 처음 초청받았으며, 1961년 강대진 감독의 〈마부〉에 이어, 2004년 김기덕 감독의 〈사마리아〉가 감독상(은곰상)을 받는 영광을 누렸다.

치히로. 어느날 시골로 이사를 가게 됩니다. 흔히 그 나이의 아이들이 그렇듯
치히로도 이사 가는 게 싫습니다. 낯선 곳과 집에서 살아야 하고, 정든 친구
들과 헤어지고 새로운 친구를 사귀어야 하니까요. 그래서 이삿짐을 가득 싣
고 달리는 차 안에서 친구가 준 작별의 꽃다발과 카드를 보며 툴툴거립니다.

그런데 시골 마을 어귀에서 아버지가 길을 잘못 듭니다. 차에서 내린 치히
로 가족들은 길을 찾기 위해 앞에 보이는 터널로 들어갑니다. 그리고는 길을
잃어버리고는 어느 폐허가 된 놀이 동산에 도착합니다. 아뿔싸! 그곳이 바로
신령들이 사는 곳일 줄이야. 그 사실을 알지 못한 아버지와 어머니는 푸짐하

게 차려진 음식을 발견하고는 돼지처럼 허겁지겁 먹어 치웁니다. 그게 문제였습니다. 바로 신령들이 먹을 음식이었으니까요. 결국 두 사람은 그 죄로 돼지가 되어 버리고, 곧 죽어서 신령들의 음식재료가 될 운명에 놓이지요.

놀란 치히로는 어쩔 줄 모릅니다. 밤이 되자 폐허에는 불이 밝혀지고, 별나게 생긴 온갖 신령들이 하나 둘 모여듭니다. 그 곳이 바로 신령들의 온천장이기 때문입니다. 하쿠라는 소년의 도움으로, 인간이 들어와서는 안 될 곳에 들어온 치히로는 사람 냄새라면 질겁하는 신령들이 있는 그곳에서 일을 하게 됩니다. 그의 목표는 오직 하나. 당연히 부모님을 구하는 것이겠지요. 이때부터 치히로는 온천장의 주인인 마녀 유바바 때문에 온갖 어려움을 겪습니다.

이 영화는 겉으로 보면 아주 색다르고 신나는 모험일 뿐입니다. 온갖 신령들의 캐릭터가 재미있고, 그들이 엮어내는 이야기가 즐거운 오락만화이지요. 치히로나 영화를 보는 사람이나 잠시 동안 황당한 귀신 꿈을 꾼 것처럼 보입니다. 때문에 용감한 소녀 치히로의 엉뚱하고 아슬아슬한 모험담으로 즐겁게 보면 그만일 수도 있는 영화지요. 만화가 가질 수 있는 상상력에, 신령의 세계가 그려낼 수 있는 초능력의 세계가 합쳐져 영화는 땅과 하늘과 바다를 마음대로 떠돌며 온갖 환상과 모험을 마음껏 만들어냅니다.

귀신 세상에서도 변하지 않는 것들

그러나 치히로나 우리나 모두 조금만 정신을 차리고 보면, 그 환상으로 가득한 신령 세상이야말로 인간사회와 다를 것이 없다는 것을 알 수 있습니다. 어디 캐릭터부터 한번 볼까요? 커다란 얼굴에 심술이 덕지덕지 붙어 있고, 밤이면 새가 되어 날아다니는 마녀 유바바는 돈만 밝히는 늙은 장사꾼입니다. 그가 끔찍이 사랑하는 아기 보우는 살찐 돼지에 불과하지요. 마녀의 부하로 머리만 있는 돌머리 삼총사는 아첨꾼이지요. 그저 하는 일 없이 마녀의 비위를 맞추기에만 급급합니다. 웨이터인 촐싹 개구리는 약삭빠르게 작은 욕심에 집착하는 소인배입니다. 카운터를 맡고 있는 메기입 개구리는 강한 자에게는 약하고, 약한 자에게는 강합니다.

반면 치히로의 언니가 된 린은 의리가 있습니다. 소년 하쿠는 밤이면 용이 되어 마녀의 야심을 채우는 데 앞장서지만, 마음 한구석에는 인간세계에 대한 그리움을 갖고 있어 치히로를 돕지요. 지하 보일러 책임자인 가마 할아범은 치히로가 온천장에 머물 수 있도록 하는 데 결정적인 역할을 하고, 하쿠가 다쳤을 때 치료해 주기도 합니다. 알고 보면 강(江)의 신령인 오물 귀신을 비롯한 여러 신령들의 모습도 재미있지요. 등장인물 모두는 우리 인간들과 다를 바 없는 다양한 개성과 마음을 가지고 있습니다.

치히로는 분명 인간입니다. 그런데 귀신(신령)의 세상에 들어갔습니다. 치히로가 귀신 세상에서 사는 조건은 인간 세상에서의 이름을 없애는 것입니다. 마녀는 그에게 센이란 이름을 주지요. 인간세상의 이름을 잃은 센은 이제 더 이상 인간일 수 없습니다. 하쿠가 인간세계로 돌아가지 못하는 것이 본명을 잊어버렸기 때문이듯, 센도 치히로라는 이름을 잊어버린다면 다시는 인간세상으로 돌아가지 못할지도 모르지요. 이 영화에서 인간과 귀신의 경계는 바로 이름입니다. 영화는 오직 하나뿐인 자기 이름이야말로 인간으로서 자기 존재를 증명하는 가장 중요한 것임을 보여줍니다.

〈센과 치히로의 행방불명〉은 인간으로서의 또 하나의 조건을 따뜻한 마음씨라고 합니다. 센은 모두 질겁하며 피하는 오물 귀신이 깨끗이 목욕하도록 도와줍니다. 그리고 유바바의 쌍둥이 자매인 제니바가 사는 바다 건너 도시로 위험한 여행을 떠납니다. 다친 하쿠를 위해서이지요. 센의 이 같은 아름다운 마음씨와 용기는 오물 귀신을 감동시키는 것은 물론, 다른 신령들까지 하나 둘 변화시킵니다. 그래서 무사히 부모님을 구하고, 원래 자기 이름인 치히로로 인간세상으로 돌아올 수 있었습니다.

결국 어느 여름날 꿈을 꾼 것 같은 이야기 〈센과 치히로의 행방불명〉은 우리에게 무엇을 말하는 것일까요? 인간세계든 귀신세계든 우리가 진실이라고 믿는 것들, 예를 들면 가족의 소중함, 다른 사람에 대한 사랑과 희생, 어려움 앞에서의 용기, 정직한 마음, 죄에 대한 벌 등은 절대 사라지지 않고 또 변하지도 않는다는 것이죠. 우리가 이것을 알고 실천한다면 지금 우리가 살고 있는 곳이 인간세상이든, 귀신세상이든 상관이 없지 않을까요. 내가 만나고 있는 사람이 진짜 사람이든, 귀신이든 걱정할 필요도 무서워할 필요도 없을 것입니다.

미야자키 하야오 감독

 작품세계

1941년 일본 도쿄에서 태어났다. 본격적으로 애니메이션 작업을 시작한 것은 대학 졸업 후 "미국 애니메이션에 대항하기 위해"라며 도에이 동화에 입사하면서부터. 감독 데뷔작은 1978년 TV용 애니메이션 〈미래소년 코난〉이며 이듬해 극장용 애니메이션으로는 새로운 장을 열었다는 〈루팡3세: 리오스트라의 성〉을 연출했다. 이 작품의 성공으로 하야오는 일본 최고 애니메이션 감독이 됐다. 하야오의 작품은 재미있으면서도, 그 속에 강한 사회적 메시지를 담는 것이 특징이다. 미래든 과거의 이야기든 그것을 통해 독재권력을 비판하거나, 인간의 이기주의가 가져온 환경오염과 남녀차별, 전쟁 등을 비판한다. 그리고 일본적인 독특한 색깔과 역사와 정서를 드러내는 것도 마다하지 않는다.

 주제를 생각하며 보는 하야오의 다른 애니메이션들

- 바람계곡의 나우시카(1984년) ∣ 환경
- 천공의 성 라퓨다(1986년) ∣ 기계문명, 독재권력
- 이웃의 토토로(1988년) ∣ 가족
- 마녀우편배달부(1989년) ∣ 사춘기의 방황
- 붉은 돼지(1992년) ∣ 반전사상
- 원령공주(1997년) ∣ 환경, 남녀차별
- 하울의 움직이는 성(2004년) ∣ 환경
- 코쿠리코 언덕에서(2011년) ∣ 과거

이 영화도 보세요

 영국 BIF 선정 - 14세 이하 아이들에게 보여줘야 할 영화 10편

영국국립영화연구소인 BFI(British Film Institute)는 2005년 14세 이하의 아이들에게 보여줘야 할 영화 10편을 선정했다. BFI는 "아이들 교육에서 학교와 부모들이 책이나 미술만큼 영화를 진지하게 다뤄야 한다"며 1920년대에서 2000년까지 나온 세계 각국 영화들을 빠짐없이 살펴보고 그 중에서 좋은 작품을 골랐다.

1. 센과 치히로의 행방불명(미야자키 하야오 감독, 일본, 2001년)
2. 빌리 엘리어트(Billy Elliot, 스티븐 달드리 감독, 영국, 2000년)
3. 키리쿠와 마녀(Kirikou et la Sorciere, 미셸 오슬로 감독, 프랑스 · 벨기에 · 룩셈부르크, 1998년)
4. 내 친구의 집은 어디인가(압바스 카아로스타미 감독, 이란, 1989년)
5. 프린세스 브라이드(The Princess Bride, 로브 라이너 감독, 미국, 1987년)
6. 개 같은 내 인생(My Life as a Dog, 라세 할스트롬 감독, 스웨덴, 1985년)
7. 이티(E.T, 스티븐 스필버그 감독, 미국, 1982년)
8. 케스(Kes, 켄 로치 감독, 영국, 1969년)
9. 고함소리(Hue and Cry, 찰스 크리턴 감독, 영국, 1946년)
10. 제너럴(The Ceneral, 버스터 키튼 감독, 미국, 1926년)

시간의 길이에 대한 두 느낌

바람이 우리를 데려다 주리라

감　　독 / 압바스 키아로스타미
제작국가 / 이란
제작연도 / 1999년
메　　모 / 이탈리아 베니스영화제 심사위원대상 수상 작품.

시간은 차별이 없습니다.

언제 어디서나 1초는 같습니다. 과거의 1초는 느리고, 지금의 1초는 빠른 것
도 아닙니다. 시간이란 죽음을 앞둔 사형수에게는 빠르고, 빨리 어른이 되
고 싶은 아이에게는 느린 것도 아닙니다.

그러나 시간은 때로 사람들의 마음에 따라 달라지기도 합니다. 시간 그
자체의 절대 길이는 절대 변하지 않지만, 사람들 마음의 시간은 언제나 그
길이가 달라질 수 있기 때문입니다. 이것은 '하루가 3년 같다(一日如三秋)'
는 표현이나 반대로 '시간이 화살 같다'는 말에서도 알 수 있습니다.

우리가 살아간다는 것은 곧 주어진 시간을 갖고, 쓰고, 느낀다는 이야기

압바스 키아로스타미

이란 영화의 우수성을 전세계에 알린 현재 살아 있는 이란 최고 영화 감독. 1940년 테헤란에서 태어나 50세가 다 되어서야 비로소 주목 받기 시작했다. 그의 영화는 아마추어 배우를 써서 다큐멘터리처럼 찍는 것으로 유명한데, 그 때문에 이란의 현실을 솔직하게 담고 있다. 〈체리향기〉로 프랑스 칸영화제 황금종려상, 〈바람이 우리를 데려다 주리라〉로 이탈리아 베니스영화제 심사위원대상을 받았다.

읽어봐야 할 대표작
■ 내 친구 집은 어디인가
   (1987년)
■ 그리고 삶은 계속된다
   (1991년)
■ 올리브나무 사이로(1994년)
■ 체리향기(1997년)

도 됩니다. 삶이란 시간 위에 놓여 있는 셈이죠. 어떤 사람은 그 위에서 늘 조금이라도 더 빨리, 더 많은 것을 하려고 정신없이 뛰고, 어떤 사람은 느긋하게 걸어갑니다. 우리 한국 사람들의 특성을 한마디로 표현하는 말이 무엇입니까. 바로 '빨리빨리'이지요. 외국 사람들이 가장 먼저 배우는 한국어도 이 '빨리빨리'라고 합니다. 좋게 말하면 시간을 아끼는 것이고, 나쁘게 말하면 여유가 없다는 거죠. 그렇다고 우리가 자신 있게, 바쁜 사람의 시간은 가치가 있고, 여유 있는 사람의 시간은 의미가 없다고 말할 수는 없습니다. 시간을 여유롭게 쓰지 못하는 사람에게 어찌 자신을 돌아보고, 남의 입장을 생각하고, 타인을 이해하는 관용을 바랄 수 있을까요.

이란의 거장 **압바스 키아로스타미** 감독의 영화 〈바람이 우리를 데려다 주리라〉는 시간에 대한 소박하지만 깊이 있는 성찰(돌이켜 보고 깊이 생각함)입니다. 여기서는 '빠름'과 '느림'이라는 두 가지 시간 속에 살고 있는 사람들이 뚜렷하게 대조를 보입니다.

이란의 큰 구릉을 한 대의 지프가 돌아 돌아 달립니다. 마치 정물화처럼 움직임이 없는 자연 한가운데를 질주하는 자동차. 바로 이란의 수도 테헤란에 사는 베흐저드의 차입니다. 그는 방송국 동료 두 명과 검은 계곡이란 뜻을 가진 시어 다레란 작은 마을을 찾아가는 길입니다. 그곳에 사는 100세 된 할머니가 아파서 곧 죽을 것이란 소식을 듣고는 그 할머니의 전통적인 장례식을 찍기 위해서지요.

시간이 정지된 마을

물어 물어 도착한 마을은 전화도 없고, 그야말로 가파른 산기슭에 자리잡은 지도에도 나와 있지 않은 외딴 곳입니다. 마치 시간이 정지된 듯한 그곳에서, 베흐저드는 전화기술자라고 거짓말을 하는 할머니가 어서 빨리 죽기를 기다립니다. 그래야 빨리 장례식 장면을 찍고 테헤란으로 돌아갈 수 있으니까요. 가난한 마을 시어 다레 사람들은 문명에 편리함에 매달리지 않고 그저 자연의 순리대로 살아갑니다. 낮에는 밭에 나가 일하고 저녁이면 자고, 해가 떠 마을이 환해지면 따스한 햇살을 받으러 집 앞 처마 밑에 옹기종기 모여들고, 노인들은 마을 한가운데 있는 작은 찻집에 나와 우두커니 앉아서 시간을 보냅니다. 학교에 갔다 돌아온 아이는 늘 그렇듯 양떼를 몰고 나갑니다. 여름이면 농사짓고, 추운 겨울이면 여자들은 아이를 낳습니다.

베흐저드는 마을 소년 파흐저드의 안내로 마을 이곳 저곳을 돌아보고, 할머니가 사는 곳도 알아놓습니다. 그러나 그의 초조한 기다림에는 아랑곳없이 할머니는 죽지 않습니다. 모든 것이 느긋한 그곳에서는 죽음마저 느린 듯합니다. 게다가 조급한 그를 약 올리기라도 하듯, 할머니는 오히려 병에서 회복될 기미마저 보이지요. 테헤란에서는 매일 독촉 전화가 옵니다. 워낙 산골이라 휴대폰 통화가 잘되지 않아, 베흐저드는 벨이 울릴 때마다 바쁘게 마을 계단을 오르내리고 차를 몰아 마을 뒤 높은 뒷산으로 올라가기를 반복합니다.

하루 이틀이 지나고 예정했던 사흘도 지나고, 그렇게 기다리다 열흘도 훌쩍 넘깁니다. 베흐저드에게 아무것도 하지 않은 그 시간은 어떤 느낌일까요? 베흐저드는 처음에 견디기 힘들 만큼 지루하고 답답해합니다. 그것은 우리들도 마찬가지일 것입니다. 하루만 아무것도 하지 않고 집에 있으면 괜히 초조해하고 불안해하는 사람들을 볼 수 있습니다.

베흐저드의 그런 모습을 무심한 듯 보여주는 영화 역시 화려하고 빠르게 사건이 전개되는 할리우드 오락영화와 달리 지루하게 느껴지기도 하지요. 마치 영화에서 거북이가 느릿느릿 기어가는 것을 보고 참지 못하는 베흐저드처럼 말입니다. 그만큼 우리들도 이미 영화에서까지 '빨리빨리'에 익숙해져 있다는 증거겠죠.

시간의 노예가 된 우리들

시어 다레란 마을과, 그곳에 사는 사람들의 삶의 태도, 자연의 흐름에 자신을 맡기고 그 속에 사는 그들의 시간을 보여 주는 〈바람이 우리를 데려다 주리라〉는 우리에게 고통을 강요합니다. 빠른 시간에 익숙한 사람에게 '느림' 만큼 큰 고문은 없습니다. 마치 자기만 뒤쳐지는 것 같고, 시간을 낭비하는 것처럼 느껴지니까요. 치열한 자본주의 경쟁 속에 사는 우리는 그런 느림이야말로 게으름의 다른 표현이며 그 때문에 가난하고, 가난하면 불행하다고 생각하기 쉽습니다. 베흐저드도 예외는 아닙니다. 그는 "너무 힘들면 손들게 돼. 하지만 할 일이 없을 때도 마찬가지지. 아무 일도 안 하면 돌아버린다고"라고 말합니다. 앞만 보고 달려야 하는 도시의 삶에 그 역시 너무나 익숙해져 있으니까요. 경쟁사회 속에서 시간은 곧 승리고, 돈이니까요.

〈바람이 우리를 데려다 주리라〉는 그런 삶에 대한 비판입니다. 시간에 대한 집착은 결국 물질적인 풍요로움에 대한 집착으로 이어집니다. 시어 다레 사람들을 보세요. 그들에게 돈이나, 문명의 편리함은 그다지 중요하지 않습니다. 산꼭대기에서 굴을 파는 남자나, 그를 사랑하는 열 여섯 살의 마을처녀 모두 베흐저드에게 차와 우유를 기꺼이 그냥 줍니다. 찻집 할머니도 그에게 차를 그냥 먹으라고 권합니다. 베흐저드가 자동차 문을 잠가놓지 않아도 누구도 그 안에 있는 카메라를 몰래 가져가지 않습니다.

그들은 그런 삶이 '신의 은총'이라고 생각합니다. 약이라고는 진통제밖에 줄 수 없는 마을 의사는 누런 들판을 오토바이를 타고 가로질러가면서 "죽음은 이 세상의 아름다운 자연을 떠나는 것이지. 꿈 같은 약속보다 지금이 좋다네. 저 멀리(저승)서 흥겨운 북소리가 들려와도 지금이 좋다네"라며 베흐저드에게 지금 이 땅에서의 삶의 소중함을 노래로 들려줍니다.

그러자 마침내 베흐저드의 시계도 천천히 자연의 흐름에 맞춰 느려집니다. 이것은 지금껏 도시에서 살면서 깨닫지 못한 삶의 지혜지요. 또한 자신이 느낄 수 없었던 시간에 대한 새로운 발견입니다. 그때쯤 되면 자연히 우리들도 못견디게 지루하던 순간에서 벗어나 자연스럽게 영화 속 사람들과 같은 시간으로 앉아 있게 됩니다. 마치 그것을 확인이라도 하고야 말겠다는 듯 100세 할머니는 그때서야 숨을 거둡니다. 새로운 삶과 시간에 대한 지혜를 깨달은 베흐저드에게, 이제 천국으로 가는 길인 전통 장례식을 찍는 일은 무의미할 수밖에 없습니다. 천국은 하늘에 있는 게 아니니까요.

느림의 가치

베트남 출신의 유명한 승려 틱낫한은 이렇게 말했습니다. "그대는 천국에 들어가기 위해 이 세상을 떠날 필요가 없다. 지금 이 순간 살아 있기만 하면 된다."고. 그가 말하는 이 세상이란 학교, 집, 학원으로 왔다갔다하며 하루종일 공부에 시달리거나, 늘 무엇인가에 쫓기듯 시계를 보며 종종걸음치는 지금 우리가 사는 이런 곳은 아닐 것입니다. 욕심과 집착을 버린 곳, 자연과 가장 가깝게 사는 시어 다레 같은 곳이 아닐까요? 인간은 결국 자연의 일부입니다. 그것을 잊을 때 천국은 저 먼 우주와 상상 속에서나 존재하게 됩니다.

영화 시작 부분에 베흐저드는 자동차가 고장이 나 물을 구하러 가파른 길을 올라 마을로 들어갑니다. 이때 소년 파흐저드가 무심히 한 말을 한번 기억해볼까요? 베흐저드가 숨을 헉헉대며 마을로 가는 길이 이것뿐이냐고 묻자, 소년은 "다른 길도 있는데, 그 길은 멀다"고 말합니다. 비슷한 대사가 학교 가는 길에 만난 소년과 베흐저드에서 또 나오지요?

"학교는 어디로 가니?"

"이쪽이랑 저쪽이요."

"학교가 두 군데야?"

"아뇨. 학교 가는 길이 둘이에요."

베흐저드가 '학교가 두 군데냐'는 당연한 되물음에서, 그리고 그 물음에 마치 놀리는 듯이 '학교 가는 길이 둘'이라는 소년의 대답은 우리에게 시간과 삶과 인생에 대한 몇 가지 중요한 사실을 깨닫게 해줍니다. 왜 우리는 어떤 곳으로 가는 길은 하나뿐이라고 생각하나. 길이 두 개면 목적지도 두 개여야 하나. 모든 일에는 한 가지 정답만 있는 게 아니라는, 인생에는 여러 가지 길이 있다는 사실을, 소년은 공부가 아닌 자연 속에서 깨우치고 있습니다. 빠르다는 것이 반드시 좋은 것이 아니란 것도 알게 해줍니다.

세상은 점점 '빠르게'를 외칩니다. 인터넷은 모든 정보를 단 몇 초 만에 세계 어느 곳이든 전합니다. 조금이라도 더 빠른 것이 좋고 뛰어난 것으로 인정하는 세상에 우리는 살고 있습니다. 빨리 공부하고, 빨리 달리는 자동차를 좋아하고. 인터넷이란 것도 빠르고 편리한 것을 바라는 인간들이 탄생시킨 첨단기술입니다. 최근에는 그것만이 인간의 행복이 아니라는 사실을 깨닫고 '느림의 아름다움'을 외치는 사람들도 많습니다. 자연의 순리대로 살아가려는 문명 최소화주의도 나오고 있습니다. 그것은 **허무주의**나 **패배주의**와는 다릅니다. 이 영화가, 소년 파흐저드가 가르쳐 주듯이, 다만 '다른 길'일 뿐입니다. 시간은 그 길에 따라 마음대로 길이가 달라질 수 있습니다. 잠시도 못 참아 연신 컴퓨터 입력 키를 두드려대는 세상에서는 도저히 가질 수 없는 느낌이지요.

허무주의

진리 따위 기존의 모든 제도나 가치를 부정하는 주장이나 경향을 말함.

패배주의

자신감이 없이, 아예 승리나 성공을 스스로 포기하는 생각이나 태도로, 니힐리즘이라고도 한다.

이란영화

1900년 유럽에서 수입됐고, 이란에서 만든 최초의 극영화는 1930년 〈아비와 라비〉였다. 회교 국가답게 검열이 엄격해 서양의 상업영화가 들어오지 못해 자국 영화가 발전했고, 대부분의 감독들이 다큐멘터리를 만들어 영화 역시 꾸미거나 재주를 부리지 않은 진솔하고 소박한 감성이 스며 있다. 이란영화가 세계에 알려진 것은 1980년대 압바스 키아로스타미 감독 덕분. 이후 영화 〈가베〉의 모흐센 마흐말바프와 그의 딸인 사미라 마흐말바프, 〈하얀풍선〉의 자파르 파나히 감독들이 좋은 작품을 내놓고 있다.

03 가족

'가족'과 '동심'이 무너진 세상

찰리와 초콜릿 공장

감　독 / 팀 버튼
제작국가 / 미국
제작연도 / 2002년

　　　　　　　　　　　　도대체 어떤 말로

표현이 가능할까요. 어느 영화는 제목을 '달콤 쌉사름한' 초콜릿이라고 했
습니다. 그것으로도 뭔가 부족합니다. 인류가 발견한 위대한 맛 가운데 하
나가 아마 '초콜릿'일 것입니다. 먹는 사람에 따라 그 느낌이 다른 묘한 기
호음식. 사랑의 맛이 됐다가 이별의 맛이 되기도 하고, 환상의 맛이었다가
쓰라린 현실의 맛이 되기도 합니다.

　　초콜릿은 카카오콩을 원료로 하지요. 원래 멕시코 원주민들이 음료나 약
용으로 쓰던 귀한 것으로 화폐로도 사용되었다고 합니다. 처음 유럽에 전해
진 것은 15세기 말로, 아메리카를 발견한 콜럼버스가 가지고 왔다고 합니

다. 현재와 같은 초콜릿은 1828년에 네덜란드의 반호텐이, 밀크 초콜릿은 1876년 스위스 사람 피터가 개발했다고 합니다. 초콜릿에는 사람을 흥분시키는 테오브로민이라는 카페인과 비슷한 성분이 있지만 강하지 않고 단맛이 강해 특히 어린이들이 좋아하지요.

그 초콜릿의 맛만큼이나 달콤 쌉싸름하게 만든 영화가 팀 버튼 감독의 〈찰리와 초콜릿 공장〉입니다. 팀 버튼 하면 독특한 판타지와 그 속에 날카로운 풍자를 담기로 유명한 감독이지요. 미술학교에서 공부하고 디즈니 애니메이터로 활동하다 감독이 된 그는 〈비틀 쥬스〉〈가위손〉〈배트맨〉〈화성침공〉 등 상상력이 기발한 영화들을 내놓았지요. 〈찰리와 초콜릿 공장〉 역시 그의 상상력이 마음껏 발휘된 영화입니다. 영화의 무대가 되는 초콜릿 공장과 주인인 윌리 웡카의 모습, 공장 안의 갖가지 신기한 장치들과 실제 초콜릿으로 만든 강과 나무들. 그 상상이 만들어낸 환상의 무대로 관객들의 눈을 즐겁게 하면서 팀 버튼 감독은 가족과 동심이란 두 가지 주제를 풍자로 드러냅니다.

로알드 달
1916년 영국 웨일즈에서 태어나 석유회사에 다녔고, 2차 세계대전 때는 공군 전투기 조종사로 전투에 참가했다. 26세 때부터 글쓰기를 시작해 미스터리, 동화작가로 이름을 날렸다. 작품으로는 〈제임스와 거대한 복숭아〉〈마틸다〉〈맛〉 등이 있다.

〈찰리와 초콜릿 공장〉은 **로알드 달**의 동화가 원작이지요. 1964년에 처음 출판된 이 책은 전세계 어린이들의 사랑을 받으며 그 동안 32개국에 번역돼 1,300만권 이상 팔렸지요. 동화는 이렇게 시작하지요. "하루에 두 번, 학교를 오가는 시간에 찰리 버켓은 초콜릿 공장입구를 지나쳐 가야 했다. 그때마다 그는 최대한 천천히 걸어가며 코를 킁킁거리면서, 달콤한 초콜릿 냄새를 흠뻑 들이마시곤 했다. 아~ 그 냄새는 얼마나 황홀한지! 찰리는 공장 안으로 들어가보고 싶었다. 도대체 이 초콜릿 공장 안은 어떻게 생겼을까." 매일 밤 찰리는 공장 안을 상상하며 잠이 듭니다. 이와 비슷한 경험은 나에게도 있습니다. 서울 강서쪽에 살 때 그곳 과자공장에 풍겨오는 향긋한 냄새가 매일 코를 자극합니다. 그래서 그곳에서만은 버스가 천천히 가기를 바랐지요.

영화는 찰리의 소원을 이루어주지요. '윌리 웡카 공장'은 매일 엄청난

양의 초콜릿을 전세계에 내보내고 있는 세계 최고의 초콜릿 공장이지요. 그러나 누구도 드나들거나 그곳에서 일하지 않는 비밀의 공간입니다. 더 수수께끼 같은 것은 공장장인 윌리 윙카(조니 뎁)라는 인물입니다. 그 역시 몇 년 동안 공장 밖으로 나온 적이 없어 어떤 사람인지, 어떻게 해서 초콜릿 공장을 운영하게 됐는지 아는 사람이 없다고 합니다. 그가 어느 날 다섯 개의 윌리 윙카 초콜릿에 들어 있는 '황금티켓'을 찾는 어린이 다섯 명에게 자신의 공장견학을 허용하겠다는 선언을 합니다. 전세계 어린이들이 초콜릿가게로 달려갑니다.

동심을 잃어버린 아이들

누가 그 행운의 주인공이 될까요. 사실 이 영화는 그 주인공을 선택하는 것으로 두 개의 주제 가운데 하나인 '동심'에 대한 풍자를 합니다. 첫 당첨자는 독일의 먹보 소년 아우구스투스. 로마 황제 이름과 같은 이 소년은 초콜릿을 입에 달고 삽니다. 먹는 것에 대한 욕심이 끝이 없지요. 행운의 티켓 역시 엄청난 초콜릿을 사서 먹다가 얻은 것입니다. 두 번째 행운은 자기 갖고 싶은 것은 모두 가져야 직성이 풀리는 부잣집 딸 버루카에게 돌아갑니다. 아버지는 그녀가 황금티켓을 갖고 싶다고 하자 초콜릿을 엄청나게 사들이고는 회사 전직원들을 시켜 포장을 뜯어보게 합니다. 세 번째 주인공은 무슨 대회든지 나가 우승해야만 직성이 풀리고 현재도 '껌 오래 씹기' 대회 출전을 위해 준비중인 경쟁심으로 똘똘 뭉친 이기적인 소녀 바이올렛이 되고, 네 번째로는 자신이 얼마나 똑똑한 소년인지 보여주기 위해 안달이 난 비디오게임 중독 소년인 마이크가 행운을 차지합니다.

그리고 마지막 한 명의 주인공. 이쯤이면 우리도 예상합니다. 분명 그 공장 옆 다 쓰러져가는 오두막에서 할아버지 할머니, 그리고 엄마 아빠와 살고있는 소년 찰리가 될 것이라는. 가난한 찰리는 초콜릿도 1년에 딱 한 번

생일날에만 먹을 만큼 돈이 없습니다. 할아버지가 몰래 감춰둔 비상금으로 초콜릿을 사지만 황금티켓은 나오지 않습니다. 그런 그에게 뜻밖의 행운이 찾아옵니다. 찰리가 눈 쌓인 거리에서 우연히 돈을 줍게 됩니다. 그 돈으로 다시 산 초콜릿 속에 황금티켓이 나옵니다.

그럼 왜 그에게 그런 행운을 주었을까요. 단순히 가난한 소년에게도 기회를 주기 위해서 일까요. 그건 아닐 것입니다. 찰리는 네 명의 아이들과 가장 좋은 대조를 보이는 아이였기 때문입니다. 그는 가난하지만 착하고 순수합니다. 자기 욕심에 앞서 가족을 먼저 생각하고, 그의 가족들 역시 비록 어렵게 살지만 서로 따뜻하게 보살피며 화목하게 삽니다. 영화의 두 번째 주제인 '가족' 의 상징이지요. 이 가족의 소중함은 나중에 공장장인 윌리 웡카의 변화로 이어져 우리를 감동시키지요.

자, 그럼 5명의 어린이들과 그들의 보호자와 함께 초콜릿 공장 안으로 들어가볼까요. 그 전에 우선 만나야 할 인물이 있습니다. 바로 윌리 웡카. 창백한 피부에 가발 같이 가지런한 머리에 긴 모자를 쓰고 이상한 말투로 자신의 공장을 자랑하지요. 치과의사의 아들인 것을 표시라도 내듯 어색할 정도로 지나치게 튼튼하고 가지런한 치아에 오랫동안 사람들을 만나지 않아 일행을 맞이한 것을 두려워하는 듯한 이 인물부터가 기묘합니다.

동심을 망치는 부모들

그가 만들어 놓은 초콜릿 공장은 어떤가요. 상상도 못할 만큼 환상적이지요. 거대한 초콜릿 폭포가 흐르고, 옆에서는 난장이인 움파 룸파족들이 거대한 초콜릿 산에서 삽으로 일을 하고 있습니다. 나무에는 꽈배기 사탕이 열리고, 바닥에는 설탕 풀이 자라고 덤불 속에서는 머쉬멜로우 체리크림이 익고 있습니다. 초콜릿을 만드는 것도 모두 윌리 웡카의 발명품이 하고 있습니다. 사람은 룸파족밖에 없습니다. 용머리 모양의 설탕보트를 타고 그들은 초콜릿 강을 따라 이런 신기한 세계를 하나하나 구경합니다. 꿈에 그리던 초콜릿 공장을 그 옛날 이곳에서 일했던 할아버지와 함께 구경하는 찰리는 그 모든 게 신기하기만 합니다. 그러나 나머지 4명의 아이들은 그보다는 윌리 윙카의 경고마저 무시한 채 그보다는 평소 자신의 욕심, 이기심, 승부욕, 자기자랑의 마음을 드러내고야 맙니다. 그리고는 그에 상응하는 기상천외의 벌을 받지요.

먹보 아우구스투스는 초콜릿 먹는 욕심에 사로잡혀 강에 빠져 기계 속으로 들어가고, 바이올렛은 제품개발실에서 블루베리 맛 껌을 먹고는 온몸이 비치발리볼처럼 부풀어 오릅니다. 마이크는 TV 스크린의 전자기파를 이용한 새로운 운반용 발명품을 개발중인 윌리 윙카를 비웃으며 멋대로 기계를 만지다가 자신이 운반용 화물이 되는 비극을 맞이합니다. 뭐든 가져야 하는 부잣집 딸 루카 역시 호두껍질을 까는 작업실에서 일하는 다람쥐를 갖겠다고 고집을 부리다 다람쥐들에 의해 품질 나쁜 재료로 분류돼 쓰레기 하치장으로 보내지지요. 윌리 윙카는 그들이 벌을 받을 때, 반드시 그들의 보호자인 엄마나 아빠도 함께 벌을 받게 만들지요. 아이를 그렇게 만든 데는 부모의 잘못도 크다는 것이지요.

결국 끝까지 공장 견학의 소원만을 이룬 사람은 찰리뿐입니다. 그런 찰리에게 윌리 윙카는 엄청난 제안을 하지요. 초콜릿 공장의 주인이 돼 공장으로 들어와 살라는 것입니다. 어쩌면 윌리 윙카가 찰리에게 주어진 마지막 시험이기도 하지요. 여기서 찰리가 좋아하면서 그 제안을 받아들였다면 〈찰리와 초콜릿 공장〉은 동심에 대한 영화만으로 끝났을 것입니다. 그러나 찰리는 그 제안을 거절하지요. 그에게는 꿈에 그리던 초콜릿 공장보다는, 비록 가난하고 다 쓰러져가는 집에 살고 있지만 가족이 더 소중하고 그들과 함께 있는 것이 더 행복하기 때문입니다.

가족이 소중한 이유

찰리의 그런 태도를 처음 윌리 웡카는 이해하지 못합니다. 그도 그럴 것이 그에게 가족은 너무나 엄격하고 고통스러운 것이었으며, 이미 오래 전에 버린 것이기 때문입니다. 영화도 이를 위해서는 동화에 없는 찰리의 어린시절과 아버지의 이야기를 덧붙였습니다. 너무나 엄격한 아버지, 오직 초콜릿을 치아를 썩게 하는 나쁜 것으로만 생각해 난로에 던져버리는 아버지. 공장에 초대된 4명의 어린이들의 아버지 엄마와는 대조적인 모습이지요.

물론 이런 태도 역시 바람직하지만은 않습니다. 아이의 동심을 무조건 잘라내 상처를 주니까요. 윌리 웡카가 초콜릿 공장을 지은 것도 바로 그 어린 시절의 한(恨) 때문인지도 모릅니다. 그러나 윌리 웡카가 모른 것이 하나 있습니다. 그 아버지 역시 찰리의 아버지만큼이나 자식을 사랑하고 있다는 것. 그 사실을 윌리 웡카는 이웃의 모든 집들이 재개발로 헐려나가도 이사를 가지 않고 옛날 그 집을 지키고 있는 아버지를 보고 확인합니다. 아버지는 혹시나 돌아올 아들이 집을 못 찾을까 이사도 안 가고 있었던 것이지요.

이렇게 〈찰리와 초콜릿 공장〉은 동심과 가족의 소중함을 풍자와 유머, 기발한 상상을 통해 동화로 이야기합니다. 영화는 동심을 잃어버린 아이는 더 이상 아이가 아니라고 말하며, 그렇게 아이들이 물질적 탐욕과 이기주의에 빠지고, 수단과 방법을 가리지 않고 규칙을 무시하면서까지 남과 경쟁에서 이기면 된다는 식의 생각을 가진 데에는 어른들, 특히 부모들의 책임이 크다고 말합니다. 마치 지금 우리들을 두고 하는 말 같아 가슴이 뜨끔합니다.

여기에 영화는 가족의 가치는 물질적 풍요로움에 있지 않으며 찰리의 가족처럼 서로가 서로를 사랑하고 아끼고 보듬어주는 데 있다고 말합니다. 그런 가족이야말로 여전히 사람들의 영원한 행복과 구원이지요. 이를 모르는 사람은 없을 것입니다. 그런데도 계속 이를 강조하는 것을 보면 그만큼 지금 세상에서는 그것들이 무너져가고 있다는 증거이지요. 그래서 〈찰리와 초콜릿 공장〉은 달콤한 초콜릿 맛의 동화를 넘어 쌉싸름한 풍자이자 역설인 것입니다.

이 책도 읽어보세요

 찰리와 거대한 유리 엘리베이터 | 로알드 달 지음

〈찰리와 초콜릿 공장〉의 후속편. 초콜릿 공장으로 되돌아가는 윌리 웡카와 찰리 가족을 태운 하늘을 나는 거대한 유리 엘리베이터가 사고를 당한다. 유리 엘리베이터가 너무 높이 날아 올라가 지구궤도 속으로 들어가 버린 찰리 일행이 잔인한 혹성의 왕꿈틀이 녀석들 만나 벌이는 대결과 모험을 그렸다.

'아버지' 의 조건에 대하여

리얼스틸

감　　독 / 숀 레비
제작국가 / 미국
제작연도 / 2011년
메　　모 / 로봇 복싱액션이란 새로운 소재로 성공을 거
　　　　 두어, 속편도 제작중.

아이 엠 샘

감　　독 / 넬슨
제작국가 / 미국
제작연도 / 2001년
메　　모 / 딸 루시 역을 맡은 다코다 패닝이 깜직한
　　　　 연기로 미국방송비평가협회(BFCA) 과 라스베가스
　　　　 영화비평가협회 아역상, Golden Satellite 신인상
　　　　 등을 수상.

나에게 '아버지' 란

어떤 존재인가요. 생물학적으로 아버지는 나의 또 다른 존재입니다. 아버지
가 존재함으로써 내가 있고, 나는 아버지의 많은 부분을 이어갑니다. 세상
의 아버지는 참으로 다양합니다. 아버지라고 모두 사랑과 희생으로 자식을
보호하고 기르는 것은 아닙니다. 때론 고통스럽게도 하고, 행복하게도 하
고, 바른 길로 나아가게 하는 용기도 주고, 잘못 된 길로 이끌기도 합니다.
　호주의 심리학자 스티브 비덜프는 〈남자, 그 잃어버린 진실〉이란 책에서

4가지 결점 많은 아버지를 소개했습니다. 하나는 왕 대접 받고 싶은 아버지로 가정의 독재자, 자신의 좌절감과 분노로 늘 혹독한 꾸지람과 사소한 트집으로 일관하는 비판자, 자신의 모든 책임과 의무를 포기하고 생활조차 책임지지 않는 무능력자, 새벽에 나가 한밤중에 돌아오는 있으나마나 한 사람이지요.

하나같이 믿음과 존경을 주기보다는 고통과 상처를 주는 아버지들이지요. 그렇다고 그들이 아버지 자격조차 없다고 말할 수는 없습니다. 세상에 완벽한 아버지는 없습니다. 내가 자라서 아버지가 되어도 마찬가지입니다.

더구나 경제적인 책임이 너무나 중요해진 요즘 아버지들에게 우리가 바라는 것이 무엇입니까. 돈 버는 기계쯤으로 생각하는 것은 아닌지요. 그래놓고는 아버지 노릇을 재대로 못한다고 불평하는 것은 너무나 이기적입니다. 아버지로서는 억울하고 슬프지요.

부모님은 우리가 선택하는 것이 아닙니다. 운명적으로 맺어지는 것입니다. 그래서 "이렇게 해 줄 거면 왜 나를 낳았어요"라는 말보다 더 어리석고, 상처를 주는 말은 없습니다. 정말 비록 초라하고 부족하고 온당하지 못하더라도 마음을 열고 그런 아버지를 받아들여 봅시다. 그것은 곧 자신을 긍정하는 일이기도 하니까요. 지금 당장 아버지에게 "난 아버지를 존경해요"라고 진심으로 말해보세요. "남자의 영혼은 존경을 먹고 자란다"는 비덜프의 말을 실감할 것입니다.

자식을 버린 아버지

"그럼 버려요. 버리는 게 특기잖아"

싸움에서 져 부서진 로봇 파이터를 고물로 팔려는 아버지 찰리 켄튼(휴잭맨)을 향해 아홉 살 난 아들은 이렇게 외치지요. 그 말속에는 자신을 버린 아버지에 대한 비난이 들어있지요. 챔피언 도전에 실패한 복서출신 찰리는 뒷골목 3류 로봇 파이터로 살아가는 인간이지요. 빚쟁이에 가족을 버린 지 오래고, 심지어 아들인 맥스(다코다 고요)의 존재조차 모르고 있었지요. 그의 목표는 오직 자신의 로봇 파이터로 지하 복싱세계에서 벗어나 화려한 세계로봇복싱대회에서 돈을 버는 것이지요.

그가 어느 날 아들 맥스 만납니다. 아버지로서의 정이나 사랑은 애초 기대조차 할 수 없지요. 맥스의 이모에게 양육권을 넘기는 대가로 뻔뻔스럽게 거액을 요구합니다. 그런 그에게 맥스의 이모는 "로봇과 살더니 로봇이 다 됐군요"라고 빈정거립니다. 이 정도니 아들과의 교감이 있을 리가 없지요.

2020년 미래를 무대로 펼쳐지는 로봇복서와 꼬마, 그리고 그의 아버지의 이야기인 〈리얼스틸〉에서 그 교감을 이뤄주는 것이 아이러니하게도 우연히 얻은, 6년 전에 제작돼 유행이 지나고 고장이 나서 버려진 작은 로봇 아톰입니다. 아버지와 함께 부품을 훔치러 몰래 고물보관소에 들어갔다 하수구로 미끄러진 맥스의 다리에 걸려 발견된 것이지요. 맥스는 아톰을 '생명의 은인'이라고 여기며 먼지를 씻어주고, 음성인식장치를 연결해 자신의 말을 따르게 합니다. 아무리 그래 봤자 최첨단 기술에 강력한 힘을 자랑하는 로봇이 기세등등하게 설치는 세상에 아톰은 파이터로서 큰 쓸모가 없습니다. 그런 아톰과 함께 아버지와 아들이 불가능한 도전을 시작합니다. 처음 아버지와 아들은 서로가 아주 어색합니다. 부자간의 정도 없고, 목적도 다릅니다. 빈털털이에 외톨이인 찰리는 다른 선택이 없어서, 맥스는 아버지와 함께 있고 싶은 마음에서였습니다. 그런 둘을 연결해주는 것은 다름 아닌 낡은 로봇 아톰입니다. 여기에는 로봇을 한편으로는 자신의 분신, 다른 한편으로는 아버지의 옛 모습으로 생각하는 맥스의 마음이 있었기 때문이지요.

아버지를 아버지로 돌아오게 만든 아들

맥스는 먼저 아톰과 눈높이를 맞춥니다. 기계라고 함부로 대하지 않고 훈련도 즐겁게 하고, 춤도 같이 춥니다. 그가 바라는 아버지의 모습이기도 하지요. 맥스는 7년전 아버지가 이루지 못한 챔피언의 꿈을 아톰이 이루어주기를 바랍니다. 그러나 꿈은 누구도, 심지어 인간의 명령에 절대 복종하는 로봇도 대신할 수 있는 것이 아닙니다. 결국은 자신이 해야 하지요. 아버지의 역할도 마찬가지입니다.

찰리가 "내가 뭘 할 수 있어. 내가 어떤 인간인지 잊었니. 나보다 좋은 사람과 살아야 해"라면서 맥스를 이모 집에 돌려보낸 것도, 이모 집을 뛰쳐나와 다시 찾아온 맥스에게 "네 마음 알아. 너 힘들 때 옆에 없었어. 그러나 지

금 난 네 옆에 있어. 너만 좋다면 한번 싸워보자"라면서 세계챔피언 로봇 파이터 제우스에 도전하는 것도 모두 아버지로서 아들을 사랑하는 진심입니다. 때문에 비록 이기지 못하더라도, 불굴의 정신만은 잃지 않았던 무명의 복서 찰리의 모습을 아들 앞에서 아톰을 통해 다시 보여줍니다.

바로 복제복싱이지요. 음성인식장치를 변화시켜 사람이 하는 행동을 아톰이 그대로 따라하도록 만든 것이지요. 그리고는 제우스와의 경기에서 찰리는 멋진 새도우 복싱(혼자서 상대와 싸우듯이 하는 복싱 동작)으로 아톰을 멋지고 감동적인 복서로 만듭니다. 그 순간 아톰은 로봇이 아닌 인간이고, 찰리이며, 아버지와 아들인 찰리와 맥스는 하나가 됩니다.

일곱 살 아빠, 일곱 살 딸

겉으로는 찰리보다 훨씬 자격이 부족한 아버지도 있습니다. 제시 넬슨 감독의〈아이 엠 샘〉의 주인공 샘(숀 펜)은 우리 주변에서도 이따금 볼 수 있는 그런 사람입니다. 어딘지 모르게 서툴고 어색한 정신지체장애인. 짧은 바지에 이상한 걸음걸이, 말투마저 어눌한, 일곱 살짜리 지능을 가진 사람입니다. 몸은 어른이고 지능은 아이인 흔히 나타나는 **강박증**도 가지고 있습니다. 커피전문점에서 일하는 그는 손님이 어떤 주문을 해도 늘 "탁월한 선택입니다"를 외칩니다.

수요일 아침은 반드시 같은 식당에서 같은 메뉴를 선택해야 하고, 목요일이면 비슷한 친구들과 모여 비디오를 봐야 합니다. 영국의 전설적인 록그룹 비틀즈 노래에 대한 집착 역시 마찬가지입니다. 지능이 낮은데도 불구하고 샘은 비틀즈에 관한 것이라면 무엇이든 줄줄 욀 정도입니다. 설명하기 어려운 것이나 감정을 표현할 때도 비틀즈의 노래로 대신합니다. 간호사가 갓 태어난 딸의 이름을 묻자 비틀즈의 노래〈루시 인 더 스카이 위드 다이아몬드〉를 떠올리고는, '루시 다이아몬드 도슨' 이라고 말합니다. 그뿐만이 아닙니다. 가족을 버리고 도망간 엄마가 언제 오느냐고 묻는 딸 루시에게, 샘은 비틀즈의 멤버들인 존 레넌과 폴 메카트니의 엄마도 모두 그들이 어렸을 때 죽었다고 말해 줍니다.

그러나 비틀즈에 대한 지식만으로 아이를 키울 수는 없습니다. 아이는 자라 어느덧 일곱 살이 됐고, 일곱 살 지능에 머물러 있는 아빠보다 더 똑똑해졌습니다. 아빠가 어떤 사람인지를 알게 되면서부터는, 오히려 아빠를 가르치고 돌보기까지 합니다. 심지어 똑똑한 딸은 아빠의 사랑을 잃지 않으려고 스스로 정신적인 성장을 거부하기까지 합니다. 보통 사람들의 눈으로 보면, 샘은 아버지로서 능력과 자질을 갖추지 못한 정신지체 장애인입니다. 딸의 성장을 가로막는 장애물에 불과합니다.〈7번방의 선물〉의 예승이 아버지인

강박증
심리학적인 용어로 자기 의지와는 관계없이 어떤 행동이 계속 반복되는 증상을 말함.

용구(류승룡)도 비슷하지요.

당연한 것처럼 법은 샘의 아버지 자격을 빼앗고, 루시를 다른 가정에 맡기지요. 객관적으로는 루시가 입양된 가정은 아빠 샘과 살던 곳보다 모든 점에서 훨씬 좋습니다. 집도 좋고, 엄마도 있고, 돈도 많고, 아이를 위해 필요한 것은 뭐든지 해 줄 수 있는 따뜻한 사랑도 있습니다. 어릴 때 누구나 한 번쯤 저런 집에, 저런 아빠 엄마와 살았으면 좋겠다고 부러워할 그런 가정입니다. 그러나 그 좋은 집이 과연 루시에게 행복일까요? 샘이 지적 능력이 모자란다고 해서 루시에게 필요 없는 사람일까요? 〈아이 엠 샘〉은 무작정 딸을 찾아 달라는 아버지 샘의, 어눌하지만 너무나 감동적인 자식사랑을 통해, 그것을 우리에게 묻고 있습니다.

아버지를 대신할 사람은 없다

그 답을 찾기 위해 영화는 다른 한 가족을 등장시킵니다. 샘이 무작정 찾아가 도움을 요청한 여자변호사 리타(미셸 파이퍼)의 가족입니다. 겉으로는 남들이 부러워할 만한 가정이지요. 남편은 유능한 사업가인데다, 리타 자신은 사회적으로 존경 받는 변호사, 정말 부족한 것 없이 사는 집입니다. 그러나 리타의 어린 아들은 결코 그렇게 느끼지 않습니다. 너무나 바쁜 아빠와 엄마. 그래서 늘 혼자 밥을 먹어야 하고, 같이 놀 수도 없고, 할 얘기가 있어도 하지 못합니다. 이런 상황에 대해 걸핏하면 아빠는 엄마에게 책임을 미루고, 엄마는 아빠를 탓합니다. 그런 아이의 눈에는 샘의 관심과 사랑 속에 있는 루시가 훨씬 행복하게 보일지도 모릅니다.

리타는 샘에게 루시를 되찾아주기 위한 일을 맡으면서 비록 남보다 모자라지만 인정 넘치는 샘의 다정한 친구들과 이웃들을 만나게 됩니다. 딸 루시의 작은 버릇까지 알고 신경 써 주는 샘, 친구의 딸 루시의 구두 한 켤레 사는데도 한데 뭉쳐 다니는 샘의 친구들, 외출 공포증을 갖고 있으면서도 언제나 샘이 루시를 키우는데 도움말을 아끼지 않은 애니 아줌마가 그들입니다. 리타는 이들을 보면서 일반 사람들의 편견이 얼마나 잘못된 것인지, 루시에게 진정으로 필요한 사람이 누구인지, 어머니로서 자신이 얼마나 잘못 살아왔는지도 깨닫게 되지요.

그런 깨달음은 루시를 데려간 가정에까지 이어집니다. 그들은 자신들이 아무리 루시를 사랑한다고 해도, 진짜 아버지만 할 수 없다는 사실을 깨닫게 됩니다. 샘이 정상인이 아니라고 해서 이런 사실이 바뀌지는 않습니다. 〈아이 엠 샘〉은 아버지의 자식사랑은 방법과 색깔, 인종과 빈부에 관계없이 평등하며 아름답다고 말합니다. 조건이 나쁘다고, 경제적으로 부족하다고, 서툴다고 해서 그것을 빼앗을 권리는 누구에게도 없습니다.

사회제도가 대신할 수 있을까요? 〈아이 엠 샘〉은 자신있게 "No"라고 말하지 못합니다. 샘은 루시를 더 좋은 환경에서 자라도록 맡기지요. 이 역시 아버지로서의 사랑이지요. 루시는 자신을 후원해 줄 또 다른 아빠와 엄마를 두게 됩니다. 부모의 사랑과 사회제도의 혜택을 모두 받은 것이지요.

'좋은 나라'란 돈만 많다고 되는 것은 아닙니다. 어려운 가정을, 가난한 사람을, 소외당한 이웃을, 장애가 있는 사람들을 어떻게 보느냐가 더 중요합니다. 아버지의 조건도 마찬가지입니다. 돈만 많다고 아버지 노릇을 다하는 것이 아닙니다. 그런데 갈수록 그것이 최고의 조건이 된다고 생각하는 사람들이 많습니다. 아버지들만 그런 것이 아니라 이제는 아이들까지.

꼭 보세요 – 아버지의 사랑을 그린 영화

- 7번방의 선물(이환경 감독 , 2012년)
- 크로싱(김태균 감독, 2008년)
- 니모를 찾아서(앤드류 스탠튼 감독, 2003년)
- 가족(이정철 감독, 2004년)
- 존큐(닉 카사베츠 감독, 2002년)
- 인생은 아름다워(로베르토 베니니 감독, 1999년)

풍요로운 세상이 곧 천국일까

천국의 아이들

감　　독 / 마지드 마지디
제작국가 / 이란
제작연도 / 1997년
메　　모 / 2005년 골람 레자 라메자니 감독이 2편을 만들
　　　　었고, 국내에도 개봉됨.

한때 큰 인기를 누린

'짱뚱이' 시리즈의 하나인 '나의 살던 고향은?'은 짱뚱이 아빠의 어린시절
을 소개하고 있지요. 아이들이 그 책을 흥미롭게 읽고는 그 시절 아빠의 추
억을 이야기해달라고 조릅니다. 가난하고, 힘들었던 40여년 전의 시골생활
을 이야기해주면 아들은 자기들은 상상도 할 수 없다는 듯, 신기하다는 듯,
불쌍하다는 듯한 표정을 짓지요. 그러나 정말 그때가 지금보다 불행한 시대
였을까요?

　어린시절 이야기 하나 해 볼까요? 고향은 경상북도 북부지방 산골 예천이
란 곳입니다. 그나마 초등학교 3학년 때에야 농사만 짓는 고향마을에서 30

리(12km) 떨어진 읍내로 전학을 왔지요. 전기가 들어오지 않는 곳에서 전기가 들어오는 곳으로, 기차가 없는 곳에서 기차역이 있는 곳으로, 라디오조차 없는 곳에서 영화를 볼 수 있는 극장이 있는 곳으로, 과자라고는 구경할 수 없고 장날 할아버지가 읍내에까지 가서 사 오시는 '엿' 몇 개가 유일했던 곳에서 학교 앞에 과자점과 문방구가 있는 곳으로 이사를 온 셈이죠.

읍내 초등학교로 전학온 후 두 가지 모습이 창피했어요. 하나는 박박 깎은 머리였지요. 이발소가 멀고 돈도 없고 형제가 다섯 명이나 되다 보니, 아버지는 머리 깎는 기계('바리깡' 이라고 불렀지요)를 사다 놓고 우리 형제들의 머리를 매번 깎아 주셨습니다. 박박 밀면 머리카락이 오랫동안 자라지 않아 자주 깎을 필요가 없었지요. 읍내로 전학을 온 후에는 형들은 이미 중학교를 다니고 있어 여전히 집에서 박박머리로 깎아야 했지만, 저는 다른 아이들처럼 머리도 기르게 되고, 그래서 이발소에서 머리를 깎게 됐습니다. 그러나 아버지는 저를 데리고 이발소에 갈 때마다 "아주 짧게 깎아 달라"고 해, 여전히 박박 깎은 머리나 다름없었지요.

또 하나는 검정 고무신이었습니다. 초등학교 4학년 때 서울에서 학교를 다니는 또래 여자아이가 우리 뒷집인 외가에 왔지요. 그 아이가 오기 전까지만 해도 검정 고무신에 대해 생각을 해본 적이 없었습니다. 아이들 모두 검정 고무신을 신고 다녔으니까요. 그런데 길에서 마주친 서울 아이는 그게 아니었습니다. 하얀 양말에 파란 헝겊으로 된, 가운데 하얀고무가 있는 운동화를 신고 있었습니다. 아직도 그 곳까지는 텔레비전이 들어오지 않는 시절이었으니 그런 운동화가 있다는 사실조차 모를 때였지요. 놀라움과 함께 갑자기 얼룩얼룩한 맨발에 검정 고무신을 신은 모습이 처음으로 부끄러웠습니다.

운동화에 관한 소중한 추억

　박정희 당시 대통령의 경제개발계획은 시골도 하루가 다르게 변화시켰습니다. 1년 후 읍내에도 드디어 어린이 운동화가 들어오기 시작했습니다. 그러나 여전히 운동화는 '꿈'이었습니다. 중학교에 다니는 형들은 고무신을 신으면 안 되니까 할 수 없이 운동화를 사 주셨지만, 나는 여전히 검정 고무신이었습니다. 다른 아이들이 운동화를 신고 축구를 할 때 구경만 해야 했습니다. 고무신을 신고 축구를 하면 공보다 신발이 더 멀리 날아가 경기만 망친다며 아이들이 끼워주지 않았습니다. 형이 버린 운동화를 마루 밑에서 찾아 신었지만 너무나 낡고 커서 도저히 그것을 신고는 축구를 할 수 없었습니다.

고무신이 떨어지면 어떻게 해보겠는데, 그놈의 질긴 검정 고무신은 떨어지지도 않았습니다. 궁리 끝에 어느 날 멀쩡한 고무신 바닥을 칼과 못으로 긁고 시멘트 바닥에 문질러 구멍을 내버렸습니다. 그리고 어머니에게 "고무신에 구멍 났어. 새로 사줘"라고 졸랐습니다. "벌써 떨어져? 사준 지 얼마나 됐다고" 하시면서 고무신을 살펴보던 어머니는 화를 벌컥 내셨습니다. 그날 어머니에게 사정없이 맞았습니다. 일부러 고무신을 떨어뜨린 걸 어머니가 아셨기 때문이죠. 나는 울면서 소리쳤지요. "엄마, 다른 아이들처럼 운동화좀 사줘. 축구도 못한단 말이야."

그 말에 어머니는 나를 더욱 때리셨습니다. 그때 어머니가 왜 그렇게 더 때렸는지 결혼하고 아이를 기르면서야 알 수 있었습니다. 그것은 아들이 미워서가 아니라, 운동화를 못 사 주는 어머니 자신의 마음이 너무나 아팠기 때문이었습니다. 저녁에 퇴근하신 아버지에게도 혼이 났습니다. 그리고 나서 울면서 잠이 들었습니다. 이제는 그나마 비가 오면 물이 숭숭 들어오는 구멍 난 고무신을 신고 다녀야 할 판이었습니다. 그런데 기적이 일어났습니다. 다음 날 아침 고무신이 운동화로 바뀌어 있었습니다. 댓돌에 놓인 멋진 운동화. 그것을 신고 그 날부터 당당히 축구를 할 수 있었습니다. 1968년 여름 어느 날이었습니다. 운동화에 대한 기억은 저에게 이렇게 슬프고도 기쁜 것이었습니다. 지금도 멋있고 작은 운동화를 볼 때마다, 그때 기억이 떠올라 괜히 오랫동안 보곤 합니다.

아이들에게 이 이야기를 해주었더니 이해하지 못한다는 표정을 지었습니다. "왜? 돈 주고 사면 되는데. 용돈 모아서 사면 되잖아" 라고 말합니다. 형이 마당과 길에서 헌 못과 철사를 찾아 바르게 펴고, 산에서 나무를 구해 썰매를 만들어 준 그 시절 아름다운 추억도 아이들은 이해하지 못합니다. 무엇이든 살 수 있는 세상, 전화만 해도 갖다 주는 세상, 엄마 아빠를 조르면 돈이 나오는 세상에 살고 있으니까요. 그래서 가끔은 아이들과 함께 가난한 나라로 여행을 가서, 아직도 그 곳 아이들이 얼마나 작은 물건을 소중히 여기는지 보게 했으면 하는 생각이 들기도 합니다. 그 여행을 대신 해줄 수 있는 것이 바로 이란영화 〈천국의 아이들〉이지요.

가난보다 더 큰 불행은 불만족

알리(미르 파로크 하스미안)의 집은 가난합니다. 아버지가 열심히 공장을 다니고 부업으로 정원사 일까지 해도 먹고 살기 빠듯한 생활이지요. 어머니는 아프고 젖먹이동생까지 있습니다. 그런 형편에서 알리는 여동생 자라(바하레 시디키)의 구두를 고쳐 오다가 잃어버립니다. 알리로서는 동생을 달래는 수밖에 없었지요. 그래서 자기 신발을 번갈아 신고 학교에 가기로 하고, 아버지가 알까봐 연필까지 주면서 동생의 입을 막습니다. 동생이 학교가 끝나기 무섭게 달려오면, 오빠는 그 신발을 신고 학교로 가는 안타까운 시간들. 여동생이 커다란 신발 때문에 부끄러워해야 하는 모습과, 아무리 달려가도 지각인 오빠가 당해야 하는 설움.

아이들도 어른들도 그 모습을 보며 즐겁게 웃습니다. 압바스 키아로스타미 감독의 〈내 친구의 집은 어디인가〉부터 세계로 알려지기 시작한 이란영화 중 가장 재미있다는 작품입니다. 알리가 3등 상품으로 운동화가 걸린 마라톤에 참가해 오직 '3등'을 하기 위해 이리저리 눈치를 보며 뛰는 장면을 보며 즐거워합니다. 또 알리가 마지막 순간 혹시 3등이라도 못할까봐, 온 힘을 다해 달려 원하지도 않은 1등을 할 때 사람들은 박수를 치며 웃습니다.

하지만 저는 〈천국의 아이들〉이 너무나 슬펐습니다. 알리와 자라는 '천국의 아이들'이라기보다는 그야말로 40년 전 '나'였고, 나보다 더 가난한 친구들이었습니다. 그런데도 영화는 알리와 자라와 그 친구들을 '천국의 아이들'이라고 말합니다. 어떤 이유로 그렇게 말할까요? 지금의 우리보다 훨씬 힘들고 마음 아프고 비참한 생활을 하는데.

아마 그곳에는 우리가 잃어버리고 있는 사랑과 순수가 있기 때문일 것입니다. 오빠의 동생에 대한 사랑, 더 가난한 사람에 대한 사랑. 알리와 자라는 잃어버린 자기 신발을 신은 아이를 발견하지만, 그 아이가 자기보다 더 가난한 것을 알고 그냥 돌아옵니다. 그리고 마치 옛날 저의 아버지가 그랬던 것처럼 자라의 신발을 사서 들고 자전거를 타고 집으로 돌아오는 알리 아버지의 따뜻하고 아름다운 마음이 있습니다.

운동화 한 켤레에 얽힌 이야기 〈천국의 아이들〉은 요즘처럼 물건이 흔하고, 누구나 쉽게 그것을 구할 수 있다고 생각하는 시대에는 단지 옛날 이야기나 먼 가난한 나라의 이야기로 보일지 모릅니다. 그러나 같은 물건이라도 그것이 가지는 의미는 다를 수 있습니다. 우리가 그것을 무시할 때 다른 사람에 대한 사랑도 없어집니다. "야, 운동화 한 켤레 갖고 뭘 그래. 다시 사면 될 것 아니야"라고 말하는 순간, 우리는 이미 타인에 대한 사랑을 잃은 거지요. 그러면 그것을 갖고 애면글면하는 모습을 보고 비웃기 쉽습니다. 〈천국의 아이들〉은 그것이 잘못된 것임을 말해줍니다.

물건도 사랑과 마음이 들어 있을 때 더욱 가치가 있습니다. 우리는 지금 돈이 최고인 자본주의시대에 살고 있습니다. 돈 때문에 아름다운 마음과 사랑이 상처를 받는 일이 너무나 많습니다. 〈천국의 아이들〉은 많은 돈이 아니라 작은 돈의 행복과 소중함을, 그 속에 스며든 '사랑'이 '천국의 조건'임을 가르치고 있습니다. 마치 여러분 아빠들의 어린시절 추억처럼 말입니다.

04 사회

그들은 왜 달릴까

맨발의 기봉이

감　독 / 권수경
제작국가 / 한국
제작연도 / 2006년

말아톤

감　독 / 정윤철
제작국가 / 한국
제작연도 / 2005년

스포츠 가운데 가장
원시적이며, 본능적인 것은 무엇일까요. 달리기가 아닐까요. 달리기는 인간
이 두 발로 걷는 직립보행을 하기 전부터 해왔던 것이지요. 농사를 짓고 한
곳에 정착생활을 하기 전, 사냥과 나무열매를 따먹고 살아가던 때 인간은
빨리, 오래 달리는 것이 곧 경제생활의 중요한 요소였겠지요. 그 다음이 동
물을 잡기 위해 창을 던지거나 높이 뛰어 올라 열매를 땄겠지요.

달리기만큼 간단한 것도 없습니다. 아무런 장비가 필요 없습니다. 운동화
신고 그냥 산이든 들판이든 길이든 두 발로 달리면 됩니다. 그나마 요즘 과
학적으로 보다 빠르고, 덜 피로한 방법을 연구한답시고 운동화도 더욱 첨단

시스템을 도입해서 만들고, 육체를 과학적으로 관리해서 그렇지, 사실 달리기는 오직 인간 체력 그 자체의 가장 기본적인 움직임이기도 하지요. 그리고 아무런 기술이나 사전 지식 없이 맨발로도 가능한 운동이기도 하지요. 두 다리만 있다면 누구나 가능하지요. 또 달리기는 철저히 개인운동입니다. 오직 자신의 것이지요. 누구와 호흡을 맞출 필요도 역할을 분담할 필요도 없지요. 그래서 달리기야말로 모든 스포츠 중에서 가장 외롭고, 공평한 것이라고 말하는 사람들도 있습니다.

그들은 달립니다. 그냥 달립니다. 그들은 우리가 흔히 말하는 정신지체 장애인입니다. 한 사람은 지능이 여덟 살에서 멈춰버린 마흔 살의 중년 사내이고, 또 한 사람 역시 지능이 다섯 살밖에 안 되는 스무 살의 자폐 청년입니다. 기봉이와 초원이. 이들은 가공의 인물이 아닙니다. 실제 우리 이웃으로 살아가고 있는 사람입니다. 지능이 낮은 그들은 솔직히 외모와 행동이 보통사람과 달리 부자연스럽습니다. 그들은 발음이 분명치 않고 자신이 자주 쓰는 말을 반복합니다. 기봉이는 엄마를 '옴마'라고 발음합니다. 초원이는 의사표시를 할 때 꼭 '초원'이라는 자기 이름을 앞에 붙입니다. 문장도 짧지요. 또 그들은 한두 가지에 집착합니다. 기봉이는 사진찍기와 노래 부르기입니다. 그 노래 역시 자신이 어릴 때 좋아했던, 1961년 한명숙이란 가수가 부른 유행가 '노란 샤쓰의 사나이'이지요. 일회용 카메라로 그는 보이는 대로 아무렇게나 사진을 찍어댑니다. 초원이는 초코파이와 얼룩말을 유독 좋아하지요.

달리기 역시 일종의 집착입니다. 그런데 다른 집착과 달리 달리기는 그들에게 다른 의미가 있지요. 〈맨발의 기봉이〉와 〈말아톤〉은 바로 그들의 달리기에 관한 영화입니다. 두 작품은 공통점이 많습니다. 실화를 바탕으로 했고, 그들의 이야기가 TV에서 다큐멘터리로 먼저 소개됐으며, 그들의 달리기 뒤에는 어머니란 존재가 있으며, 그들의 달리기에 아름다운 감동과 슬픔

이 있다는 것 등등. 그래서 1년 뒤에 나온 〈맨발의 기봉이〉는 〈말아톤〉의 성
인판이라는 얘기까지 듣고 있습니다.

'반복'의 의미와 힘

영화의 형식과 색깔조차 비슷합니다. 우리들을 웃음과 감동과 반성의 순
서로 인도하는 이 두 영화의 중요한 요소는 '반복'입니다. 반복은 그들의 행
동양식이기도 하고, 영화의 감정 변화를 일으키는 중요한 장치이기도 하며,
영화 그 자체이기도 합니다. 달리기란 것이야말로 정말 몸서리치는 반복운
동이며, 인생 역시 반복에 다름 아니니까요.

　어디 남해 바닷가 다랭이마을에 사는 기봉이(신현준)부터 볼까요. 어려서 열병을 앓아 지금 이렇게 된 그는 팔순 어머니와 삽니다. 그는 어릴 때부터 남의 집 일 해주고 얻은 음식을 엄마에게 빨리 갖다 주기 위해 냄비를 갖고 뛰기 시작했습니다. 그 달리기의 형태는 마흔 살이 돼도 여전합니다. 냄비를 들지 않을 때도 그는 두 손을 앞으로 들고 뜁니다. 집으로 돌아올 때도 늘 같습니다. 그는 영화에서 몇 번 '옴마' 라고 부릅니다. 묘하게 웃는 얼굴로 처음 그 말을 할 때 우리는 웃습니다.

　왜 우리는 웃을 수 있을까요. 영화이기 때문입니다. 정상적인 배우가 연기를 하고 있다는 것을 알기 때문에 주저 없이 웃을 수 있는 것입니다. 만약에 실제 지하철 안이나 길에서 장애인이 그렇게 엄마를 불렀을 때 우리는 웃을 수 있을까요. 절대로 아닐 것입니다. 연기가 아니기에 웃음이 그들에게 상처가 될지 모른다는 생각 때문입니다. 그래서 장애인들은 자신들의 이야기가 영화로 만들어지는 것을 싫어합니다. 자신들이 웃음의 대상이 된다는 것이지요. 그러나 영화는 그 웃음으로 끝내지 않고 '반복'의 힘으로 감동과 반성을 만들어내지요. 그게 영화의 책임이기도 하고요.

〈맨발의 기봉이〉가 이를 증명하지요. 기봉이가 심장이 약해 뛰면 안 되는데도 하프마라톤대회에 나가 뛰다 도중에 쓰러집니다. 그때 그가 다시 어머니의 환상을 보며 부르는 '옴마'는 결코 우습지 않습니다. 반대로 우리를 울리지요. 그리고 마지막 완주를 하고 눈물로 '옴마'를 다시 부를 때 우리는 스스로 엄마에 대해 장애인인 기봉이만큼도 못한 자신에 대해 부끄러움을 느낍니다.

〈말아톤〉의 초원이(조승우) 역시 마찬가지지요. 초원이 엄마는 늘 이렇게 묻지요. "초원이 다리는?" 그러면 초원이 입에서는 즉각 "백만불짜리 다리"란 대답이 나오지요. 이어 엄마가 "초원이 몸매는?"하면 "끝내줘요"라고 말합니다. 꼭 잘 훈련시킨 앵무새처럼 말하는 그를 보고 처음에는 웃었지요. 그러나 이 말 역시 기봉이의 '옴마'처럼 그 다음에 나올 때는 느낌이 달라 우리를 울게 만드는 감정변화의 마술 역할을 하지요.

그들에게 달리기의 의미는?

그들은 왜 달리려고 할까요. 심장이 약한 것을 알고 그를 지도하는 일을 포기하고 하프마라톤대회에 나가지 말라고 하는 이장(임하룡)의 말도 듣지 않고 기봉이는 달리다 쓰러지기까지 합니다. 초원이 역시 마지막 엄마의 만류를 뿌리치고 마라톤 풀 코스를 세 시간 안에 완주하는 '서브쓰리'에 도전하지요. 어릴 때부터 습관처럼 달리기를 했으니까? 더구나 장애인의 특징이 반복이니까? 아니면 꼭 일등을 해서 상금을 받아서 늘 음식을 제대로 씹을 수 없는 '옴마'에게 틀니를 해주기 위해서? 엄마가 그토록 바라는 것이 마라톤 풀 코스 완주이기 때문에? 물론 이 대답도 틀린 것은 아니지요. 그러나 이들의 달리기에 다른 의미가 숨어 있지는 않은 걸까요.

지능이 낮은 사람의 무작정 달리기를 다룬 영화로 12년 전인 1994년에 나온 미국영화 '포레스트 검프'란 작품이 있지요. 톰 행크스란 배우가 아이큐 70정도 되는 남자의 연기를 멋들어지게 해낸 이 영화는 달리기를 잘하는 검프가 기막히게 운이 좋아 미식축구선수도 되고 장교도 되는 해프닝을 그렸지요. 이 영화는 지능이 낮다고 모든 것이 보통사람들보다 못하다는 것이 아니라는 사실을 말해주었지요.

〈맨발의 기봉이〉나 〈말아톤〉 역시 그것을 말해주려고 합니다. 적어도 가장 기본적인 육체운동인 달리기에만은 평등하다는 사실을 말하는 것은 아닐까요. 그들의 달리기야말로 우리도 너희들과 같음을 소리 없이 보여주려는 것이겠지요. 단지 지능이 낮다는 이유로 모든 사람들로부터 모든 것에 열등하다는 차별을 당하는 그들에게 달리기야말로 본능적으로 "나도 너희들만큼 하는 것이 있다"는 것을 보여주려는 몸부림인지도 모릅니다. 기봉이나 초원이가 만약 마라톤에서 기적 같은 1등을 했다면 영화는 그야말로 영웅주의, 환상주의라는 비판을 받았을 터이지만, 그들은 그렇지 않았습니다. 단지 '완주'만을 했지요. 그래서 그들의 '장애인도 단지 지능이 조금 낮을 뿐, 보통사람'임을 보여준 것이지요. 이는 마치 학교성적이 나쁜 아이, 공부를 못하는 아이를 바보 취급해서는 안 되는 것과 같지요. 또 모든 사고나 지능이 정상적이지만 육체적 장애를 입은 사람을 '열등한 인간'으로 생각해서는 안 되는 것과 같습니다.

그렇게 하지 않는다면 세상은 모두 장애인들만 사는 것이 되는 것이니까요. 성격이 괴팍한 사람, 가정폭력을 일삼는 사람, 자기밖에는 모르는 이기주의자, 삶이 어려워 우울증에 걸린 사람들도 모두 장애인인 셈이지요. 〈맨발의 기봉이〉에서 서른 살이 넘도록 빈둥거리며, 기봉이를 괴롭히고, 아버지 속만 썩이는 이장의 아들 백여창(탁재훈)이야말로 장애인이지요. 그러나 우리는 그들을 장애인으로 보지 않습니다. 그냥 별난 사람이거나 마음이 아픈 사람, 백수건달이라고 하지요.

진짜 장애인은 누구인가?

두 영화는 '장애인도 같은 사람' 이란 주장에서 한걸음 더 나아가 지능이 어린 시절에 멈춰 청년이 되도, 마흔 살이 되도 여전히 어린아이 같은 순수함과 착함을 가진 그들을 통해 그것을 잃어버린 우리를 부끄럽게 합니다. 기봉이는 효자입니다. 그의 효심은 그가 단지 어머니의 틀니를 위해 무리하게 달리기에 나선 것 때문만은 아닙니다. 늘 '옴마' 를 생각하는 마음입니다. 옴마에게 줄 냄비의 음식이 식을까봐 늘 달려서 집으로 오는 그 마음 말입니다. 자기보다 나이도 많은 기봉이를 항상 괴롭히기만 하고, 엄마 제사에까지 술 취해 들어오는 건달 아들 백여창에게 이장은 이렇게 소리치지요. "너는 효도를 주둥이로 하지만, 기봉이는 효도를 가슴으로 해"라고요.

순수함은 기봉이가 사진관 정원이를 만날 때에도 그대로 드러나지요. 흰색 운동복을 입은 그를 보고 정원이 멋있다고, 진짜 마라톤 선수 같다고 하니까 그는 기분이 좋아 매일 그 옷을 입으려 하지요. 그리고 옴마가 마라톤 대회를 위해 운동복을 사주니까 좋아서 예의 애창곡인 '노란 샤쓰의 사나이' 를 부르지요. 작은 것을 소중히하고, 작은 것에 감사하고, 누구에게나 정다운 마음을 가진 아름다운 사람이지요.

초원이에게 그 마음은 어떻게 표현되었을까요? 그가 느끼는 자연에 대한 감각과 보통사람들은 너무나 뻔해 이제는 말하지도 않는 어떤 현상에 대한 느낌의 짧은 표현들이지요. 달리면서 손끝으로 스쳐보는 들풀과 꽃들, 얼굴로 느끼는 봄의 산들바람, 눈으로 받아들이는 환한 햇살, 그리고 마치 신기한 것처럼 "가슴이 콩닥콩닥 뛰어요", "비가 주룩주룩 내려요" 라는 말이 우리들의 가슴을 아프게 찔러 오지요.

그러나 그 무엇보다 기봉이와 초원이가 우리들에게 준 큰 선물은 처음 우리가 바보로 생각해 그냥 웃었던 두 사람의 웃음이지요. 마음이 하얗게 비치는 그 웃음이야말로 우리들은 결코 가질 수 없는 것이며, 우리가 쉽게 가슴 속에서 지울 수 없는 것이지요. 그들은 모자라고 아무것도 가진 게 없어도 그런 웃음을 잃지 않고 있는데, 우리는 그들보다 너무나 많이 가지고 있으면서도 그 웃음을 잃어버렸으니.

매년 장애인의 날인 4월 20일이 되면 신문도 방송도 정부에서도 갑자기 생각난 듯 장애인들의 어려움과 차별을 이야기하며, 그들과 함께 사는 사회를 만들자고 한바탕 목소리를 높이지요. 그리고는 그 다음 날 바로 잊어버리지요. 어느새 우리도 '망각' 장애인이 된 것 같습니다.

이런 영화도 보세요

 안녕, 하세요

시각장애인 학교인 인천 혜광학교의 초중고생들의 '자기 삶'을 사는 모습을 담은 임태형 감독의 다큐멘터리. 장애를 가졌지만 자신의 꿈과 미래를 위해 한발씩 나아가는 그들의 모습이 감동적이다.

 글러브

국내 최초 청각장애인들로 구성된 청주야구팀의 이야기. 전국대회에 나가 1승을 하는 것이 꿈인 그들의 땀과 투혼, 눈물과 감동을 담았다.

최고의 정치는 배불리 먹이는 것이다

웰컴 투 동막골

감　　독 / 박광현
제작국가 / 한국
제작연도 / 2005년
메　　모 / 2005년 한국 최고 흥행작(약 800만 명)

　　　　　　　　　　때론 어떤 사람이

무심코 뱉은 한마디 말이 장황한 연설이나 수만 권의 책보다 뒤통수를 '탁'
하고 칠 때가 있습니다. 그는 위대한 철학자도, 뛰어난 지도자도 아닙니다.
그저 평범하게 살아가는 우리 이웃, 아니면 오히려 우리가 우리보다 못하다
고 생각하는 사람들이기도 합니다. 그들은 학자들처럼 고상한 단어나 이론
을 알지 못합니다. 그저 오랜 세월 경험에서 우러나오는 소박한 말 한마디
로, 가슴속에 오랫동안 생각해 왔던 것을 이야기할 뿐입니다. 그것이 온갖
이론을 들먹이거나, 지적으로 포장된 말보다 더 우리의 가슴에 와 닿는 것
은 그들이야말로 어떤 계산이나 자기 과시가 아닌 진실이 배여 있기 때문이

호르세 루이스 보르헤스
아르헨티나 소설가. 1899년 부에노스아이레스에서 태어나 스위스와 스페인에서 자라 22세에 다시 아르헨티나로 돌아와 시와 소설을 씀. 소설집 〈불한당들의 세계〉 〈픽션들〉 〈알렙〉 등이 있음. 1986년 사망.

겠지요. 그래서 유명한 작가인 **호르세 루이스 보르헤스**조차도 "방대한 양의 책을 쓴다는 것은 쓸데없이 힘만 낭비하는 정신나간 짓이다. 단 몇 분에 걸쳐 말로 완벽하게 표현해 보일 수 있는 어떤 생각을 500여 페이지에 걸쳐 길게 늘어뜨리는 짓"이라고 말했습니다.

우리는 그 어떤 사람의 말도 무시해서는 안 됩니다. 귀가 둘인 것도 내 주장(말)을 많이 하기보다는 남의 말을 더 많이 들으라는 것이지요. 우리는 흔히 가난하고, 나이가 어리고, 못 배우고, 도시가 아닌 산골에 사는 사람은 나보다 못하다고 생각하기 쉽습니다. 그러나 그건 엄청난 착각이자 오만이지요. 그래서 공자는 '세 사람이 함께 걸어가면 그 중에는 반드시 나의 스승이 있다'고까지 했습니다. 그 세 사람이 어떤 인물이든 간에 내가 배울 만한 점이 있다는 것이지요.

세상에서만 그런 게 아닙니다. 영화나 소설, 드라마에서도 마찬가지입니다. 수없이 자주 등장하는 주인공의 외침이 아닌, 우리가 대수롭지 않게 여기거나 흘러버리는 뒤편에 서서 무심코 한마디 던지는 인물로부터 때론 아주 중요한 삶의 진리를 얻는 경우가 있습니다. 그 순간, 그 영화는 전혀 다른 의미를 주지요. 단순히 재미 있고 없고를 떠나 새로운 시각을 열어주지요. 영화를 보는 초점과 영화 속에서 관심을 두는 대상이 달라지는 것이지요. 그것만으로도 우리는 영화를 보는 또 하나의 재미와 가치, 생각을 얻는 셈입니다. 저는 〈웰컴 투 동막골〉에서 그것을 발견했습니다.

알다시피 이 영화는 한국전쟁을 소재로 하고 있습니다. 한국전쟁을 다룬 유명한 영화는 무수히 많지요. 가까이는 강제규 감독의 〈태극기 휘날리며〉가 있고, 멀리는 이만희 감독의 〈돌아오지 않은 해병〉 같은 작품이 있지요. 그리고 앞으로도 이런 영화는 계속 나올 것입니다. 왜냐하면 한국전쟁이야말로 우리 민족의 깊은 상처이고, 그 상처는 남북이 분단된 채 여전히 아물지 않고 있기 때문입니다. 한국영화가 세계 어느 나라보다 강하고, 역동적인 이유 역시 여기에서 찾는 사람들도 있습니다. 세계 유일의 분단국가로 더구나 같은 민족끼리 전쟁을 치른 나라이기 때문에 영화 역시 아직도 다양한 방법으로 그것을 다룰 수 있는 여지가 많다는 것이지요. 사실 〈태극기 휘날리며〉 외에도 〈공동경비구역 JSA〉나 〈실미도〉〈쉬리〉 등 흥행에 크게 성공한 많은 영화들이 한국전쟁과 분단을 다뤘다는 것은 그만큼 그것이 아직 우리에게는 풀어버리지 못한 한(恨)이 되고 있다는 증거이지요. 영화 역시 대부분 그 비극적 한이나 현실을 다루고 있지요.

전쟁이 가져온 아이러니

〈웰컴 투 동막골〉은 조금 다릅니다. 물론 이 영화 역시 전쟁의 비극성에서 자유롭지 못합니다. 마지막 남북한의 군인들이 한마음이 되어 동막골을 지키기 위해 기꺼이 목숨을 버리는 것에서 그 어느 편도 승자이지 못한 한국전쟁의 비극성을 드러내지요. 그러나 그것이 전부는 아니죠. 이 영화가 더 소중히 생각하는 것은 판타지처럼 펼쳐지는 동막골과 그곳에서 삶의 이야기지요. 동막골은 물론 가상의 공간입니다. 전 국토가 전쟁으로 유린당한 마당에 무슨 일이 일어났는지 전혀 모르고 지나간 마을은 없었지요. 그래서 만약 이런 곳이 있었다면, 그리고 어떤 일이 벌어졌을까 하는 자체가 하나의 우화이지요.

전쟁도 모르고, 외부와 차단된 산골마을에 탈영한 군인과 낙오된 인민군 무리들이 들어옵니다. 그리고 미군 조종사도 추락해 들어오지요. 전장에서 적으로 서로에게 총부리를 겨누던 사람들과 전쟁이 일어났는지, 총이 무엇인지 조차 모르는 사람들의 만남과 충돌. 그 자체가 코미디이고, 아이러니이고, 비극이지요. 〈웰컴 투 동막골〉은 그 어처구니 없는 상황을 갖가지 에피소드와 독특한 등장인물로 엮어갑니다. '한 공간에서의 적과의 만남과 동거'를 소재로 한 또 다른 유명한 외국영화로는 2004년에 국내 개봉한 〈노 맨스 랜드〉가

노 맨스 랜드
2002년 영국 보스니아 등 유럽 6개국이 같이 만든 영화. 보스니아와 세르비아가 대치하고 있는 '노 맨스 랜드'란 곳에 서로 적으로 총구를 맞댄 두 남자와 지뢰 위에 놓인 한 남자의 이야기를 코믹하게 그려 전쟁을 비판한다. 감독은 보스니아의 다큐멘터리 작가 출신인 다니스 타노비츠. 아카데미 외국어영화상, 프랑스 칸영화제 각본상을 받았다.

있지요. 1993년 유럽 보스니아 내전 때를 배경으로 하고 있지요.

　웃음은 서로를 전혀 이해하지 못하는 인물과 새로운 상황에 반응하는 그들의 독특한 모습 때문이지요. 어떤 일이 벌어졌을 때 관객들은 그것이 전혀 심각하지 않은데 당사자들은 정말 심각하고 진지하다든가, 그 반대로 관객들은 정말 위기라고 생각하는데 정작 당사자들은 그것을 전혀 모르는 데서 오지요. 우선 동막골 사람들은 외부에서 온 인물 자체에 대해 아무런 정보가 없습니다. 군인이 왜 왔는지, 전쟁은 왜 하는지, 미군은 또 뭔지. 타인에 대한 경계심도 없습니다. 그들 모두는 길을 잃고 찾아온 도와주어야 할 사람인 거지요. 그러다 보니 차별이 없습니다. 그들은 영어도 모르고, 총도 수류탄도 모릅니다. 그들에게 전쟁과 무기는 상상 속에서나 존재하는 것이지요.

그런 사실을 가장 드러내주는 인물이 바로 강원도 사투리와 상황을 전혀 모르고 엉뚱한 말과 행동으로 사람들을 웃기는 여일(강혜정)이지요. 그녀는 분명 미친 여자입니다. 그녀는 수류탄이 터져 옥수수가 모두 팝콘이 돼 하늘로 날리자 "이게 모나? 가락지나? 그거 당기니까 눈이 오네" 라며 신기해하고 즐거워합니다. 비록 미친 여자이지만 그녀의 순수함과 순박함이 동막골에 들어온 사람들의 각자 입장을 무의미하게 만들고 그냥 함께 사는 인간으로 이끕니다. 국군과 인민군이 서로 총을 겨누고 맞설 때 비슷한 자세를 보고 "너들 친구나?" 할 때 이미 적과 동지의 개념은 깨졌습니다.

동막골에는 미움이란 없습니다. 남을 시기하거나 무시하거나 질투하지도 않습니다. 누가 억지로 통제하거나 억압하지도 않습니다. 여일을 '미친여자' 라고 말하는 사람도 없습니다. 그녀도 그저 마을의 소중한 한 사람이지요. 그들은 함께 일해서 마을 전체의 식량을 준비하고, 각자 맡은 일을 묵묵히 해나갑니다. 모두 평등합니다. 문명과 단절돼 있지만 조금도 불편해하거나 마을을 싫어하지 않습니다. 마치 원시적인 공동사회, 아니면 그야말로 **공산사회** 같습니다.

지도자라고 할 수 있는 촌장 역시 나이가 제일 많은 것 빼고는 특별할 것도 없어 보입니다. 그게 신기한지 인민군 장교인 리수화(정재영)가 촌장에게 물어보지요. 이 많은 사람들을 한 사람의 불만도 없이 이끌어갈 수 있는 영도력이 뭐냐고. 모든 인민이 평등하게 잘사는 지상낙원을 이루겠다고 하면서 오히려 불행으로 내모는 북한의 현실을 아는 그로서는 어쩌면 당연히 궁금한 것이기도 할 겁니다. 무슨 대단한 비결이 있을 것으로 기대한 리수화에게 그러나 촌장님이 강원도 사투리로 해준 한마디는 너무나 평범해 오히려 맥이 빠질 정도이지요. "영도력의 비결? 글쎄. 머를 마이 멕이지, 머."

공산사회
모든 개인의 재산을 부정하고, 모든 재산이 공동소유이며 필요에 따라 나눠 쓰는 이상적인 평등사회.

좋은 지도자의 조건

이 한마디야말로 수천마디 설명보다, 수백가지 정책이나 지도자의 조건의 나열보다 더 날카롭게 들립니다. 그는 왜 이 말 한마디로 끝냈을까요. 워낙 가난한 시대라서 먹는 것만 충분해도 모든 마을 사람들이 행복해 하기 때문에? 아니면 문명과 차단돼 있어 먹는 것말고는 달리 비교나 차별이 존재할 수 없는 곳이니, 모두 배 불리 먹으면 각자 평등하다고 생각하니까? 아니면 모든 것을 공동으로 준비하고 모으고 필요에 따라 평등하게 사용하는 원시공산사회 같은 곳이기에 개인 재산이 별 필요 없기 때문에?

이런 저런 분석이 오히려 더 어설퍼 보입니다. '배불리 먹인다' 한마디에는 수백가지 정책과 자세와 사상과 태도가 숨어 있지요. 모두 배불리 먹이려면 구체적으로 지도자는 어떻게 해야 하고, 마을 사람들은 각자 어떻게 해야 하고, 어떤 마음을 가져야 하며, 어떤 방식으로 일하고 노력하고 쓰고 나누고, 각자의 불만은 어떻게 다스려야 하는지, 그 방법이 무엇이든 그 제도를 어떤 것으로 선택하든 한 사람도 배고픈 사람 없이 골고루 배불리 먹이는 풍요로운 사회를 만드는 것, 그게 지도자가 할 일이란 것이지요.

공자의 제자인 중국의 위대한 유학자인 맹자도 양나라 혜왕이 좋은 왕(지도자)에 대해 가르쳐 달라고 하자 이렇게 말했지요. "밝은 임금은 백성들의 살림을 만들어 주어서, 반드시 위로는 부모를 섬기기에 족할 만하며, 아래로는 아내와 자식들을 기를 만하여 풍년에는 늘 배부르고, 흉년이라도 굶주려 죽는 것을 피하니, 그런 후에 백성들을 선한 데로 가게 하면 백성들을 따르게 하기가 쉽습니다."라고. 배고픔과 가난한 시절을 보낸 우리의 많은 아버지, 할아버지들이 "민주주의 탄압 등 많은 잘못을 저질렀음에도 그래도 박정희 대통령이 잘했지. 이만큼 잘 살게 해 놓았으니까"라고 그를 위대한 지도자로 꼽는 이유도 여기에 있을 것입니다.

중국 고대 요나라에 '격양가' 라는 것이 있었습니다. 요나라 임금이 백성들이 잘 살고 있나 살펴보기 위해 길을 가는데, 한 노인이 길가에 두 다리를 쭉 뻗고 앉아 한 손으로는 배를 두들기고, 또 한 손으로는 땅바닥을 치며 장단에 맞추어 이렇게 노래를 부르고 있었다고 합니다. "해가 뜨면 일하고, 해가 지면 쉬고, 우물 파서 마시고, 밭을 갈아 먹으니, 임금의 덕이 내게 무슨 소용이 있으랴"라고. 위대한 정치란 백성들이 먹고 사는 데 걱정이 없어 임금조차 누군지 신경 쓰지 않게 만드는 것이란 이야기이지요. 여기에는 사상이나 민족이나 시대가 별로 중요하지 않습니다. 배불리 먹이는 것은 이런 모든 전제들을 초월하는 불변의 진리이기 때문입니다. 그러나 그게 어디 쉬운 일입니까. 인간들의 물질적 욕심과 이기주의는 점점 커지고, 상대적으로 자신이 하고 싶은 일을 할 수 있는 기회는 점점 줄어들고, 상대적인 부의 차이는 서로를 미워하는 마음으로 발전하고……

이를 극복하고 골고루 누구나 배부른 세상을 만들자면 나눔의 덕을 가져야 합니다. 촌장의 배불리 먹이기도 많은 식량이 있어서가 아니라, 수십 년에 걸쳐 지혜롭고 인자한 태도로 마을 사람들에게 그 마음을 자연스럽게 심어주었기 때문일 것입니다. 그에 반해 우리의 현실은 어떻습니까. 암담하지요. 그래서 더욱 비록 현실이 아닌 판타지에 불과하지만 동막골 사람들이 부럽고, 그곳을 남북한 군인들이 끝까지 보호하려 하고, 촌장의 한마디가 우리 가슴에 와 박히는 게 아닐까요.

이방인에 대한 우리의 시선

나의 결혼원정기

감　　독 / 황병국
제작국가 / 한국
제작연도 / 2005년
메　　모 / 2005년 부산국제영화제 폐막작

파이란

감　　독 / 송해성
제작국가 / 한국
제작연도 / 2001년

우리나라 국민들만큼
피에 집착하는 민족도 드물 것입니다. 단일민족의 오랜 전통이 혈통주의를
뿌리 깊게 만들었습니다. 끝없는 외국의 침략을 받은 역사이기에, 그럼에도
불구하고 한민족의 피를 지켜왔기 때문에 더욱 그런지도 모릅니다. 우리는
한민족의 피가 조금이라도 섞이거나, 국적을 불문하고 한국사람이 어떤 일
을 해내면 열광합니다. 미국 여자프로 골퍼인 미셸 위에게 그렇게 하고, 미
식축구의 스타 하인즈 워드에게도 그렇게 했습니다. 그러면서 한국민족의
우월성을 대리 만족해하고 있습니다.

　순수 혈통주의는 역사적으로 주로 농업을 하고 사는 사회의 특징입니다.

유목민이나 해상민족과 달리 이동 없이 한 곳에 정착해 수백년을 사는 농경민족은 같은 성을 가진 씨족들이 한 마을을 이루어 삽니다. 그리고 철저한 혈통 중심의 결혼을 합니다. 이방인에 대해 굉장히 배타적입니다.

이와 달리 유목민이나 해상민족은 잦은 이동과 약탈로 이민족에 대한 거부감이 적습니다. 오히려 이민족을 정복하면 그 민족을 다스리는 방식으로 결혼을 해 동화시켜버립니다. 개척민들도 마찬가지입니다. 스페인과 포르투갈인들이 초기 아메리카 대륙의 원주민과 피를 섞어 **메스티조**나 **물라토** 같은 혼혈족을 만들었고, 지금의 미국이 흑백 혼혈이 점점 늘어나는 것도 당연합니다. 호주나 캐나다처럼 자국의 인구가 적어 이민을 받아들이는 나라도 비슷합니다. 더구나 문명과 기술의 발달로, 세상이 점점 좁아지고, 글로벌시대라고 하여 모든 나라가 문을 활짝 연 마당에 어쩌면 혈통주의는 무의미하거나 시대에 뒤떨어지는 생각인지도 모릅니다.

그럼에도 불구하고, 이 지구상에는 엄연히 혈통주의가 존재하고, 그에 따른 인종차별이 존재합니다. 차별은 다인종국가인 미국이라고 예외는 아닙니다. 자유와 평등의 상징인 미국에서 같은 교통위반을 해도 흑인일 경우 경찰은 훨씬 가혹하게 다루는 것을 뉴스로 본 적이 있을 것입니다. 아시아나 남미의 유색인종들에 대한 차별도 없어지지 않고 있지요. 할리우드 영화가 그것을 비판하는 영화를 끝없이 만들어내고, 그런 영화에 상을 주지만 그것으로 바뀌지는 않습니다. 2006년 아카데미영화제에서 작품상과 각본상을 받은 〈크래쉬〉란 영화도 이를 다루고 있지요.

지독한 인종 차별국가, 한국

우리는 어떻습니까. 미국보다 덜 할까요. 결코 그렇지 않습니다. 예를 들어볼까요. 몇 년 전 미국 로스엔젤레스에서 흑인들이 폭동을 일으켰습니다. 그때 그들은 한인들의 가게를 집중 공격했습니다. 물론 흑인들이 밀집해 사

메스티조
스페인 인과 인디언의 혼혈아

물라토
백인과 흑인의 1대째 혼혈아

크래쉬
폴 해기스 감독이 2005년에 만든 영화. 흑백인종 차별문제를 다뤘다.

는 곳에 한국인들의 가게가 많기 때문이기도 했고, 이성을 잃은 흑인들의
무차별 공격 때문이기도 했지만, 그만큼 한인들에 대한 감정이 나빴기 때문
입니다. 백인들로부터 같은 차별을 받으면서도 한인들이 흑인을 무시한 결
과지요.

　우리의 인종차별은 흑인만이 대상이 아닙니다. 일본보다는 약하지만 백
인에게는 너그럽고 심지어 열등감마저 느끼지만, 다른 모든 인종에 대해서
는 객관적인 평가나 기준과 상관없이 무시하고 차별합니다. 백인들이 우리
를 차별하는 근거인 '백색 우월주의'로 우리는 우리보다 조금이라도 더 검
은 얼굴을 무시하고, 어느 민족은 우리를 침략했기에, 어느 민족은 가난해
서, 어느 민족은 지저분하고 더러워서 등등 이유를 말합니다. 물론 백색 우

월주의는 우리 민족에게만 있는 것은 아닙니다. 우리가 무시한 다른 아시아인들에게도 있습니다. 베트남 여자들은 조금이라도 얼굴을 더 하얗게 하기 위해 천을 두르고 다니고, 비싼 우리의 화장품을 사서 쓰고 있습니다.

특히 혼혈인에 대한 우리의 냉대와 차별은 타 민족보다 심하면 심했지 덜 하지 않습니다. 우리의 순수 혈통을 훼손했다는 반감 때문인지, 아니면 흑인 혼혈의 경우 우리보다 열등한 민족과 피를 섞었다는 편견 때문인지, 그들의 아버지들이 대부분이 주한미군으로 근무한 사람들이기 때문에 반미감정이 실려서인지 더욱 심합니다. 우리 주변에 사는 그들은 교육도, 직장도 제대로 얻지 못하고 있습니다. 그런 우리의 현실을 외면한 채, 갑자기 어느 날 스타가 됐다고, 우리 한민족의 피가 흐른다며 하인즈 워드에 열광하고, 그의 한국 방문에 온 나라가 난리를 떨며 대통령이 점심을 같이 먹고, 서울 시장이 명예시민증을 주는 모습을 어떻게 설명해야 할까요.

그의 말대로 백인에게도 놀림당하고, 흑인들도 끼워주지 않고, 어머니가 분명 한국인임에도 불구하고 한인들까지 그의 생김새만 보고 한국인 취급을 해주지 않던 어린시절, 과연 사람들 중 그를 알고 안아준 사람이 몇이나 됐을까요. 그가 만약 미식축구 최고의 스타가 아니고, 평범한 사람이었다면 과연 그렇게 난리를 치고, 그의 혼혈인에 대한 차별에 귀 기울이고, 눈물 흘리고, 대통령이 이참에 국제결혼으로 한국인이 된 사람들과 혼혈인에 대한 여러 가지 지원정책을 펴겠다고 말했을까요.

코시안

아시아인과 한국인 사이에 태어난 혼혈인을 일컫는 말.

코시안(Kosian)도 우리 형제

미군이 아닌 우리나라에 외국인들이 본격 들어와 살기 시작한 지가 벌써 10년이 넘었습니다. 주로 동남 아시아인들이지요. 우리와 상대적으로 비교해 값싼 노동력이라는 이유로, 이제는 살만 해지니까 힘들고 더럽고 위험한 일을 하기 싫어하는 우리의 풍조 때문에, 그리고 농촌으로 시집가려는 처녀들이 없어 장가를 못 가는 농촌 총각들이 동남아 여자들과 결혼한 것을 포함한 2005년 국제결혼이 4만3,000여건이나 달해, 이제는 우리 주변에서 그들을 흔하게 만날 수 있습니다. 벌써 한국인과 외국인 사이에 태어나 한국인으로 살고 있는 혼혈인도 4만명이 넘습니다. 아직도 거리 곳곳에 '베트남 처녀와 결혼하세요'란 현수막이 걸려 있는 걸 보면 이들의 숫자는 점점 더 늘어나겠지요.

황병국 감독의 '나의 결혼원정기'는 바로 이런 농촌총각의 결혼과정을 그린 세태풍자영화이지요. 결혼을 위해 우즈베키스탄까지 날아간 죽마고우 만택(정재영)과 희철(유준상)이 벌이는 웃지못할 해프닝이야말로 바로 우리의 현실입니다. 그들이라고 같은 한국 여자와 결혼하고 싶지 않겠습니까. 그들이라고 백의민족의 혈통주의가 없겠습니까. 그러나 현실은 그 혈통주의보다도 자식을 낳아 대를 잇는 것이 더 절박해졌기에 그들은 베트남이든, 필리핀이든 날아갑니다. 그리고 그들을 따라 한국에 와서 사는 여자들은 말과 문화와 기후 차이와 인종차별에 혹독한 시련을 겪고 있으며, 그의 아들 딸들은 집에서는 한국말을 가르쳐주지 못하는 엄마 때문에 속상해하고, 학교에서는 얼굴이 검다고 놀림 받아 "얼굴이 하얘졌으면 좋겠어요", "엄마가 한국사람이 돼서 나를 낳아주었으면 좋겠어요"라며 웁니다.

〈나의 결혼원정기〉의 무대이자 촬영장소인 경북 예천은 실제 아시아 여자와 결혼한 농촌총각이 100명이 넘고, 그들 사이에 태어난 아이도 120명이나 된다고 합니다. 아무리 발버둥쳐도 한국여자와는 결혼할 수 없는 노총각이 늘어나자 군수가 그들을 데리고 베트남으로 가서 직접 신부를 데리고 오기까지 했습니다. 그들을 위해 기초한글교육, 요리강습 등의 프로그램과 자매결연도 준비하고 있는 군수는 "그들은 가족이며, 더불어 살아야 할 이웃"이라고 말합니다.

TV에서 이런 부부와 아이를 데리고 외가에 가는 프로그램이 있지요. 거기에서 아이들이 우리를 눈물나게, 부끄럽게 합니다. 이역만리 외가를 찾은 아이와 외할아버지. 처음 보는 외손자 외손녀를 끌어안고 말없이 울기만 하는 노인과, 그토록 싫은 검은 피부이건만 망설임 없이 달려드는 아이에게 가족의 소중함 외에 무엇이 있나요. 피부색이 무슨 문제가 되나요. 흰 머리, 앙상한 맨발에 주름투성이인 가난한 할아버지와 처음 보는 할아버지 얼굴에 볼을 비벼대는 아이가 편견과 차별의식에 갇힌 우리를 부끄럽게 만듭니다.

타인이 나의 거울

때론 다른 사람이 나를 비추는 거울이 될 때가 있습니다. 다른 사람에 대한 사랑이 곧 나에 대한 사랑일 때가 있습니다. 다른 사람을 통해 나를 보는 것, 그것이야말로 우리가 다른 사람들과 함께 살아야 하는 이유입니다. 그들이 한때는 바로 '나' 자신이었고, 지금 나의 '거울'일 수 있으니까요. 송해성 감독의 〈파이란〉도 바로 그 '거울'입니다.

이강재(최민식)는 삼류 건달입지요. 삼류란 아웃사이더일 수밖에 없습니다. 그런 그가 어느 날 아내의 사망통지서를 받습니다. 아내라니? 삼류 건달에 천애 고아나 다름없는 그에게 아내가 있을 수 있겠습니까. 죽은 사람은 다름 아니라 기억조차 잘 나지 않는, 돈을 받고 위장결혼을 해주었던 중국 여자 파이란(장백지)이었습니다. 어쨌든 서류상으로는 남편이니까 경찰에서 그녀의 시신을 확인해 달라고 한 것입니다.

그럼 파이란은 어떤 여자일까요. 부모가 죽자 유일한 일가붙이인 이모를 찾아 인천 차이나타운으로 왔지만 이모는 다른 나라로 이민을 가고 없었습니다. 갈 곳이 없어진 그녀는 한국에서 살기 위해 직업소개소를 찾아 위장 결혼을 신청합니다. 이렇게 파이란은 얼굴도 모르는 남자의 아내가 되어 강원도 동해안의 작은 도시로 팔려가 세탁소에서 죽도록 일을 했습니다. 몇 년을 그렇게 일했지만 직업소개소에 진 빚을 다 갚을 수는 없었습니다. 몸

이 아파 쉬고 싶어도 쉴 수가 없는 그녀는 이국 땅에서 그렇게 쓸쓸하고 비참하게 죽어갑니다. 그녀가 유일하게 아는 사람이라고는 위장결혼이긴 하지만 남편 이강재뿐이었습니다.

30년 전 우리의 어머니와 아버지들도 살기 위해 간호사로, 광부로 독일에 갔습니다. 뜨거운 사막의 바람을 맞으며 중동의 건설현장에서 땀을 흘렸습니다. 지금은 반대로 조금이라도 더 잘살아 보겠다며 이방인들이 우리나라를 찾아옵니다. 동남아시아 노동자들, 러시아 여성들, 오래 전 굶주림에 쫓기고 강제 노동자로 끌려가 이 땅을 떠났던 우리네 할아버지의 손자 손녀들인 중국동포도 있습니다.

우리는 그들을 어떻게 대하고 있을까요. 과거 우리 아버지, 어머니들이 당한 만큼 가혹하게 대하고 있는 것은 아닐까요. 〈파이란〉은 이러한 질문에 '그렇다'고 대답합니다. 불법 체류를 약점으로 협박과 노동 착취, 구타, 인신매매 등이 벌어지는 현실을 볼 수 있습니다. 파이란을 세탁소에 소개한, 오직 돈만 생각하는 파렴치한 직업소개소 주인을 보세요.

지하철에서 동남아시아 출신 노동자를 만났을 때와 서양인을 만났을 때, 자신이 어떤 생각을 했는지, 어떤 태도를 보였는지 한번 솔직히 생각해보세요. 아무런 차별 없이 평등하게 생각했나요. 만약 단지 피부가 조금 더 검고, 가난하다고 무시하는 눈길로 그들을 쳐다보았다면, 우리는 너무나 가난한 사람들입니다. 그들은 지난 날 우리들의 아버지, 어머니의 모습일 수도 있습니다. 나 같은 자식을 위해 이국 땅까지 가서 힘든 노동을 견뎌낸 우리네 부모님들일 수도 있습니다. 그렇다면 그들 또한 우리의 '거울'일 수 있습니다. 파이란 역시 그 거울이지요. 이강재는 그 거울로 자신을 비추어 순수한 본래의 자기 마음과 자기에 대한 연민을 깨닫게 됩니다. 그러나 현실은 이강재와 정반대인 사람도 있습니다. 거울이 되어 주는 사람과, 그 거울을 외면하고 깨 버리는 사람이 한데 섞인 한국. 우리는 그런 세상을 살고 있습니다.

세상의 선線을, 그것이 만든 경계들을 본다

고양이를 부탁해

감　독 / 정재은
제작국가 / 한국
제작연도 / 2001년

이번에는 오래 되고

(사실은 몇 년밖에 지나지 않았지만 원체 영화라는 것이 빨리 지나가버리니까), 비디오 가게에서조차 찾아보기 힘든 한국영화 한 편을 이야기하려 합니다. 〈고양이를 부탁해〉입니다. 요즘 화제의 한국영화도 많은데 왜 굳이 TV에서도 방영한 지 한참이나 된 영화냐구요? 그만한 이유가 있습니다. 이 영화가 담고 있는 모습이 아직도 우리사회에는 그대로 있다는 것입니다. 우리사회는 지금 부자와 가난한 사람, 서울 강남과 강북, 보수와 진보의 양극화로 치닫고 있습니다. 젊은이들이 취직하기도 만만치 않습니다. 시간제 아르바이트나 아니면 언제 나가라고 할지 모르는 계약직이 대부분입니다.

성장영화

아이들이 성장하면서 겪는 과정을 담은 영화. 어른들이 만들어낸 가치관이나 도덕, 냉정한 현실에 충돌하고 도전하며, 그 과정에서 좌절하고 상처 받는 모습 등을 그린다.

읽어봐야 할 대표작

- 정복자 펠레(빌 어거스트 감독)
- 시네마천국(주세페 토르나토레 감독)
- 개 같은 내 인생, 길버트 그레이프(라세 할스트롬 감독)
- 인형의 집으로 오세요(토드 솔론즈 감독)

이런 현실 속에 뛰어든 스무 살의 청춘들의 이야기를 이 **성장영화**만큼 진솔하게 그려낸 작품이 나오지 않고 있습니다. 당연하지요. 사람들이 '고양이 살리기' 캠페인까지 벌였으나 흥행에 실패했으니 누가 이런 영화를 다시 만드는 데 돈을 낼까요. 그래서 더욱 우리는 이 영화를 기억해야 하고, 이 영화를 통해 '우리의 현실'을 꼭 돌아봐야 합니다.

세상은 무수한 선(線)으로 이루어져 있습니다. 선은 모양을 결정하고, 이것과 저것을 구분합니다. 현재와 과거를 구분하기도 하고 연결하기도 합니다. 눈을 들어 주위를 둘러보십시오. 무수한 선들이 있을 것입니다. 지금 읽고 있는 책도, 책이 놓인 책상도, 컴퓨터 모니터도, 글자조차도 선들의 조합입니다.

선은 경계를 의미합니다. 책상의 네모진 선 밖은 공간, 선 안은 책상이 됩니다. 안과 밖이란 개념을 규정하는 것도 선입니다. 시간 역시 선, 즉 경계를 기준으로 과거와 현재와 미래를 구분합니다. 그 선이 무너질 때 우리는 혼돈에 빠집니다. 그래서 어떤 사물이든 시간이든, 우리는 경계를 그어야만 합니다. 보이는 선도 있지만, 보이지 않은 선도 많습니다. 친구 사이에, 연인 사이에, 스승과 제자 사이에도 선이 있습니다. 그때 선은 양심과 사랑, 도덕과 법입니다. 그 사이에 가로놓인 넘지 말아야 할 선을 넘었을 때, 우리는 그에 따른 가책과 비난과 이별과 처벌을 감수해야 합니다.

인간의 삶의 단계에도 선이 있습니다. 태어나 처음 걸음마를 시작할 때, 초등학교에 입학해 처음 공동생활 속에서 자신을 배울 때, 혼자 서야 하는 스무 살의 나이 등은 모두 우리 인생에 놓인 출발선입니다. 현실에도 무수한 선들이 있습니다. 도로를 따라, 산 능선을 따라 구분한 지역경계가 있는가 하면, 부자 동네와 가난한 동네의 선도 있습니다. 상류층과 하류층의 경계도 엄연히 존재합니다. 그 선은 약속하지는 않았지만, 우리의 삶을, 생각을, 심지어 미래까지 속박하는 것이 되고 있습니다. 도시와 변두리, 서울과 지방, 부자와 가난한 사람을 구분하는 그 선들이야말로 세상의 아픔을 만들어내는 단단한 선인지도 모릅니다.

선線의 존재 이유

선은 질서와 구분입니다. 차선이 없다면 도로가 아수라장이 되듯, 선은 세상의 모든 것들을 구분하고 정리해줍니다. 그 질서 속에서 우리는 모두 좀더 나은 삶을 위해 조금이라도 더 나은 대학에 가기를 원하고, 더 많은 돈을 모으려 하고, 더 넓고 좋은 집을 얻으려 합니다. 그러나 누구나 그 선을 넘어갈 수 있는 것은 아닙니다. 모두가 선의 한편으로만 간다면 세상은 존재할 수도 없습니다. 그렇기 때문에 그 선을 넘어가지 못하는 사람들은 늘 존재하고, 그들의 삶 또한 누군가는 이야기해야 합니다. 〈태풍태양〉의 정재은 감독이 5년 전 자신의 데뷔작으로 만든 〈고양이를 부탁해〉는 바로 그들에 대한 영화입니다.

인천에서 여자상업고등학교를 갓 졸업한 5명의 주인공 태희(배두나), 혜주(이요원), 지영(옥지영), 그리고 쌍둥이 비류(이은실)와 온조(이은주). 대학 진학을 포기하고 막 사회생활을 시작하려는 그들 앞에는 무수한 선들이 놓여 있습니다. 이제 스무 살이 되는 그들은 학교와 사회, 청소년과 성인의 선을 넘어야 합니다. 어디 그뿐입니까. 그들 앞에는 희망과 현실의 선도 있고, 가난과 풍요로움의 선, 우정과 우정 사이의 선도 놓여 있습니다. 이유가 무엇이든 모두 대학을 가지 않았다는 사실 역시 하나의 선으로 그들을 묶어 놓았습니다.

영화는 그들의 생활 공간들조차 보이지 않는 선으로 구분합니다. 인천이란 도시는 서울과 끊임없이 교류하려고 하는 공간입니다. 그곳 사람들은 연안부두에서 회를 먹고 바다를 구경하지만, 서울과의 소통을 끊으려 하지 않습니다. 어쩌면 양귀자의 소설 〈원미동 사람들〉의 주인공들처럼 언젠가는 서울시민이 되기를 꿈꾸고 있는지도 모르죠. 그 주인공들은 서울이란 경계선

원미동 사람들

1980년대 서울 변두리인 부천시 원미동 23통에 사는 가난한 소시민의 삶과 꿈을 따스하면서도 꼼꼼하고 애잔하게 담아낸 양귀자씨의 11편의 연작소설. 1987년에 발표됐다. 중학교 3학년 국어교과서에 실린 '일용할 양식' 편의 경호네를 비롯해 원미동 시인인 몽달씨, 행복사진관 엄씨, 지물포점의 주씨 등이 주인공으로 나온다.

밖으로 밀려나 발버둥이치지만 늘 비상을, 서울로 가는 것을 꿈꾸지요.

여대생, 서울, 부자란 선 안에서 보면 태희와 나머지 네 명의 친구들도 분명 이방인입니다. 집안에서 기르면 착한 애완동물이지만, 버려져 거리를 떠돌면 금방 야생동물이 되는 고양이. 감독의 말처럼 그들은 개 중심의 한국 사회에서 소수이자 소외된 동물인 고양이와 같은 존재인지도 모릅니다. 〈고양이를 부탁해〉는 그런 그들의 꿈과 현실과 좌절과 아픔에 대한 솔직하고 꼼꼼한 기록입니다.

태희는 아버지가 운영하는 찜질방에서 일합니다. 따로 취직할 필요도 없지요. 시간이 나면 뇌성마비 시인을 돌보는 자원봉사를 합니다. 그가 짓는 시를 대신 타이프 쳐주는 일로 자신의 존재의미를 찾으려 하지요. 마도로스(외항선 선원)가 되길 꿈꾸는가 하면, 정치가가 돼 보고 싶기도 합니다. 그의 엉뚱한 생각은 따분한 현실에서 나옵니다. 그러나 그는 어떤 노력도 하지 않습니다. 그저 가만히 앉아서 몽상만 할 뿐.

그러나 혜주는 다릅니다. 서울에 있는 증권회사에 취직해 야심찬 미래를 꿈꿉니다. '지금은 비록 잔심부름꾼에 불과하지만 영어공부도 열심히 하고, 얼굴도 더 예쁘게 고쳐 언젠가는 당당하게 너희들의 세계로 들어가겠다' 고 결심합니다. 혜주는 그것을 위해 때론 친구들에게조차 냉정합니다. 언제까지 같은 시간 일하면서도 그 가치를 낮게 평가 받는 "저부가가치 인간으로 살 것이냐"는 상사의 충고에 눈물을 흘리며, 그는 악착을 떨지요. 그럼에도 불구하고 성 차별과 대학 졸업자를 우대하는 학벌 중심의 사회는 그의 진입을 쉽게 허락하지 않습니다.

지영의 처지는 더욱 비참합니다. 다니던 회사가 하루아침에 망하고나서 그녀는 살길이 막막합니다. 부모 없이 병들어 누워 있는 할아버지, 인형의 눈을 붙이며 근근히 살아가는 할머니와 사는 그에게 세상은 희망이 아니라 절망입니다. 친구들에게 부탁했지만 누구도 맡아 주지 않아 결국 되돌아오지만, 그렇다고 자신도 돌봐줄 수 없어 버려지는 고양이 신세처럼. 아니면 늘 불안하게 흔들리다 급기야 무너지고 마는 그의 낡은 집처럼.

선을 넘어, 경계를 넘어

비슷한 영화로 임순례 감독의 〈세 친구〉와 연극으로 만들어져 더 인기를 얻은 〈와이키키 브라더스〉가 있습니다. 주류에서 밀려난 삼류인생들의 이야기지요. 〈세 친구〉는 주인공이 남자라는 것만 다를 뿐, 〈고양이를 부탁해〉와 같은 나이의 비슷한 처지에 놓인 청년들의 이야기입니다. 비디오와 먹는 것으로 따분한 일상을 메우는 친구에게서 태희를, 미용사가 되고 싶지만 부모의 고정관념이라는 벽에 막혀버린 친구나 군대란 탈출구를 찾았지만 그곳으로부터 거부당한 친구에게선 혜주나 지영의 모습을 떠올릴 수 있습니다. 연극으로도 만들어져 성공하고 있는, 3류밴드로 지방도시를 돌며 점점 망가져 가는 〈와이키키 브라더스〉는 그들의 10년 뒤의 또 다른 모습일 것입니다.

두 여성 감독 모두 이들에 대한 연민과 공감을 갖고 있습니다. 다른 점이 있다면 임순례 감독이 인생을 아는 어머니의 마음으로 한걸음 물러나 관찰한다면, 정재은 감독은 좀더 적극적이라는 것이지요. 정재은 감독은 스무 살 처녀들의 마음속까지 들어가 그들이 받아들여야 할 현실의 새로운 무게와, 그럼에도 불구하고 스무 살의 청춘이기 때문에 어쩔 수 없이 발랄한 그들의 세상을 보여주고 있습니다. 결국 무너지고 마는 허약한 지붕처럼 주변부를 살아가는 그들의 현실은 불안하지만, 그들이 스무 살이라는 사실과 스스로를 사랑하는 모습 속에서 미래에 대한 희망을 열어놓고 있습니다.

스무 살은 시작입니다. 자기에 대한 사랑은 꿈을 잃지 않게 합니다. 때때로 무거운 현실이 그들의 우정을 엷어지게 하지만 태희는 언제나 지영의 아픔을 감싸주고, 쌍둥이 자매의 즐거운 행동은 이기심 많은 혜주까지도 친구들로부터 떠나지 못하게 합니다. 그것이 그들의 인생에, 미래에, 경제적으

로 아무런 도움이 되지 않는다 해도 말입니다. 그 끈(선)을 위해 지영은 친구에게 돈을 빌려서라도 휴대폰을 삽니다. 휴대폰은 그들에게는 또 하나의 선입니다. 그 선은 그들에게 소통의 통로입니다. 서로 바람 맞히고 상처도 주지만, 그 선을 통해 그들은 다시 아무 일 없는 듯 깔깔대고 위안받습니다.

그래서 〈고양이를 부탁해〉는 슬프면서도 즐겁고, 우스우면서도 슬픈 영화입니다. 그만큼 경계와 균형을 유지하고 있기 때문입니다. 그것이 현실이지요. 그러나 영화는 그 현실을 한번 박차고 날아가고 싶습니다. 그게 영화의, 또 태희와 지영의 꿈이 아닐까요. 그래서 영화 속의 둘은 비행기를 타고 훌쩍 외국으로 떠납니다. 그러나 현실에서는 삶의 무게 때문에 극단적인 방식을 선택할 수도 없고, 비행기를 타고 훌쩍 외국으로 떠나는 비약도 허용되지 않습니다. 그게 삶입니다. 그래서 삶은 비극도 희극도 아닙니다. 수많은 선을 따라, 때로는 넘지 못할 선 때문에 차별과 상처도 받고, 그래서 더욱 그 선을 넘기 위해 노력하는 시간일 뿐입니다.

이 영화도 보세요

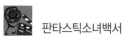 판타스틱소녀백서

영국, 미국, 독일 합작영화. 감독은 테리 즈위고프. 다니엘 클로우즈(Daniel Clowes)의 코믹만화가 원작인 코미디물. 고교를 졸업한 불만투성이 두 여학생 이니드(도라 버치)와 레베카(스칼렛 요한슨)이 무료한 생활을 하던 중 신문광고를 통해 한 순진한 남자를 만나면서 벌어지는 기묘한 이야기. 미국사회에 대한 풍자와 위트가 넘친다.

05 역사

나의 삶이 곧 '역사' 다

국제시장

감　독 / 윤제균
제작국가 / 한국
제작연도 / 2014년
메　모 / 1,000여만명의 한국국민, 가족 3대가 공감한
한국판 '포레스트 검프'

왕의 남자

감　독 / 이준익
제작국가 / 한국
제작연도 / 2005년
메　모 / 아슬아슬한 줄타기를 하는 광대의 권력
풍자로 1,230만명의 관객 동원.

역사는 인간의 이야기입니다.

그렇다고 역사가 모든 사람들의 삶을 담을 수는 없습니다. 어차피 역사란
산맥처럼 높은 곳에 있는 사람들만 기록할 뿐이니까요.

그렇다고 역사가 기억하지 못하는 인간에게는 "역사가 없다"고 말할 수
있을까요. 역사가 모든 인간을 기억하지는 못하지만, 역사와 무관한 인생도
없습니다. 용기 있게 역사를 만들든 의지와 상관없이 역사에 의해 자신의
삶과 운명이 결정되든, 나에게는 '나의 삶이 곧 역사' 입니다.

소설가 이병주의 말처럼 이렇게 이름 없는 인간들의 삶, 산맥이 아닌 골짜기를 기록하는 것이 소설이고 영화입니다. 영화는 〈명량〉같이 하늘 높이 솟아 태양이 비치는 인간을 만나기도 하지만, 달빛에 물든 골짜기 걸으며 역사가 기록하지 못한 사람들도 만납니다. 공교롭게도 모두 1,000만 명 이상의 관객을 통원한 〈광해〉, 〈암살〉, 〈최종병기, 활〉 등이 그렇지요. 그만큼 비록 역사의 주인공은 아니지만, 역사를 온몸으로 겪은 이름 없는 사람들이 우리에게 큰 공감과 위안을 준다는 얘기이지요.

단순한 감정이입도 있지만, 다시는 기억조차 하기 싫어 진저리를 치는 고통과 눈물에서도 우리는 위안을 얻습니다. 다시 돌아가고 싶지는 않지만, 자신의 역사를 확인하는 소중한 추억의 시간이기 때문인지도 모릅니다. 영화가 '기억'을 불러냅니다. 특히 자신이 지나온 시대라면 작품 속의 주인공이 허구이든, 실제 인물이든 그를 통해 우리의 역사를 더듬게 됩니다.

나의 아버지, 할아버지의 역사

소설도 마찬가지입니다. 중국 작가 위화는 소설 〈허삼관 매혈기〉를 쓰면서 "단지 두 사람의 역사를 허구적으로 꾸며낸 것에 불과하지만, 그들을 통해 더 많은 사람들의 기억을 불러내오고 싶었다"고 말했습니다. 지나간 삶을 추억하는 것은 그 삶을 다시 한번 사는 것과 다르지 않다고까지 고대 로마의 어느 시인(마티에르)은 말했습니다. 영화는 우리의 기억의 문을 두드려 역사가 있고, 현재가 있으며, 미래가 엿보이는 곳으로 한번 가보기를 권합니다. 〈국제시장〉(감독 윤제균)도 그런 영화입니다.

해방 후부터 지금까지 70년 동안을 우리 국민은 '격동의 한국현대사'라고 말합니다. 폭풍과 격랑으로 요동을 쳤다는 것이지요. 거센 비바람을 맞으며, 높은 파도를 헤치고 눈물과 땀으로 보다 나은 역사와 삶으로 나아갔습니다. 그 과정에서 어쩔 수 없이 역사의 한복판으로 걸어갈 수 밖에 없었

던 사람들도 많습니다. 덕수(황정민)도 그 중의 하나이지요. 한국전쟁으로
고향을 떠나 남쪽으로 내려왔고, 도중에 아버지와 막내 여동생과 헤어지는
아픔을 겪었으며, 가난을 이겨내고, 가족을 먹여살리기 위해 1960년대에는
독일 탄광에서 몸이 부서져라 곡괭이질을 해야 했고, 동생들 대학진학을 위
해서는 자신의 미래를 포기한 채 베트남 전장에 뛰어들어야 했습니다.

〈국제시장〉의 덕수를 보면 중요한 역사현장에는 공교롭게도 모두 뛰어든
미국영화 〈포레스트 검프〉와 스웨덴 영화 〈창문 넘어 도망친 100세 노인〉의
주인공이 연상됩니다. 당연히 영화가 만들어낸 허구이지요. 그런 사람은 없
습니다. 이들을 그렇게 만든 이유는 비록 아주 작은 한 부분, 간접적일망정
그 현장을 경험한 우리의 추억을 불러내고, 그 추억을 통해 우리의 삶을 다
시 불러내기 위해서일 것입니다.

〈국제시장〉은 '눈보라가 휘날리는 바람 찬 흥남부두에'로 시작하는 옛

유행가 〈굳세어라 금순아〉를 따라갑니다. 흥남철수 때 아버지와 막내 여동
인 막순이와 헤어지고 어머니와 여동생 끝순이와 함께 피난 내려온 덕수는
'국제시장 장사치'로 살아가고, '영도다리 난간 위에 초생달'을 보며 생사
조차 모르는 아버지와 누이동생을 그리워하며 눈물 흘리고, "너만 믿는다"
는 아버지와의 약속을 지키기 위해 어린 나이에 가족의 생계를 위해 죽음을
무릅쓰며 몸을 던집니다.

나의 손에도 역사는 스며든다

역사는 덕수에게 고통과 시련도 주었지만, 기회도 주었습니다. 그는
역사의 한 자락을 부여잡고 가기도 했지만, 역사가 그의 인생을 엉뚱한
방향으로 몰고 가기도 했습니다. 그렇게 60여 년의 세월을 살아 백발이
된 덕수는 남북분단으로 끝내 만나지 못한 아버지에게 자랑스럽게 "이
만하면 내 잘 살았지예"라고 말합니다. 그리고는 고백합니다. "근데 내
진짜 힘들었다"고.

덕수는 자신의 이같은 힘든 역사를 모르는 아들과 딸, 손자들이 섭섭하지만, 한편으로는 "힘든 세월 풍파를 우리 자식이 아니라 내가 겪은 것이 다행"이라고 위안합니다. 〈국제시장〉에서 막순이를 놓치고 울부짖는 덕수, 독일 탄광매몰로 덕수가 생사를 헤매는 순간에 용기와 사랑을 보여준 영자, 1983년 남북 이산가족 찾기에서 극적으로 상봉하는 덕수와 막순이를 보고 눈물을 흘린 것도 바로 그들이 나 자신이고, 누이이고, 어머니이고, 아버지이며, 삼촌이고, 할아버지이기 때문입니다.

격동의 삶을 그린 〈국제시장〉이 우리에게 주고자 하는 것은 무엇일까요. 결코 역사 그 자체는 아닐 것입니다. 〈국제시장〉은 다큐멘터리 영상이 아닙니다. 〈국제시장〉을 보고 그 시대를 경험한 세대들은 자신이 덕수가 되어 함께 눈물을 흘렸고, 그 시대를 경험하지 못했거나 말로만 들어온 젊은이들은 아버지와 할아버지를 조금 더 이해하게 되었다고 말합니다. 이 또한 옛 유행가처럼 지나갈지 모르지만 〈국제시장〉이 우리 사회와 가족의 소통을 넓히는 역할을 조금 해준 것은 분명합니다.

소통은 이렇게 '공감'에서 옵니다. 다른 사람의 마음 속에 들어가는 것, 그 속에서 아픔과 눈물을 함께 느끼는 것. 비록 허구이지만, 영화가 새로운 역사를 만들어가는 계기를 주기도 합니다. 개인의 삶도 그렇듯 역사도 늘 심각하고, 거대한 것만은 아닙니다. 작은 돌, 깨어진 그릇, 아버지의 주름살 하나에도 역사는 스며있습니다. 단지 우리가 무심코 지나쳐 보지 못할 뿐입니다.

아슬아슬하게 역사의 줄을 타는 사람들

이미 10년 전 역사 속의 이름 없는 인물들로 1,000여만 명이란 신기록을 세운 영화로는 〈왕의 남자〉가 있습니다. 이 영화는 사실(Fact)과 허구(Fiction)를 합친 팩션(Faction)입니다. 조선 중기 **연산군**때 실존했던 광대 공길이라는 인물을 바탕으로 이야기를 만든 것이지요. 그에 관한 기록은

연산군
조선 10대 왕. 1494년 왕위에 올라 12년간 온갖 폭정과 방탕한 생활을 하다 중종반정으로 폐위됐다. 생모인 윤 씨가 폐위돼 죽은 것에 대한 원한을 갚으려고 할머니인 인수대비를 때려 죽이고 사화를 일으켜 그 일에 관여한 수많은 대신들을 죽였다. 조선시대에는 왕의 자리에서 쫓겨나 이름이 '군'으로 끝나는 왕이 둘 있는데, 다른 한 사람은 광해군이다.

'연산군일기'에 단 한 줄 뿐입니다. "공길이라는 광대가 왕에게 '왕이 왕 같지 않으니 쌀이 쌀 같지 않다'고 말하였다가 참형을 당했다"라고요. 이 한 줄을 놓고 질문과 상상을 했습니다.

지금 우리가 경험한 것은 아니지요. 그래서 〈국제시장〉처럼 '추억'을 불러내지는 못하지만, 그 역사와 인물을 통해 현실을 되돌아보고, 영화의 풍자에 공감을 하게 만들지요. 광해군과 닮아 그의 대역을 잠시나마 해야만 했던 천민 하선(이병헌)의 이야기를 그린 〈광해〉도 비슷한 발상이지요.

그렇게 공길(이준기)의 단짝인 광대 장생(감우성)이 만들어지고, 그들이 연산군을 풍자하다가 궁에까지 들어가고 왕 앞에서 왕을 풍자해 웃겨 목숨

을 건지고, 왕을 즐겁게 하기 위해 더 위험한 풍자극을 하게 돼 궁을 피로 물들게 만들고, 공길을 좋아하는 왕은 그를 곁에 두게 되고, 이를 보다 못한 **장녹수**는 음모를 꾸미고 장생은 질투심에 괴로워 궁을 떠나려 하다 눈이 멀게 되는 형벌을 받게 되지요.

〈왕의 남자〉는 대작이 아닙니다. 비교적 소박한 작품이지요. 사극의 바람이 그치지 않고 계속 불고 있다 하더라도, 사극은 사실 대중성에 한계를 가진 장르이지요. 역사를 모르면 재미도 없고, 알고 있으면 새로울 것이 없다는 고정관념이 있지요. 게다가 과거 드라마로, 영화로 수없이 보아온 연산군을 다루고 있습니다. 일류 스타급 배우가 나오는 것도, 〈황산벌〉로 이름이 알려지긴 했으나 감독 역시 스타는 아니었습니다. 우리의 전통놀이인 남사당패 광대란 것이 당시 젊은 세대에게는 매력적이지 못한 소재이기도 하고요.

그런데 예상과 달리 이런 모든 약점으로 보였던 요소들이 전부 강점으로 바뀌고, 오히려 상승작용을 일으키면서 〈왕의 남자〉는 한국영화 역사의 한 페이지를 장식했습니다. 어떻게 그런 일이 일어날 수 있었을까요. 이후에 나온 〈최종병기, 활〉이 그렇듯, 우선은 긴장감 입니다. 장생과 공길의 외줄타기야말로 긴장 그 자체 입니다. 처음 시작하자마자 맨발로 아슬아슬하게 줄타기를 하는 그들의 모습은 앞으로 전개될 영화의 긴장이자, 그들 인생의 긴장이자, 역사적 긴장의 암시입니다.

영화는 쉴 새 없이 공길과 장생을 긴장의 순간으로 몰아갑니다. 여장을 한 공길을 사랑하는 장생의 비정상적인 마음이 아슬아슬하고, 왕을 풍자하는 그들의 목숨이 아슬아슬하고, 언제 폭발할지 모르는 연산군의 변덕과 광기가 아슬아슬하고, 그런 연산군과 함께 지내야 하는 공길의 내일이 아슬아슬하고, 그들의 풍자극에 양반들의 목숨이 아슬아슬합니다.

그러면서도 화려하게 재연되는 우리의 전통놀이인 남사당패 6가지 놀이

장녹수

성종의 사촌인 제안대군의 여종으로 용모가 뛰어나고 가무에도 능하여 연산군의 눈에 들어 숙원이 됐다. 그러나 왕의 총애를 등에 업고 나랏일에 간섭하고 재정을 어렵게 하는 등 연산군 폭정에 부채질을 했다. 1506년 중종반정으로 참형을 받았다.

인 풍물(북 장구등 악기 연주), 버나(접시돌리기), 살판(땅에서 재주넘기), 어름(줄타기), 덧뵈기(가면극), 덜미(꼭두각시 놀음)가 중간 중간 그 긴장을 탁 풀어줍니다. 커다란 박을 허리에 차고 연산군과 장녹수의 관계를 성적 과장으로 풍자하는 덧뵈기와 남녀가 서로 희롱하며 타는 어름, 서커스를 방불케 하는 살판이 통쾌한 풍자를 넘어 시각적인 만족까지 주지요. 여기에 연산군의 친어머니인 윤씨를 왕비에서 폐하고는 사약으로 죽인 것을 중국의 경극 형식을 빌어 재연해 색다른 풍자의 재미를 더해주지요.

현실 풍자의 통쾌한 한판굿

'왕의 남자'가 된 공길은 질투와 갈등과 불안과 안타까움이 무시무시한 권력 앞에서 또 하나의 아슬아슬하게 줄타기를 하지요. 그 줄타기가 어떻게 끝나든 결국 비극일 것이라는 사실을 공길과 장생은 물론, 관객들도 알기에 더욱 애틋하게 다가옵니다. 이런 것들로 인해 〈왕의 남자〉는 기존 사극이 가진 단순한 역사재연이나 재해석을 뛰어 넘어 새로운 방식으로 한국적 전통과 역사를 오늘의 대중적 영화매체에 매력적으로 접목시키는데 성공했습니다. 사극의 목적인 '현실의 반영'에 대한 효과까지도 극대화시켰지요. 천민인 광대와 왕이란 극단의 두 계층을 한 공간에 놓고, 광대로 하여금 왕과 양반을 풍자케 함으로써 지도자의 가치, 권력과 자유와 인간관계의 문제 등을 지금의 우리에게 생각하게 만들었지요.

사극의 재미중의 또 하나는 각자 해석하는데 있지요. 공길을 '왕의 남자'라고 말하는 것도 여러 가지 의미를 지닙니다. 어떤 이는 〈광해〉의 천민 하선이 하루아침에 왕 노릇을 하듯, 보잘 것 없는 광대 공길이를 하루아침에 권력을 휘두르는 존재가 돼 왕을 마음대로 할 수 있는 존재로, 어떤 이는 백성과 나라 걱정은 하지 않고 오직 자신의 부귀영달만을 꾀하는 자들을 통쾌하게 벌하는 개혁의 존재로 봅니다. 연산군의 파행을 보고 지금 지도자들과

비교하는 사람도 있습니다. 그것이 무엇이든 현실에까지 그 의미를 가졌다
는 점에서 〈왕의 남자〉는 단순한 영화가 아닌 사회현상이 됐지요.

어떤 영화든 1,000만 명 이상의 관객을 동원하려면 단순히 영화적 재미로
만은 불가능합니다. 다른 말로 하면 아무리 대작이라 하더라도 사회적인 분
위기를 타야 한다는 것이지요. 대표적인 작품이 강우석 감독의 〈실미도〉,
김한민 감독의 〈명량〉이지요. 〈실미도〉 개봉 당시 우리 사회는 그동안 감추
고만 있었던 북파공작원에 대한 문제가 큰 사회 이슈가 돼 연일 신문과 방
송이 떠들고, 당사자들이 시위를 했지요. 그래서 실미도가 뭔지도, 어떤 영
화인지도 모르고, 극장이라고는 찾지 않던 사람들까지 영화를 보게 됐지요.
〈명량〉 역시 드라마와 영화가 수 없이 반복한 인물이었지만, 그만큼 나라를
위해 헌신할 이순신 같은 영웅을 우리 모두 간절히 바랐던 것이지요.

〈왕의 남자〉 역시 당시 어디를 가도, 누구를 만나도 **화두**가 되었고, 우리 사회 풍자의 한판 굿이 됐습니다. 〈왕의 남자〉에는 장생과 공길이 장님 흉내를 내며 "나 여기 있고 너 거기 있지"라는 말을 주고받으며, 한판 놀이를 시작하는 장면이 나옵니다. 둘은 서로의 위치를 확인하고 달려들지만 자꾸 비껴나갑니다. 나 여기 있고, 너 거기 있다는 말은 존재의 확인이지요. 상대에 대한 존재의 인정이지요.

그러나 거기란 말이 아득하게 느껴집니다. 그래서 만날 수 없다는 절망, 겨우 다가갔지만 어긋나버리는 마치 눈을 잃어버린 사람처럼 서로를 찾을 수 없다는 말이지요. 자신들의 인생과 운명을 암시하는 것이지요. 그것은 또한 넘을 수 없는 계급의 벽으로 느껴지기도 하고, 연산군 나아가 권력자를 향한 '자유의 외침'이기도 합니다. 여전히 왠지 소통이 안되고, 삶의 희망이 점점 없어지고 있는 우리사회와 닿아있는 듯합니다. 지금 여기에 있을 자유, 존재감조차 빼앗길 때 인간은 어떻게 할까요. 공길과 장생은 날개가 없지만, 하늘로 날아올랐습니다. 추락하면 죽는 줄 뻔히 알고 있으면서.

이 영화도 보세요 - 이름 없는 사람들의 역사

- 광해, 왕이 된 남자(추창민 감독, 2012년)
- 써니(강형철 감독, 2011년)
- 최종병기, 활(김한민 감독, 2011년)
- 암살(최동훈 감독, 2015년)
- 창문 넘어 도망친 100세 노인(플렉스 할그렌 감독, 스웨덴, 2014년)
- 포레스트 검프(로버트 저메키스 감독, 미국, 1994년)

전쟁에도 페어플레이가 필요한가

트로이

감　　독 / 볼프강 페터슨
제작국가 / 미국
제작연도 / 2004년
메　　모 / 총제작비 2억 달러(약 2,000억원)를 들여 완성한
　　　　　서사극

'트로이' 하면 가장 먼저
떠오르는 단어는 무엇일까요. 먼저 '목마(木馬)'를 떠올릴 것입니다. 그 다
음은 '아킬레우스'일 것입니다. 목마는 그리스 연합군인 아카이아군의 승리
의 상징이지요. 10년에 걸친 대규모 전쟁에도 불구하고 트로이 성이 함락되
지 않자, 여신 **아테나**가 그리스 군대의 장군 **오디세우스**에게 계략 하나를 가
르쳐주지요. 그의 말대로 그리스군은 거대한 목마를 만들고는, 뱃속에 아주
용감한 병사들을 숨깁니다. 나머지 병사들은 싸움에 지치고, 페스트란 병에
시달려 전쟁을 포기하고 돌아가는 척 배를 탑니다. 그리고는 일부러 남겨둔
그리스 군사 하나로 하여금 이렇게 말하게 합니다. "이 목마는 아테나 여신

아테나
지혜와 이성의 여신. 빛나는
눈동자의 처녀라고도 불림.
그리스 아테나성의 주인이기
도 하다.

오디세우스
이타카 섬의 왕.

에게 바치는 재물이다. 그런데 너무 커서 아마 트로이 군대는 이것을 성 안으로 들여가지 못할 것이다.”

이 말을 들은 트로이 왕은 오기가 나서, 그냥 태워버리자는 일부의 주장을 무시하고 너무 커서 성벽까지 부수는 어리석은 짓을 하면서까지 목마를 끌고 들어와서는 승리를 축하하는 잔치를 벌입니다. 그러나 밤이 되자 목마 안에 있던 그리스 전사들이 나와 모두 잠든 트로이 성을 불지르고 성 안의 사람들을 거의 다 죽입니다. 이렇게 해서 트로이전쟁은 결국 그리스의 승리로 끝납니다.

죽어서 이름이 남은 트로이 전쟁의 두 영웅

이 전쟁에서 두 명의 영웅이 등장합니다. 트로이의 왕자 헥토르와 아킬레우스. 둘은 명예를 위해 자신이 죽을 것임을 알고도 용감하게 싸우다 죽습니다. 아킬레우스와 싸움 마지막에 헥토르는 아폴론 신에게 긴 창을 하나 달라고 애원하지만, 이미 **아폴론**이 곁을 떠나고 없자 헥토르는 이렇게 탄식합니다. “아, 이제 끝이구나. 신들은 내가 죽기를 바라는구나. 이제 죽음이 닥쳐왔도다. 그렇지만 싸워보지도 않고 불명예스럽게 죽기는 싫다. 무언가 위대한 일을 해 후손들의 기억에 길이 남고 싶다”고. 그리고는 용감하게 칼을 뽑아 싸우지만 아킬레우스에게 죽습니다.

테살리아의 왕 펠레우스와 바다의 여신 테티스 사이에서 태어난 아킬레우스도 비슷한 운명을 맞습니다. 발이 빨라 '발 빠른 아킬레우스'라고 불리는 그는 아카이아 최고의 전사로 그의 모습만 보고 트로이 군사들이 벌벌 떨며 도망갈 정도였습니다. 그렇지만 그에게도 약점이 있었습니다. 어릴 때 어머니가 그를 불사신으로 만들기 위해 스틱스 강에 온몸을 담글 때 잡았던, 강물이 닿지 않았던 발뒤꿈치였지요. 바로 요즘 '치명적 약점'이란 뜻으로 쓰는 '아킬레스 건(腱)'이지요. 그 역시 헥토르처럼 되리란 것을 진작부

아폴론
태양과 시의 신, 그리고 활을 쏘는 신. 그리스 신 가운데 가장 위대한 제우스의 아들로 달의 여신 아르테미스 포이베의 오빠이다.

터 알고 있었습니다. 어머니로부터 전쟁에 나가면 죽는다는 예언을 듣고도 그는 "전투에서 죽음으로써 큰 영광을 얻을 것"이라면서 전장으로 나갑니다. 그리고 형 헥토르의 복수를 다짐한 파리스 왕자의 화살에 발뒤꿈치를 맞고 젊은 나이에 죽고 말지요.

아킬레우스의 다음과 같은 독백이 이를 새삼 강조하지요. "사람들은 불멸에 대해 꿈을 꾼다. 그래서 우리는 우리가 시간의 흐름을 넘어 존재할 수 있을 것인지 스스로 묻곤 한다. 우리가 죽은 다음에도 많은 사람들이 우리의 이름을 들을 수 있을 것인가. 우리가 누구였으며 얼마나 용감하게 싸웠는지, 얼마나 열정적으로 사랑했는지에 대해 궁금해할지도 모른다.", "만약

내 이야기가 기록된다면, 나는 거인들과 같이 살았다고 쓰여지길 바란다. 아킬레우스는 군사력의 정점인 헥토르와 같은 시대를 살면서 다른 영웅들과 한 시대를 풍미하며 짧고 굵게 살았다고 써주길 바란다."

영화로 읽는 서사시

볼프강 페터슨 감독의 영화 〈트로이〉는 바로 이 두 사람, 더 좁게는 아킬레우스의 영웅적 삶과 사랑과 죽음에 관한 웅장하고 비장한 서사극입니다. 그것도 아득한 3200년 전(기원전 1270년 무렵)에 있었던 이야기입니다. 언뜻 보면 여자 한 명 때문에 일어난 비극이지요. 트로이의 왕자 파리스(올란도 블룸)가 빼어난 미모의 스파르타 왕비 헬레나(다이앤 크루거)를 유혹해 납치해서는 트로이로 도망친 사건이 발생합니다. 아내를 빼앗긴 스파르타 왕 메넬라오스는 치욕을 느끼고 형인 미케네의 왕 아가멤논에게 달려가 복수를 부탁합니다. 그러자 아가멤논은 그리스 동맹국들을 모아 트로이로 쳐들어갑니다. 물론 명분은 헬레나의 아버지로 스파르타의 왕이었던 틴타레에게 '누군가 헬레나를 납치해 간다면 남편이 그녀를 찾아오도록 싸우기 위해 동맹을 맺은 맹세'를 지키기 위한 것이었지요. 그러나 탐욕스러운 아가멤논의 진짜 이유는 이걸 기회로 모든 도시국가를 통합하고, 트로이까지 정복해 거대한 자신의 그리스제국을 건설하려는 야심에서였지요.

그러나 무려 7만5,000명이 나선 트로이 정복은 쉽지 않았습니다. 트로이 성은 그야말로 철통의 요새였고, 거기에는 파리스의 형인 헥토르(에릭 바나)란 위대한 전사가 있었습니다. 게다가 처음 원정에 참여해 생포한 여사제 브리세이즈를 아가멤논이 빼앗아가자 분노한 아킬레우스(브래드 피트)는 전쟁에 참가하지 않겠다고 선언하고는 막사에 틀어박혀 나오지 않아 버립니다. 아킬레우스의 불참으로 전세는 트로이의 승리 쪽으로 기울어집니다. 초조한 아가멤논은 브리세이즈를 돌려주면서까지 회유하고, 때마침 전쟁에 참가하고 싶어 안달하는 조카 파트로클로스가 자신의 갑옷을 몰래 입고 전투에 나갔다 헥토르에게 비참하게 죽자 분노한 아킬레우스는 칼을 듭니다. 그리고 헥토르를 죽입니다.

그래도 트로이 성이 함락되지 않자, 오디세우스(숀 빈)는 거대한 목마를 만들어 적을 속이자는 꾀를 내 마침내 트로이를 정복합니다. 성 안에서 그리스 군의 무자비한 살육이 벌어지는 가운데 아킬레우스는 사랑하는 여자 브리세이즈를 찾으러 다닙니다. 가까스로 브리세이즈를 발견해 얼싸안는 순간, 파리스가 그의 발목, 바로 아킬레스 건에 화살을 쏘아 형인 헥토르의 복수를 합니다.

영화는 여기까지입니다. 원작은 호머가 쓴 고대 그리스 서사시 '일리아드' 입니다. 서사시란, 고대 군주들이나 신과 괴물들이 등장하는 신화에 나오는 영웅들의 모험담을 시로 쓴 것이지요. 일종의 노래이지요. 영화는 원작에 나오는 인물들을 가능한 그대로 등장시켰고, 내용도 거의 같게 만들어졌습니다. 그러나 '일리아드' 는 영화에서처럼 목마로 트로이가 함락되고, 아킬레우스가 죽는 것까지는 이야기하고 있지 않습니다. 파트로클로스의 죽음으로 전투에 다시 참가한 아킬레우스가 헥토르를 죽여 복수하는 것으로 끝을 냅니다.

극적인 재미와 감동을 위해 인물의 관계나 내용을 바꾼 것도 있습니다. 우선 파트로클로스는 아킬레우스의 친척이 아니라 절친한 친구입니다. 파리스는 트로이 사람 모두가 싫어했으며, 헥토르 역시 처음 메넬라오스와의 대결에서 패하고 쫓길 때 도와주지 않았습니다. 그리고 메넬리우스를 창이 아닌 화살로 쏘아 전쟁을 촉발시킨 사람도 트로이 사람으로 변장한 아테나의 꼬드김에 넘어간 리키아의 사수 판다로스였습니다. 아킬레우스가 파리스의 화살을 맞고 죽은 것도 목마가 성 안에 들어가기 전이었습니다.

신화보다 인간의 이야기가 좋다

무엇보다 중요한 차이는 영화에는 전혀 신들이 등장하지 않는다는 것입니다. '일리아드'에서는 트로이 전쟁의 원인부터 결과까지, 장수들의 승리와 패배와 죽음까지 모두 신들의 장난입니다. 신들 역시 편을 나눠 아테나와 **헤라**와 **포세이돈**은 그리스를, **아프로디테**와 **아레스**와 아폴론은 트로이를 도웁니다. 그들의 계략과 도움으로 전쟁에서 이기고 지고, 죽고 살고 하지요. 심지어 트로이의 프리아모스 왕이 아킬레우스로부터 아들인 헥토르의 시신을 돌려받는 것도 다 신들의 지시 덕분이었지요. 인간의 모든 운명과 영웅적 행동들이 다 신들의 것이라는 거죠.

영화는 이를 거부합니다. 모든 운명과 결과를 인간의 것으로 만듭니다. 아킬레우스나 헥토르나 모두 자신의 의지로 전쟁을 하고 사랑을 하고 죽음을 선택했다는 것입니다. 그 의지란 다름아닌 '영웅'으로 남겠다는 것이죠. 그 영웅이야말로 신들이 인간에게 보여준 가장 전형적인 모습이자, 위대한 유산이기도 합니다. 그것을 영화, 특히 할리우드 영화는 장르를 가리지 않고 하나의 무기로 사용합니다. 미국의 크리스토퍼 보글러란 사람은 '신화, 영웅, 그리고 시나리오 쓰기'란 책에서 할리우드 모든 영화에서 이를테면 모험요구와 거절 - 정신적 스승을 만남 - 첫 관문 통과 - 적과 협력자 만남 - 시련 - 보상 - 귀환 등으로 이어지는 '영웅의 여행'을 찾아냈습니다. 그만큼 신화는 어떻게 보면 우리 인간들의 삶의 원형이자 꿈인지도 모릅니다. 그래서 고대 그리스 로마인들은 신화를 만들어냈고, 호머는 〈일리아드〉를 썼고, 볼프강 페터슨 감독은 영화 〈트로이〉를 만들었는지도 모릅니다.

'트로이의 목마' 하면 늘 마음 한 귀퉁이에 개운치 않은 기분이 남아 있지요. 승리자인 그리스에게 박수만을 보낼 수 없다는 생각이 듭니다. 목마란 속임수이지요. 그러면서 '과연 전쟁에서도 페어플레이가 필요한가' 하는 질문을 해보게 됩니다. 〈일리아드〉를 읽어보면 영화에서 파리스와 메넬라

헤라
결혼의 여신으로 제우스의 여동생이자 아내.

포세이돈
바다와 물, 땅의 신. 창으로 땅을 쳐서 지진을 일으킨다. 헤라의 오빠로 지하세계의 신인 하데스와 형제이다.

아프로디테
사랑의 여신.

아레스
제우스의 아들로 전쟁의 신. 아프로디테의 연인이다.

오스, 헥토르와 아킬레우스처럼 1:1로 들판에 나와서 같은 무기와 조건으로 승부를 겨루고, 그 결과(죽음)에 따른 약속을 지키고, 한바탕 전쟁을 치르고 나면 전사한 병사들의 장례식을 위해 잠시 휴전하고……. 창과 활과 칼로밖에 싸울 수 없는 고대였기 때문에 그런 약속이 가능했을까요. 아니면 전쟁에서조차 그들은 페어플레이정신을 발휘한 것일까요. 서로를 죽이겠다고 나선 마당에, 내가 죽이지 않으면 죽는 마당에 룰이 필요할까요.

그러나 〈트로이〉를 보면 분명 전쟁 속에서도 페어플레이는 있습니다. 어쩌면 고대 올림픽경기를 그리스인들이 시작한 것은 당연한 게 아닐까요. 올림픽경기야말로 규칙과 페어플레이를 전제로 한 전투나 다름없으니까요. 글러브 없이 상대가 쓰러질 때까지 싸우는 권투나 초창기 한 사람이 항복하거나 죽을 때까지 그만두지 않은 레슬링을 한번 상상해 보세요. 그래서 그 시대 목마는 그리스인 입장에서 보면 신이 도와준 기발한 계략이지만, 트로이 입장에서 보면 야비한 반칙인 셈이지요. 어리석게 속은 트로이가 바보라고 하면 할 말은 없지만. 그래도 '트로이의 목마'가 멋있게 생각되지 않은 것은 어쩔 수 없습니다.

이 책도 읽어보세요

 오디세이 | 호머 지음

트로이 전쟁에서 아테나 여신의 도움으로 목마를 만들어 승리한 지혜로운 이타카 왕 오디세우스의 이야기를 노래한 서사시. '일리아드'가 헥토르와 아킬레우스의 정열과 죽음의 노래라면, '오디세이'는 모험과 계략의 이야기이다. 오디세우스가 포세이돈의 저주로 집에 돌아가지 못하고 20여년간 바다를 떠돌면서 수많은 모험을 겪고, 그 사이 왕위를 노린 사람들이 그의 아내 페넬로페와 결혼하자고 괴롭히고, 마침내 돌아온 오디세우스가 그들을 응징한다는 내용이다.

적의 눈으로도 세상을 보라

글래디에이터

감　　독 / 리틀리 스콧(영국)
제작국가 / 미국
제작연도 / 2000년
메　　모 / 미국 아카데미영화제 12개 부문 후보에 올라 남
　　　　　우주연, 의상, 음향효과, 시각효과상 등 5개 부문 수상.

　　　　　　　　　　　　누군가 이미 만들어 놓은

상황이나 가치를 당연한 듯 따라가지 않고 한번쯤 고개를 갸우뚱할 때, 우
리는 그곳에서 전혀 다른 사실들을 발견하고, 세상을 다르게 보는 법을 배
울 수 있습니다. 예를 들어볼까요. 만화영화 〈톰과 제리〉에서 톰은 늘 제리
를 괴롭히다 골탕먹는 악당입니다. 고양이가 쥐를 잡아야 하는 것은 당연한
데 우리는 영화가 설정해 놓은 대로 따라가 제리 편을 듭니다. 온 집안을 돌
아다니며 음식 훔쳐먹고 세균 옮기는 쥐를 잡기 위해 뛰어다니는 고양이가
왜 나쁜 놈이어야 하는 걸까요. 뒤집어보면, 톰처럼 착실한 고양이도 없고
제리처럼 얄미운 생쥐도 없는데.

〈글래디에이터(검투사)〉는 로마 폭군 코모두스에 맞서는 정의의 검투사 막시무스의 복수를 그렸습니다. 이 영화 역시 그냥 따라가면 우리가 당연하게 여기는 선이 악을 이기는 숱한 영웅 이야기의 하나에 불과합니다. 그러나 코모두스의 입장, 로마 역사의 흐름 속에서 영화를 본다면 단순한 선악 대결을 뛰어넘는 시각과 역사적 재미를 발견할 수 있을 것입니다.

서기 180년. 황제 마르쿠스 **아우렐리우스**는 뛰어난 지도력과 용맹성, 카리스마를 지닌 전쟁 영웅 막시무스(러셀 크로)에게 로마를 공화정으로 만들 것을 부탁하며 왕위를 넘겨주려 합니다. 그러나 그에게는 아들 코모두스(조아퀸 피닉스)이 있었습니다. 당연히 자신이 왕위를 이어받을 줄 알았던 그는 분노와 배신감, 질투심에 사로잡혀 아버지를 목졸라 죽이고는 황제가 됩니다. 그에게 막시무스는 당연히 가장 무섭고 강력한 적입니다. 그렇기에 막시무스를 반역죄로 잡아서 죽이려 합니다. 가까스로 도망친 막시무스는 부상당한 몸을 이끌고 집에 돌아오지만, 아내와 아들은 이미 코모두스 부하들에게 목숨을 잃은 뒤였습니다. 이때 이미 영화는 그의 복수를 암시합니다. 관객들도 그것을 바라게 됩니다.

지쳐 쓰러진 막시무스는 노예상에 의해 팔려가 검투사가 되고, 뛰어난 검술로 승리를 거듭해 이름을 날립니다. 복수를 위해 잔인하고 용감한 검투사로 살아 남은 것입니다. 마침내 그는 로마의 콜로세움에까지 와 코모두스가 보는 앞에서 검투를 벌입니다. 그리고 옛 연인이자 코모두스의 누이인 루실라까지 만납니다. 그녀는 아버지의 뜻을 따르기 위해 막시무스와 원로원의 만남을 주선하면서까지 황제를 내쫓을 계획을 세우지만, 실패로 끝납니다. 코모두스는 눈엣가시인 막시무스를 없애고 싶지만 그를 좋아하는 민중들의 반발이 두려워 망설입니다.

〈글래디에이터〉는 고대 사극입니다. 로마시대를 배경으로 하는 웅장한 규모의 사극은 30, 40년 전에 유행했는데, 크게 두 갈래가 있었습니다. 하나는 로마의 전쟁사에 기초한 것이었고, 또 하나는 그리스도교 전파와 박해에 관한 것이었습니다. 어느 쪽이든 영화는 음모와 배신과 처절한 전투, 그리고 대부분 황제 주변에서 일어나는 사건들을 다루었습니다.

역사와 상상력의 결합

사극은 역사가 아닙니다. 다만 역사를 기초로 할 뿐입니다. 영화는 그 기초 위에 상상력으로 화려하게 이야기의 집을 짓습니다. 어디 〈글래디에이터〉를 한번 볼까요. 앞에 잠깐 나왔다 죽음을 맞는 아우렐리우스 황제는 실존 인물입니다. 아들이 왕위를 이어받는 것이 아닌 양자로 맞아들인 똑똑한 아들에게 왕위를 물려주는 '오현제 시대' 마지막 군주로 그에게는 진짜 아들 코모두스가 있었습니다. 그러나 막시무스는 영화가 만들어낸 인물입니다. 영화와 반대로 황제는 아들 코모두스를 무척 아껴 양자세습의 원칙을 깨고 일찍부터 왕위를 물려주려 생각했습니다. 그런데 이 코모두스야말로 로마시대에 둘째가라면 서러울 잔인하고 방탕하고 난폭한 인물이었습니다. 열두 살 때 목욕물이 너무 뜨겁다고 노예를 용광로에 던져 버릴 정도였으니까요. 자신이 헤라클레스 같은 인물이라고 착각한 그는 사자가죽을 걸치고 곤봉을 들고 다녔습니다. 황제에 올라서는 735번이나 검투장에 직접 나가 닥치는 대로 검투사들을 죽여 갑옷에 피가 마를 날이 없었다고 합니다. 죽음 또한 영화와 다릅니다. 암살당할 위기를 겪다 황제에 오른 지 12년 만인 192년 마르키아라는 자신의 여자에게 독살당합니다. 영화는 이런 사실과 상상을 뒤섞어 그럴듯하게 역사를 다시 보여줍니다. 때문에 사극을 역사 그 자체로 믿는 것은 어리석은 일입니다.

한편으로 사극은 새로 쓰는 역사이기도 합니다. 상상력은 역사의 기록에서 빠진 인물이나 사건, 어쩔 수 없이 묻혀버린 패배자의 시각을 드러내주기도 합니다. 그 새로운 상상력을 통해 우리는 온갖 것들을 얻습니다. 당시

오현제 시대
원로원 의원 중에서 지명된 다섯 명의 훌륭한 황제가 로마를 다스린 서기 96년에서 180년까지를 말한다. 네르바, 트라야누스, 하드리아누스, 안토니우스 피우스, 마르쿠스 아우렐리우스가 차례로 황제에 올라 로마제국 전성시대를 열었다.

문명이나 생활풍습, 흥미로운 뒷이야기, 새로운 사실과 인물의 발견, 우리가 믿고 있는 가치의 확인 등. 그 중에서도 사극의 가장 큰 존재 의미는 역사와 마찬가지로 오늘과 내일을 위한 '거울' 일 것입니다. 비극적이든, 영광스럽든, 역사는 우리에게 교훈을 줍니다. 그것을 거울삼아 현재를 돌아보고 미래를 계획합니다.

　역사에는 사관이란 것이 있습니다. 글자 그대로 역사를 보는 '눈' 을 말합니다. 멀게는 역사를 기록할 당시의 눈이 있고, 가까이는 그것을 해석하는 현재의 눈이 있습니다. 역사의 기록 사이의 숨은 것을 찾아내는 눈도 있고, 역사를 현재의 상황과 절묘하게 연결시키는 눈도 있습니다. 흔히 역사는 '승자의 기록' 이라고 합니다. 역사의 기록이 주로 그 시대를 지배한 왕조나 권력자에 의해 쓰여지기 때문입니다. 그래서 쓰여진 역사는 진실일 수 없다고 하는 사람들도 있습니다. 그들은 역사는 그 사회가 가진 비열함과 부도 덕성, 그리고 승자의 웃음과 만세소리 뒤에 가려진 눈물과 피와 신음을 외면했다고 주장합니다.

역사를 뒤집어보자

사극은 이런 모든 것들을 뒤집어 상상할 수 있고, 역사에서 허용되지 않은 '만약'을 허용해준다는 것입니다. 사극을 볼 때도 이러한 '상상'과 '만약'을 가진다면, 이야기는 얼마든지 달리 보일 수 있습니다. 〈삼국지〉의 최고 전략가는 제갈공명입니다. 그는 죽어서까지 유비를 도와 전투를 승리로 이끄는 충신이기도 합니다. 그러나 만약 〈삼국지〉가 조조의 시각으로 쓰여졌다면 과연 그럴까요. 조조가 제갈량만큼 칭송을 받고 제갈량은 조조처럼 간악한 인간으로 평가되겠지요.

또 드라마 〈태조 왕건〉에도 나왔듯 후삼국시대에 궁예의 책사인 종간이란 인물이 있었습니다. 역사의 승자인 왕건의 입장에서 보면 종간은 죽이고 싶도록 얄미운 인물입니다. 일찌감치 왕건의 인물됨을 알아보고 그를 끊임없이 경계하고, 그래도 안 되니까 술수를 써서 왕건을 제거할 기회만 노리는 아주 위험한 반역자입니다. 그러나 궁예 쪽에서 보면 달라집니다. 그야말로 가장 날카롭고 충성스런 신하요, 명재상이며 후고구려를 있게 한 인물입니다. 그렇기 때문에 일방적으로 왕건의 입장에서 그를 미워해 그의 인물됨을 무시한다면 우리는 역사의 절반만 보는 셈이 됩니다.

어떤 것을 한 가지 눈으로만 바라볼 때 우리는 선과 악의 단순한 이분법에 빠지고 맙니다. 그리고 상대에 대한 '관용'의 정신을 잃게 됩니다. 〈글래디에이터〉도 막시무스가 아닌 코모두스 입장에서 보면 또 다른 느낌을 받을 수 있습니다. 그로서는 억울할 수밖에 없습니다. 아무리 양자세습이라지만 황제의 친아들로서 다음 황제를 꿈꾸는 것은 당연합니다. 그래서 그는 아버지의 마음에 들려고, 능력이 있다는 것을 보여주려 애를 씁니다. 그런데 아버지 아우렐리우스는 그의 능력과 도량이 황제를 이을 만한 인물에 미치지 못한다고 판단하고는 몰래 막시무스에게 자리를 넘기려 합니다.

아버지로부터 인정받지 못한 코모두스는 어떤 심정이었을까요. 그는 영화에서도, 아우렐리우스 황제의 최대 실수로 꼽히는 양자세습을 어기고 황제 자리를 친아들에게 물려준 실제 역사에서도 아버지를 죽인 패륜아, 살육을 일삼은 방탕한 폭군이었습니다. 영화는 그런 그에게 통쾌한 복수를 하는 막시무스와 그의 애국심에 초점을 맞추었습니다. 그러나 코모두스의 절망과 패배감, 배신감과 열등감을 깊이 있게 들여다볼 필요도 있지 않을까요. 마치 우리 역사의 폭군 연산군의 비애를 한번쯤은 돌아보듯이.

역사에서 오늘을 발견한다

사극은 그저 재미로 옛날이야기를 하는 것이 아니라 끝없이 현재와의 교류를 시도합니다. 그렇다면 〈글래디에이터〉에서는 어떤 현재성과 교훈을 읽을 수 있을까요. 단순한 복수극으로 보면 아무것도 발견하지 못할지 모릅니다. 그러나 그 당시 역사를 떠올린다면 그러한 비극과 복수의 배경에서 몇 가지 가치를 발견할 수 있을 것입니다. 첫째는 물론 통치자의 조건입니다. 수단과 방법을 가리지 않은 권력은 결코 오래가지 못한다는 사실입니다. 백성의 뜻을 외면한 통치자는 아무리 권력이 강해도 무너진다는 사실 입니다.

또 하나는 민주주의의 모습입니다. 또 이미 로마시대에도 아무리 사람을 마음대로 죽이는 권력자라 하더라도 백성들의 마음을 무시할 수는 없었다는 사실입니다. 바로 싸움에서 진 검투사를 막시무스가 멋대로 죽이라고 명령하지 못하고 백성들의 뜻을 받아들였다는 것입니다. 코모두스가 막시무스를 맘대로 죽이지 못하는 것도 바로 로마 국민들이 그를 지지했기 때문입니다. 그리고 **원로원**이라는 데서 막시무스를 도와 코모두스를 몰아내고 로

원로원
로마 건국 때부터 존재했다고 한다. 처음에는 귀족만으로 구성했으나 점차 평민들도 참가했다. 의원수가 많을 때는 900명이나 됐다. 로마 최고의 입법, 행정기관으로 국가 운영을 주도했고, 원로원의 결의는 법률과 같은 효력을 발휘했다. 그러나 나중에 디오클레티아누스가 전제군주제를 시작하면서 제 역할을 못하고 이름만 남게 됐다.

마의 평화를 되찾으려 합니다. 원로원이야말로 왕의 독선을 견제하고, 백성의 뜻을 살피는 오늘날 국회 같은 것이지요.

할리우드 영화는 꾸준히 대규모 시대극을 만듭니다. 역사가 갖는 다양한 가치와 해석의 재미도 재미지만, 컴퓨터그래픽과 특수효과의 발달로 당시 상황을 정교하게 재현할 수 있기 때문입니다. 오래 전 영화 〈벤허〉의 마차경주처럼 대형 세트장을 지어야만 가능했던 장면들도 컴퓨터 그래픽이면 얼마든지 가능합니다. 심지어 물방울 하나, 먼지 하나 날리는 것까지 표현할 수 있을 정도가 됐습니다. 〈글래디에이터〉의 시작 부분에 10여분 동안 펼쳐지는 숲속의 전투장면은 그야말로 살아 있는 역사의 현장으로 부활했습니다. 〈라이언 일병 구하기〉의 초반 해안 전투장면 역시 우리가 직접 현장에서 보는 것보다 훨씬 생생하게 총알이 다리를 뚫고 지나가는 것까지 보여줍니다. 〈패트리어트〉는 또 어떤가요. 도끼에 사람머리가 잘리는 장면에서 피한 방울까지 놓치지 않고 오롯이 보여줍니다.

이런 폭력의 극사실성이야말로 할리우드 시대극이 가진 자극과 선정성입니다. 그것이 더구나 현실적으로는 도저히 다시 가볼 수 없는 과거 역사의 재현이기에 더욱 강렬합니다. 그것에 감탄해 세계 대부분의 영화 관객들이 박수를 친다는 사실을 할리우드영화는 잘 알고 있습니다. 그래서 1억 1,000만 달러(약 1,200억원)를 쏟아 부으면서까지 〈글래디에이터〉 같은 영화를 만든 게 아닐까요.

세상은 어떤 영웅을 원하는가

영웅

감　독 / 장이모
제작국가 / 중국
제작연도 / 2003년

아이언맨

감　독 / 존 파브로(1,2편), 셰인 블랙(3편)
제작국가 / 미국
제작연도 / 2008년(1편), 2010년(2편), 2013년(3편)

이순신 장군의 인기가
식을 줄 모릅니다. 2001년 〈난중일기〉를 소설형식으로 쓴 김훈의 〈칼의 노래〉가 장안의 화제를 불러일으키며 베스트셀러가 됐고, 이어 드라마〈불멸의 이순신〉도 높은 인기를 누렸습니다. 그러더니 10년을 건너뛰어 2014년에는 영화 〈명량〉(감독 김한민)이 1,000만명이 넘는 관객을 불러 모으는 성공을 거두었습니다.

'이순신' 하면 지겨울 텐데도 우리 국민들은 영화나 소설에서 다시 그를 만나고 싶어 합니다. 왜 이순신일까요. 우리 민족의 '영웅'이기 때문입니다. 사람들이 영웅을 기다리는 것은 어제 오늘이 아닙니다. 국가가 위태로울수록, 사회가 혼란할 수록, 세상살이가 힘들 수록, 정의가 점점 힘을 잃을 때일 수록 사람들은 영웅의 출현을 원합니다.

그럼 세상은 어떤 영웅을 원할까요. 시대상황에 따라 다릅니다. 살기 힘들 때는 나라를 풍요롭게 하고, 백성들을 골고루 보살피는 지혜로운 영웅을 바라지요. 부정부패한 관리가 나라를 좀 먹고 백성을 괴롭힐 때는 그런 세상을 뒤집어 버릴 영웅을 바라지요. 나라가 외침으로 위기에 처했을 때는 사심 없이 몸을 던져 충성하는 장군을 원하지요. 때론 깡패도 영웅이 됩니다. 법이나 제도로 응징하기에는 너무나 힘들고 오래 걸리고 속 시원한 결과도 나오지 않는다는 생각이 들 때, 즉시 직접적인 방법(폭력)으로 해결하는 깡패라도 있었으면 하고 바라지요.

영웅의 필요성은 또 있습니다. 현재를 정당화하기 위한 것이죠. 지배자들이 즐겨 사용하는 통치방식이기도 합니다. 숱한 신화의 주인공들, 역사 속의 위대한 지도자들이 끝없이 다시 이야기되고 미화되는 이유이지요. 그 속에는 지도자가 "나도 그와 같은 존재"라는 메시지가 깔려 있지요. 때론 일반 사람들과 통치자가 원하는 영웅이 정반대일 때가 있지요. 독재자가 스스로의 존재를 정당화하기 위해 또 다른 독재자를 영웅으로 떠받들 때, 국민들은 이른바 의적을 영웅으로 생각합니다.

그렇다면 지금 세상은 어떤 영웅을 원할까요? 중국의 거장 장이모 감독이 처음으로 만든 무협 액션물〈영웅〉이 잘 보여주고 있습니다. 〈영웅〉은 중국 고대 전국시대를 배경으로 하고 있습니다. 이른바 전국 7웅이 국토를 나누어 차지하여 세력권을 이룩하고 있는 시대, 후에 중국을 처음으로 통일해 시황제가 되는 진나라의 왕 영정을 암살하려는 자객들의 이야기입니다. 이미 절반이 넘는 중국대륙을 평정한 그는 당연히 나머지 여섯 나라의 암살

표적이 됩니다. 그래서 1만 명이 넘는 호위대를 두고, 100보 안에는 아무도 접근하지 못하게 했습니다. 그가 가장 두려워하는 자객은 조나라의 전설적인 무술가 은모장천과 파검, 비설입니다.

그런데 어느 날 지방하급관리인 무명이란 자가 나타나 그들 셋을 처치했다면서 그들의 무기가 담긴 상자를 내밉니다. 어떻게 그들을 없앴는지에 대한 이야기가 붉은 화면에 담겨집니다. 그와 대조적으로 영정은 푸른 화면을 바탕으로 그의 진술에서 허점을 찾아 반박합니다. 그리고 마지막 진실은 흰색 화면에 펼쳐집니다. 영화는 이미 리안 감독의 〈와호장룡〉에서 보여준 사건을 풀어 가는 현란하고 아름다운 중국무협액션에 파검과 비설의 애틋한 사랑과 질투의 감정을 섞어, 단순한 오락물이 아닌 중국의 전통과 역사까지 보여 주는 시대극의 형태를 띕니다.

중국에서 영웅의 모습은?

비록 중국에서 만들었지만 제작형태도 〈와호장룡〉과 비슷합니다. 중국계 영화 영웅들이 모두 모였지요. **중국 5세대 감독**의 대표주자인 〈붉은 수수밭〉〈홍등〉〈책상 서랍 속의 동화〉〈집으로 가는 길〉의 장이모, 〈화양연화〉로 칸영화제와 베를린영화제에서 연기상을 받은 홍콩배우 량자오웨이와 장만위와 액션의 달인 리롄제와 중국의 연기파 배우 장쯔이, 촬영은 크리스토퍼 도일, 음악은 〈와호장룡〉에서 주제가를 부른 탄둔, 무술은 정소동이 맡았지요. 가히 중국 영화계 '영웅' 들이지요

〈영웅〉은 겉으로는 무명(無名)과 같이 이름 없이 사라져 간 자객, 아니면 전설처럼 살다 간 파검이나 비설을 '영웅' 이라고 말합니다. 그들은 역사 뒤편에 묻혀 버렸지만, 〈영웅〉은 그들을 다시 불러내 멋진 검객이자 비운의 사랑의 주인공으로 묘사합니다. 그러나 〈영웅〉을 보다 보면 점점 영웅이 그들이 아니라는 생각을 갖게 됩니다. 영웅은 다름 아닌 영정, 바로 진나라 시황제라고 말합니다. 파검도, 무명도 영정의 암살을 포기합니다. 바로 그가 더 이상 죄 없는 생명이 희생되는 것을 막을, 중국 역사에서 최초로 천하통일을 이룩할 인물이라는 이유 때문입니다.

그러나 역사에서 진시황은 어떤 인물입니까. **분서갱유**로 모든 책을 불사르고 학자들을 죽였으며, 불로초를 구하기 위해 수많은 사람을 희생시켰고, 백성들의 피와 땀과 목숨으로 만리장성을 쌓았습니다. 또 죽어서도 황제가 되기 위해, 무덤 속에 커다란 궁궐을 지어 놓고 진용이라는 수많은 병사들까지 살아 있을 때와 똑같은 모습으로 만들어 놓았습니다. 보기에 따라서는 영웅이 아니라 폭군입니다.

그런 그를 장이모 감독은 어떤 시각에서 영웅으로 본 것일까요? 바로 지금 중국에 불고 있는 **국가주의**가 아닐까요? 혹은 그것에 늘 불안한 마음을 갖고 있는 중국의 심리를 반영한 것일까요? 작은 희생을 치르더라도 홍콩에

중국 5세대 감독

문화대혁명 당시에 폐쇄했다가 1978년에 다시 문을 연 베이징영화학교 출신들. 이전의 영화가 이데올로기 선전을 위한 도구로서만 기능했던 것과 달리 이들의 영화는 중국 민중들의 강인한 생명력, 전환시대를 맞는 세대의 자화상 등을 통해 중국 역사와 삶을 그리고 있다. 첸카이거 감독의 〈황토지〉(1984년)가 첫 작품이며, 〈인생〉(1986년)의 우톈밍 감독, 〈붉은 수수밭〉(1987년)의 장이모 감독도 여기에 속한다.

분서갱유

焚書坑儒 중국 진나라 시황제가 정치에 대한 비판을 금지시키려고 책을 불사르고, 학자들을 산 채로 구덩이에 묻어 죽인 일.

국가주의

국가를 인간사회 최고의 조직체로 생각하고, 국가권력이 사회생활 전체에 걸쳐 통제력을 발휘하는 것을 인정하는 주의.

이어 대만까지 합쳐 거대한 '하나의 중국'을 만들려 하고, 그것도 모자라 우리의 고구려사까지 부정하고 자신들의 속국이었던 것처럼 역사마저 왜곡하면서까지 아시아의 지배자로 나서려는 것을 정당화하려는 것은 아닐까요. 지금의 중국을 보면 그 추측이 틀리지 않다는 생각이 듭니다. 이에 맞서 미국 역시 '하나의 미국'이란 주장이 강하게 나오고 있고 국민들 역시 지지를 보내고 있기 때문이지요. 할리우드 영화에 테러를 응징하는 인물이 '영웅'으로 끝없이 등장하는 것도 이런 이유이지요. 영웅은 이렇게 시대에 따라 선택되고 만들어지는 것인가 봅니다.

미국이 원하는 영웅은?

〈아이언 맨〉도 그렇지요. 영웅하면 두 가지가 떠오르지요. 하나는 '신화(神話)'이고 또 하나는 '전쟁'이지요. 신화의 주인공들은 대부분 영웅입니다. 이유야 여러 가지지만 대부분 싸움에서 이기는 전쟁영웅들입니다. 역사상 위대한 승리자도 시간이 지나면서 '신화'가 됩니다. 영웅이야말로 인간 역사에서 큰 위안이지요. 그들은 악을 물리치고 세상을 구원합니다. 그리고 인간들은 그 '영웅'을 또 하나의 신화로 만들지요. 그런 점에서 신화는 영웅이 되고 싶은 인간들의 이야기인 동시에 인간을 위한 이야기인 셈이지요.

〈신화의 힘〉이란 책을 쓴 미국의 유명한 비교신화학자인 조셉 캠벨은 "영웅은 천의 얼굴을 가졌다"고 했습니다. 영웅들이 모두 같은 이야기를 바탕삼아 무한한 변용을 이루어가며 끝없이 되풀이 된다는 것이지요. 할리우드 영화가 '영웅'으로 선보이고 있는 슈퍼맨, 배트맨, 다크맨, 스파이더맨도 일종의 신화 속의 영웅들의 변종인 셈이지요. 이들이 영화 속에서 말하고 싶어하는 것들이 인류가 보편적 가치로 삼고 있는 정의, 양심, 용기, 집단과 개인에 대한 사랑인 것도 그 때문이지요.

신화는 또 일정한 구성 형식을 간직하고 있기도 하지요. 발단, 전개, 위

기, 절정, 결말로 이뤄지는 전통적인 소설의 구성형식은 신화에서 나왔지요. 미국의 유명한 스토리텔러(이야기를 만드는 사람)인 크리스토퍼 보글러의 〈신화, 영웅 그리고 시나리오 쓰기〉란 책을 보면 영웅 역시 이 구성 속에서 하나의 공식을 가지고 행동한다고 합니다. '영웅의 스토리는 항상 여행이다. 편안한 일상적 주위환경을 떠나 도전적인 미지의 세계로 들어가 위험을 감수하는 여행을 한다'고 했습니다. 영화 〈트로이〉나 〈300〉의 전쟁 영웅인 아킬레우스나 스파르타의 왕인 레오니다스도 그랬지요.

보글러는 영웅의 여행은 12단계를 거친다고 했습니다. 일상세계에 있다가 어느 날 정신적 스승의 조언에 따라 모험을 떠나고, 시험도 거치고 협력자와 적대자도 만나면서 동굴(장소)의 가장 깊숙한 곳에 접근합니다. 거기서 시련을 겪지만, 마침내 승리해 화려하게 영웅으로 부활한 그는 백성들에게 필요한 영약을 가지고 돌아옵니다. 장소가 다르거나, 승리의 종류가 차이가 있거나, 영약 대신 평화나 사랑일 뿐 영웅들의 행동은 한결같지요. 영화도 이 공식을 결코 무시하지 않습니다.

존 파브르 감독의 〈아이언맨〉으로 어디 한번 공식을 따라가 볼까요. 미국 만화 주인공인 아이언맨은 말 그대로 강철 인간 입니다. 과거 600만불의 사나이나, 소머즈, 그리고 로보캅처럼 인간이 첨단기술과 결합해 강력한 무기가 됐다는 의미이지요. 슈퍼맨처럼 자신의 의지와 상관없이 선천적으로 육체적 초능력자로 태어나거나 우연한 기회에 절대적인 능력을 얻은 슈퍼맨이나 스파이더맨, 다크맨과는 다릅니다. 평범한 인간이 정의를 위해 자신이 직접 개발한 첨단 강철 갑옷을 입음으로써 초인이 되는 것이지요. '배트맨' 변종이라고도 할 수 있지요.

영웅도 인간이다

아이언맨인 토니 스타크(로버트 다우니 주니어)는 천재이지요. 17세에 미국 MIT공대를 수석졸업하고, 무기생산기업인 '스타크 인더스트리'에서 최첨단 무기를 개발하는 연구자이자 아버지로부터 물려받은 회사의 대주주이지요. 그에게 영웅적 기질은 전혀 없습니다. 반대이지요. 아버지로부터 회사를 물려받은 갑부에, 바람둥이, 세상을 우습게 보고 예의도 없는 인간이지요. 가족도 없는 독신이지요. 친한 사람이라고는 여비서 페퍼(기네스 팰트로)와 공군자문관인 로드 중위가 고작이지요.

그런 그가 어느 날 자신이 개발한 '미국 역사상 가장 위대한 무기'인 제리코 미사일을 팔기 위해 아프카니스탄에 있는 미군 기지를 방문합니다. 일종의 여행이지요. 그곳에서 발사시범을 보이고 돌아오던 중 그는 아프카니스탄 반군의 공격을 받습니다. 그리고는 심장에 큰 부상을 입고 체포되지요. 그는 다친 심장이 멈추지 않도록 자신이 손수 만든 작은 원형 원자로를 가슴에 장착하고서야 겨우 살아나지요.

그런 그에게 반군 두목은 제리코 미사일을 만들라고 명령합니다. 반군의 본거지에 쌓여있는 무기들을 보고 그는 놀랍니다. 모두 자신이 개발한 무기들이었으니까요. 무기를 만드는 일이 세계 자유를 수호하고, 국익을 극대화하며, 완전한 세상을 만들기 위해서라고 자부했던 그로서는 충격이었습니다. 무기를 팔아 돈을 벌어야 의료기술, 식량도 개발한다고 떠들어 왔으니까요.

그는 마음을 바꿉니다. 영웅으로 가는 깨달음이지요. 물론 거기에는 스승이 있지요. 통역과 함께 그의 미사일제조를 돕는 잉센이란 아프카니스탄인이지요. 반군에 의해 가족을 모두 잃었지만 그는 "전부를 다 가졌으면서 정작 중요한 것을 안 가졌다"면서, 반군 두목이 시한으로 정한 "마지막 1주일을 소중하게 쓰라"고 충고합니다. 그래서 토니는 미사일 대신 무기를 창작한 강철옷을 몰래 만들어 입고는 탈출하지요. 영웅이 되기 위한 첫 관문을 통과하지요. 〈10,000 BC〉에서 스승인 틱틱이 그랬던 것처럼 잉센 역시 죽으면서 스타크에게 귀중한 충고를 남기지요. "당신의 삶을 낭비하지 말라"고.

돌아온 그는 더 이상 무기를 만들지도 팔지도 않겠다며 군수사업의 해체하겠다고 폭탄선언을 합니다. 인류의 평화를 위한 사업자가 되겠다는 것이지요. 회사가 발칵 뒤집혀집니다. 그를 설득하려는 동업자이자 오른팔인 오베디아(제프 브리지스)는 로드에게 이렇게 물어보지요. "개과천선 하셨나?" 맞습니다. 그는 잘못 들어선 길을 버리고 착한 사람으로 다시 태어나겠다고 결심한 것이지요. 사회적 책임을 지겠다는 것이지요. 이런 결심 자체로 '영웅'의 첫걸음을 뗀 것이지요.

당연히 그는 외톨이가 됩니다. 오베디아가 철저히 회사 일에 그를 제외시

컸기 때문이지요. 그러나 포기하지 않습니다. '평화의 기사'가 되기 위해 강철옷(슈트)을 더욱 발전시켜 가공할 위력의 최첨단 초강력 슈트로 바꾸지요. 그것을 입고 번개처럼 날아가 양민을 함부로 학살하는 아프카니스탄 반군을 쓰러뜨리고, 그들의 무기를 없애고, 무기를 판 오베디아와 한판대결을 벌이지요. 위기를 맞지만 결과는 당연히 승리이지요. 그렇게 토니는 영웅 '아이언맨'이 되지요. 그는 스파이더맨이나 배트맨과 달리 마지막에 사람들에게 당당하게 자신의 존재를 밝힙니다. "내가 아이언맨이다"라고. 스스로 '영웅'을 선택한 자부심이지요.

그는 그 강철옷을 국가에 기부하는 것을 거부합니다. 왜냐하면 2편, 3편에서 계속 아이언맨으로 활약해야하기 때문이지요. 다른 만화 영웅들의 속편이 그렇듯, 〈아이언맨〉역시 2편에서는 어김없이 복제품이 나옵니다. 슈트기술을 토니 가문에 빼앗긴 아버지의 복수를 위해 위플래시(미키 루크)가 원천기술을 개발해 더 강력한 강철옷을 입고 나타난 것이지요. 위기를 겪지만 결과는 오랜 동료인 로드에게 하이테크슈트를 만들어 입힌 토니의 승리지요. 슈트가 주는 액션은 더 화려해졌지만, 1편의 세계평화라는 거창한 구호가 집안, 개인적인 복수로 전락했지요.

3편도 비슷합니다. 같은 영웅들의 이야기인 〈어벤저스〉의 뉴욕전쟁사건으로 토니가 영웅으로서 삶에 혼란을 느끼는 사이 테러리스트 만다린(벤 킹슬리)을 내세운 극단적 폭력집단인 AIM이 공격을 퍼붓고, 토니는 그 공격에 망가진 슈트 한 벌로 테러를 막고 사랑하는 여인 페퍼도 지켜냅니다. 갈수록 강철옷은 첨단화되고, 그러면서 간편하고 강력해지고 있지요. 그리고 이런 영화가 예정한 것처럼 정체성에 대한 반문을 합니다. 내가 아이언맨인가? 슈트가 아이언맨인가?

결론은 정해져 있습니다. 할리우드의 영웅이 되려면, 어디에서 왔든 초능력만으로는 안 된다는 것입니다. 세계 평화와 정의와 사랑, 용기와 사명감 없이는 불가능하다는 것이지요. 맞는 얘기입니다. 문제는 그 영웅들이 주장하는 정의와 평화가 미국의 시각과 기준이란 점이 겠지요.

06 예술 · 종교

인생이 담기지 않으면 예술이 아니다

부에나비스타 소셜클럽

감　　독 / 빔 벤더스
제작국가 / 독일, 쿠바
제작연도 / 1999년
메　　모 / 독일 빔 벤더스 감독이 공산국가인 쿠바로 들어
　　　가 찍은 다큐멘터리로 세계인들의 쿠바 재즈음악에 대
　　　한 열광적인 지지를 얻게 만들었다.

　　　　　　　　　　　　　얼마 전 신문 한 귀퉁이에서
음악가의 죽음을 전하는 뉴스를 보았습니다. 바로 여든 아홉 살의 쿠바 출
신 작곡가이자 보컬리스트 피오 레이바였습니다. 앞서 2003년에는 기타리
스트 콤파이 세군도와 피아니스트 루벤 곤잘레스, 2005년에는 보컬 이브라
힘 페레르라는 쿠바 음악가도 세상을 떠났지요. 모두 75세를 훌쩍 넘긴, 많
게는 95세의 나이였지요. 그리고 2005년 11월에는 오마라 포르투온도라는
일흔 여섯 살의 쿠바 여가수가 한국을 찾아 공연을 펼쳤지요.
　　이들의 공통점은 뭘까요. 바로 재즈음악그룹 '부에나 비스타 소셜 클럽'
(Buena vista Social Club)의 멤버란 사실입니다. 1996년 즉흥연주회 음반
을 내면서 알려지기 시작한 이들은 이후 미국 음악가 라이 쿠더의 제안으로

그룹을 결성해 세계 음악팬들을 열광시켰습니다. 죽음을 눈앞에 둔 나이에 전설이 된 이들. 도대체 이들은 누구이고, 그들의 노래가 어떻길래 그럴까요. 또 왜 그들에게 무슨 일이 있었기에 이제야 세계를 향해 노래를 부르는 것일까요.

"어떤 '천사'가 나타나서는 '이리와, 함께 녹음하자'라고 말하더군. 처음에 난 원치 않았어. 이미 음악을 포기한 지 오래였거든. 하지만 지금은 내 생애 유일한 음반을 갖게 됐고, 매우 행복해. 난 이제 더 이상 구두를 닦지 않아도 돼." 과거를 추억하는 은퇴한 노인에서 열정에 넘치는 세계적인 음악가가 된 이브라임 페레르는 '천사' 라이 쿠더를 만나 《부에나 비스타 소셜 클럽》을 녹음한 일에 대해 이렇게 이야기합니다.

그의 말처럼 초라한 인생의 뒷골목에 머물던 쿠바 음악의 거장들은 기적 같은 우연으로 라이 쿠더를 만나 6일 만에 음반 녹음을 끝냅니다. 그리고 그 음반은 전세계에 쿠바 열풍을 일으킵니다. 삶의 기쁨과 슬픔, 음악에 대한 열정이 녹아 있는 음악으로 사람들의 가슴을 파고든 '부에나 비스타 소셜 클럽'의 주인공들. 이 영화에는 그들의 음악과 이야기가 물 흐르듯 자연스레 흐릅니다.

예술 혹은 기적은 때론 아주 우연한 일에서 시작합니다. 미국 청년 라이 쿠더도 그랬습니다. 그는 우연히 미국에서 그리 멀지 않지만, 그러나 너무도 다른 세상인 카리브 해의 조그마한 섬나라(쿠바) 음악가들이 연주한 카세트 테이프를 듣게 됩니다. 경이와 감탄 속에 그들의 음악에 빠져든 청년은 직접 쿠바의 수도 아바나를 찾아가 자신을 매료시킨 음반들을 수집합니다. 그리고 20여년이 지난 1996년, 아프리카 연주자들과 쿠바 음악을 결합시키는 음반의 기획을 제안받은 그는 운명처럼 다시 쿠바를 찾습니다. 그리고 그토록 동경해온 쿠바의 전설적인 음악가들을 만나게 됩니다. 그에 의해 세상에 나온 쿠바 음악 음반은 순식간에 전 세계에 쿠바 열풍을 일으켰습니다.

작곡자이자 프로듀서이며, 전설적인 기타리스트이자 제3세계 음악의 거장으로 불리는 라이 쿠더와 쿠바 음악의 거장들이 다시 모인 '부에나 비스타 소셜 클럽'은 이렇게 탄생합니다. 이때 라이 쿠더를 따라 나선 사람은 영화 〈파리, 텍사스〉 〈베를린 천사의 시〉를 만든 독일의 빔 벤더스 감독입니다. 그는 디지털 카메라를 들고 라이 쿠더와 그가 만난, 초라한 인생의 뒷골목에서 옛 추억이나 되새기며 살던 쿠바 음악의 거장들을 담고, 그들이 노래하고 이야기하는 모습을 담았습니다. **픽션**보다도 더 감동적인 음악 이야기인 〈부에나 비스타 소셜 클럽〉은 이렇게 만들어졌습니다.

'인생'이 담긴 노래들

라이 쿠더는 말했습니다. "음악은 보물찾기 같다. 끝없이 파고들다보면 소중한 그 무언가를 발견하게 된다. 늘 작곡가가 누군지, 살아 있는지 묻는다. 살아 있다면 그들을 찾아야 한다. 대부분 죽었지만 살아 있는 사람도 꽤 있기 때문에 그들을 찾고 있는 것이다. 그들은 저 거리에 있을 수도 있고, 저 모퉁이에 있을 수도 있다. 난 이들이 살아 있는지도 모른 채 20년 동안 그들의 음악을 들어왔다"라고. 그가 아니었으면 '부에나 비스타 소셜 클럽'의 멤버들인 이브라임 페레르, 콤파이 세군도, 루벤 곤살레스, 오마라 포르투온도는 어쩌면 쿠바의 허름한 거리에서 만나는 노인네로 살다 죽어갔을지도 모릅니다. 또는 먼 훗날 쿠바 음악책에서나 마주쳤을 이름이었거나, 우리로서는 관심조차 없는 인물이었을지도 모릅니다.

빛 바랜 사진이나 그림처럼 낡고 가난한 도시의 거리와 희뿌연 공기 속에, 쿠바인들은 죽지 않고 살아 있다고 말하는 듯 부서지는 파도를 타고 90살이 넘은 콤파이 세군도가 신곡 〈찬찬〉을 힘차게 부릅니다. 그는 카리브 해의 뜨거운 태양만큼이나 강렬한 생명력으로 전설적인 쿠바 음악가들의 음악에 대한 열정과 깊이를 보여줍니다. 영화 〈부에나 비스타 소셜 클럽〉은 이

픽션

소설 등과 같이 작가의 상상력으로 만들어낸 허구의 이야기. 반대로 사실을 있는 그대로 쓴 글은 넌(non)픽션이라 하며, 다큐멘터리인 '부에나 비스타 소셜 클럽'도 여기에 속한다.

들의 공연실황과 쿠바 현지에서의 인터뷰, 음반녹음과정을 교차시키며, 그들이 음악을 통해 얻는 환희와 지나온 인생에서 흘러나오는 아름답고 슬픈 마음을 대비시킵니다.

이들의 존재와 음악은 '살아 있는 꿈' 만큼이나 가슴을 벅차게 만듭니다. 쿠바 음악을 처음 접하더라도, 음악을 좋아하지 않는 사람이라도, 그들의 노래 제목과 노랫말이 무슨 뜻인지 몰라도 충분히 감동적입니다. 왜냐하면 거기에는 '인생'이 있기 때문입니다. 음악이 곧 삶이었던 노(老)인생들의 여유와 추억과 순수가 있기 때문입니다. 어찌보면 영화는 소박합니다. 독재자 카스트로가 먼저 떠오르는 나라 쿠바. 아직도 독재와 가난과 고립의 품안에 있는 나라. 그러나 영화는 그런 것들을 잊게 할 만큼 음악이 주는 감동과 기쁨에 귀를 기울이게 합니다.

다큐멘터리의 힘

〈부에나 비스타 소셜 클럽〉은 1998년 4월, 이들의 첫 공연인 네덜란드 암스테르담에서의 모습을 시작으로, 같은 해 7월 뉴욕 카네기홀에서의 공연까지를 보여줍니다. 마지막 공연이 끝나고 관객들의 갈채가 이어지는 동안 객석을 조용히 바라보는 이브라임의 눈빛에는 말로 다할 수 없는 슬픔과 기쁨이 담겨 있습니다. 그들의 음악을 들으며 만나는 부서질 듯 낡은 벽에 의지한 집들, 1960년대 우리나라를 연상시키는 허름한 거리와 사람들, 세월이 멈춘 듯한 아바나의 모습이 아련한 슬픔으로 다가옵니다. 그리고 영화가 끝날 무렵, 스치듯 지나가는 '칼 마르크스'란 글자와 벽에 쓰인 '우리는 꿈을 믿는다'란 낙서가 모든 꿈과 자유와 열정을 앗아간 사회주의 혁명의 슬픈 흔적을 보여 줍니다. 그래서 더욱 그들의 음악은 소중합니다. 한때 살아있었지만 혁명에 의해 부서지고 묻혀버린 것을 찾아냈기 때문입니다.

〈부에나 비스타 소셜 클럽〉에서는 쿠바도, 음악도, 삶도, 그들이 지녀왔

칼 마르크스
공산주의 이론을 만든 사람. 독일 라인주 트리어에서 1818년 출생해 본대학, 베를린대학에서 법률 역사 철학을 공부함. 1942년 〈라인신문〉 편집장으로 일했으며, 자본주의를 비판하고 공산주의를 주장하는 〈공산당 선언〉〈자본론〉이란 책을 남김. 1883년에 사망.

던 꿈도 모두 살아 있는 듯 춤을 춥니다. 아직도 어린아이처럼 천진하게 인터뷰하는 멤버들, 어깨를 들썩이며 금방이라도 춤추고 싶을 만큼 흥겨운 라틴 리듬, 아바나의 아름다운 바다가 당장이라도 그곳으로 달려가 해변에서 음악을 들으며 춤을 추고 싶은 충동을 느끼게 합니다. 빔 벤더스 감독은 "쿠바에서 음악은 흐르는 강과 같다. 영화도 강물이 흐르는 것처럼 만들고 싶었다"고 말합니다. 그의 말대로 영화는 억지로 꾸미지 않습니다. 배우의 연기가 아닌 실제 인물들의 모습과 인터뷰를 담은 뮤직 다큐멘터리입니다. 반세기를 지나면서 그들이 이루어낸 감동의 음악인생을 겸허하게 담아냈을 뿐입니다. 그것으로 충분했습니다. 그 속에 솔직하고 생생한 삶이 있고, 풍부한 영상과 색채와 소리가 있기 때문입니다. 때론 애수에 젖은 음악이 영화의 어떤 극적인 장치보다 마음에 더 큰 울림을 주기 때문입니다.

〈부에나 비스타 소셜 클럽〉은 '환영받는 사교 클럽'이란 뜻입니다. 1930, 1940년대 전성기를 누렸던 쿠바 아바나 동부의 고급 사교장의 이름입니다. 그곳에서 쿠바 음악가들은 맘보에서 룸바, 차차차, 살사에 이르기까지 수많은 음악 장르를 탄생시킨 **아프로 쿠반** 재즈와 라틴 재즈의 진수를 보여 주었습니다. 그러나 그곳은 쿠바의 공산당 혁명과 함께 사라졌습니다. 노래를 부르고, 피아노를 연주하던 음악가들도 이름없이 살아가야 했습니다.

아프로 쿠반

Afro-Cuban. 아프리카 쪽 리듬과 스페인 계통의 음악이 결합된 혼혈 음악. 쿠바 음악의 뿌리가 됐다.

인생이 녹아 있는 음악들

그럼 〈부에나 비스타 소셜 클럽〉이 찾아낸 이들을 하나하나 만나봅시다. 먼저 이브라임 페레르, 1927년 생입니다. 그는 슬픈 듯 깊은 눈동자를 가진 노인이며 어린아이처럼 천진한 표정을 간직한 거리의 방랑자입니다. 소년 시절 홀어머니를 잃고 세상에 버려진 그는 낮에는 구두를 닦고 밤에는 댄스 클럽에서 노래를 하며 가수활동을 시작했습니다. 하지만 카스트로 정권이 들어서면서 무대를 떠나 다시 '슈샤인 보이'(구두닦이)가 되었지요. 라이 쿠더가 '인생에서 단 한번 볼 수 있는 가수'라고 극찬할 만큼 감성과 애수가 깃든 목소리를 가진 이 노인은 2000년 남아메리카 그래미상을 거머쥐었습니다. '꽃들에게 내 슬픔을 숨기고 싶네 / 내 슬픔을 꽃들에게 알리고 싶지 않아 / 내 눈물을 보면 죽어 버릴 테니까'라고 노래하는 그의 목소리는 사람들의 마음을 파고듭니다.

콤파이 세군도는 90살이 넘었는데도 젊은 여자와의 열정적인 사랑을 꿈꾸는 로맨티스트입니다. 평생을 골초로 살아오면서 여자와의 사랑이 인생의 꽃이라고 생각하는 남자이지요. 열다섯 살 때부터 작곡을 시작한 그는 기타와 두 줄 악기인 쿠바 트레스(Cuban Tres)의 특징을 절묘하게 혼합한 7현 악기 트릴리나를 만든 주인공이기도 합니다. 타고난 열정과 재치, 에너지로 그는 영화에서 자신의 신곡 〈찬찬〉을 부릅니다.

〈부에나 비스타 소셜 클럽〉이 찾아낸 너무나 귀중한 또 한 명의 음악가는 바로 루벤 곤살레스(82)입니다. 1940년대 쿠바 음악계를 주름잡았던 3대 피아니스트 중 한 사람인 그는 변두리 어느 작은 마을에서 아이들에게 피아노를 가르치고 있었습니다. 1960년대 '차차차'를 탄생시킨 엔리케 호린과 팀을 이뤄 25년 동안 활동하다 은퇴한 그를, 라이 쿠더와 이브라임이 찾아내어 함께 무대에 섰습니다. 몸도 제대로 가눌 수 없을 것 같아 보이던 그는 피아노 앞에 앉아 신들린 듯이 연주를 토해냈습니다. 쿠바의 **에디트 피아프**라고 불리는 '부에나 비스타 소셜 클럽'의 유일한 여성 오마라 포르투온도도 있습니다. 우연히 녹음 중인 스튜디오에 들렀다 라이 쿠더의 제의로 즉석에서 음반작업에 참여한 그녀가 〈베인테 아노스(20년)〉를 부를 때면, 그 얼굴은 사랑과 환희로 가득 찹니다. 사창가를 돌며 기타 연주로 돈을 벌고, 철길을 따라 걸으며 음악을 향한 열정을 담아 〈라밤파〉, 〈고향의 노래〉를 부르던 기타리스트 겸 보컬 엘리아데스 오초아도 만날 수 있습니다.

〈엘 콰르토 데 툴라(툴라의 방)〉, 〈푸에블로 누에보(새로운 마을)〉, 〈도스

에디트 피아프

프랑스의 유명한 상송 여가수. 배우 이브 몽땅(사망)의 부인이기도 하다. 1915년 파리에서 출생. 1935년 카바레에서 노래하기 시작했으나 살인혐의를 받고 은퇴했다. 다시 컴백해 〈장밋빛 인생〉〈사랑의 찬가〉〈파담파담〉 등의 노래를 남겼으며 1951, 52년에 디스크 대상을 받았다. 1963년 사망.

인생이 담기지 않으면 예술이 아니다 187

가르데니아스〈두 개의 정원〉, 〈키사스 키사스 키사스(글쎄)〉, 〈칸델라(촛불)〉를 노래하고 연주하는 그들의 모습이 너무 부럽습니다. 가수는 노래할 때 가장 아름답다는 사실을 이들은 늙고 주름진 얼굴로 꾸밈없이 보여줍니다. 예술이 인생인 이유를 알 것 같습니다. 아름답고 멋진 목소리로만 하는 노래가 아닌 인생이 녹아 있는 음악이야말로 진짜 음악이 아닐까요. 오마라 포르투온도가 한국에 왔을 때 누군가 "당신에게 음악은 무엇인가요"라고 묻자 그녀는 이렇게 말했습니다. "모든 것입니다"라고. 이 짧은 대답이야말로 누구나 쉽게 할 수 없는 진실이지요.

예술가가 되기 위한 조건

호로비츠를 위하여

감   독 / 권형진
제작국가 / 한국
제작연도 / 2006년

가슴을 울리는 연주,
아름다운 몸짓, 매력적인 화면, 담장을 넘기는 시원한 홈런……. 너무나 멋
진 장면들이지요. 그것을 보면서 '나도 저런 음악가가 될까', '야구선수나
할 걸'이라고 우리는 말하곤 합니다. 뛰어난 예술가로서 스포츠 스타로서
많은 사람들의 주목을 받고 인기를 누리는 그들이 너무나 부럽기 때문이지
요. 또 그것들이 지금 하고 있는 일이나 공부만큼 힘들지도 않을 것 같고,
더 멋있어 보이고, 조금만 노력해도 저렇게 될 수 있다는 생각 때문이지요.

그러나 엄청난 착각입니다. 그들은 저 순간을 위해 어릴 때부터 손가락이
아프도록 건반을 두드렸고, 녹초가 되도록 춤을 추었으며, 어깨가 아프도록

호로비츠

1904년 우크라이나 키예프에서 출생. 키예프음악원에서 피아노를 배워 1923년부터 연주활동을 시작해 유럽 각지를 돌아다녔다. 1928년 미국으로 건너가 연주활동을 하면서부터 세계적으로 알려지기 시작하였다. 1928년 미국으로 건너가 활동하면서 토스카니니의 지휘로 〈황제〉를 협연한 것이 인연이 되어 1933년 그의 딸과 결혼하고 1944년 미국에 귀화하였다. 1989년 사망. 부드러우면서도 다이내믹한 연주가 특징이다.

하루에 수천번씩 배트를 휘둘렀습니다. 영화 〈**호로비츠**를 위하여〉에서 피아노학원 선생인 김지수(엄정화)는 콩쿠르를 준비하는 일곱 살의 어린 소년 경민(신의재)에게 같은 곡을 100번 치라고 말합니다. 경민이 반발하자 크게 인심 써 줄여준다는 것이 80번입니다. 80번. 이 얼마나 끔찍한 숫자입니까. 같은 것을 80번 반복한다는 것은 그야말로 잔인한 고문입니다. 같은 책을 80번씩 읽는다고 생각하면 이해가 될 것입니다.

지금 그들의 모습은 바로 그렇게 20여년을 보낸 결과입니다. 어느 분야건 뛰어난 성과를 거둔 사람 뒤에는 남보다 몇 배의 피와 땀과 눈물이 숨어 있습니다. 그것을 알지 못하고 결과만을 보고 쉽게 생각하거나 과소평가하는 것은 어리석은 일이지요. 이를 '빙산의 일각'에 비유하는 사람도 있습니다. 물 밖으로 나온 작은 부분은 물 속에 잠긴 얼음 크기만큼의 노력의 결과라고요. 어디 예술과 스포츠뿐일까요. 세상 모든 일이 그렇습니다. 그런 점에서 세상은 공평한 것인지도 모릅니다. 그것이 예술이냐, 과학이냐, 경제냐는 각자의 재능에 따라 선택되는 것이겠지요.

우리는 어떤 분야에 뛰어난 재능을 보이면 '천재'라는 말을 붙여줍니다. 특히 예술분야는 그렇지요. 재능을 타고났다는 것이지요. 분명 그들에게는 천재성이 있지요. 모차르트는 타고난 음감으로 어릴 때부터 신동이었고, 일본에서 활약중인 야구선수 이승엽은 본능적인 타격감각을 가지고 있지요. 그러나 '천재'라는 말에는 그들의 땀과 눈물을 외면하려는 의도가 숨어 있습니다. 그들이야말로 그런 능력을 가진 '특별한 사람들'이라는 거죠. 때문에 그들은 별로 힘을 안 들이고도 저렇게 됐다는 것이지요. 때문에 '천재'가 아닌 우리는 설령 재능이 좀 있다고 하더라도 아무리 노력해도 그들만큼은 될 수 없기에 아예 도전하지 않는 게 낫다는 식의 일종의 자기합리화 수단으로 삼기도 하지요.

사랑과 열정 없이 예술 없다

그러나 천재성이 있다는 것만으로 저절로 위대한 예술가가 될까요. 예술가가 되는 데 천재성은 분명 중요한 조건입니다. 우선 문제는 그 천재성을 판단하는 기준과 사람입니다. 조금만 재능을 보여도 '천재'로 착각하거나 과장하는 경우가 많지요. 특히 자기 자식에 대해 과대망상증에 가까운 기대를 가진 요즘 부모들은 어릴 때 아이가 조금만 관심을 보여도 '천재'라고 호들갑을 떨며 아이에게 그것을 강요합니다. 그렇게 해서 본인의 재능과 관심에 관계없이 예술을 강요 받을 때, 그 아이가 흘리는 땀과 눈물은 결코 예술이 되지 못합니다.

그것에 사랑을 가질 수 없기 때문입니다. 사랑 없이 어떻게 한 곡을 하루 100번 칠 수 있겠습니까. 설령 친다 해도 그것은 음악이 아니라 노동이며, 가슴의 음감을 손가락으로 옮기는 연주가 아니라 기계의 단순동작에 불과하지요. 〈호로비츠를 위하여〉에서 고아 경민이 어머니처럼 생각하는 김지수를 위해 악보도 모르면서 '엄마' 란 곡을 만들어 연주합니다. 그 곡이 다른 어느 명곡보다 아름답게 느껴지는 것은 바로 '사랑' 이 배어 있기 때문입니다. 그 아름다움은 해외유학 끝에 유명한 피아니스트가 돼 돌아와 김지수를 잊지 않고 다시 한번 그 곡을 들려줄 때도 마찬가지입니다.

영국 스티븐 달드리 감독의 영화 〈빌리 엘리어트〉에서도 마찬가지입니다. 권투를 배우러 체육관에 갔다 발레를 하게 된 열 한 살의 소년 빌리 역시 자신의 재능을 인정해준 발레 선생인 윌킨슨 부인을 위해, "남자가 무슨 발레냐"며 아예 춤추는 것 자체를 외면하던 아버지가 어느 날 발레 교실에 나타났을 때 감격에 겨워 춘 춤이야말로 가장 아름답지요.

그러고 보니 뛰어난 예술가가 되기 위해서는 반드시 훌륭한 스승이 있어야겠습니다. 그것도 어릴 때부터. 어떤 사람이 훌륭한 스승일까요. 〈호로비츠를 위하여〉와 〈빌리 엘리어트〉에서 그 답을 찾아봅시다. 김지수는 세계적인 피아니스트를 꿈꾸었지만 가정 형편으로 유학이 좌절되면서 서울 변두리에서 피아노학원을 하는 서른 살의 노처녀입니다. 대학동창들을 만나면 열등감에 속상해하며 어떻게 그 열등감을 보기 좋게 날려버릴까 생각하지요. 처음 그녀가 **절대음감**을 가진 경민에게 점심까지 먹이며 공짜로 피아노를 가르치는 것도 자신의 유명세를 위해서지요.

아이의 재능을 자기 이익의 수단으로 삼으려는 것이지요. 그래서 처음 그녀는 경민이 왜 말을 안 하는지, 말썽을 부리는지 알고 싶어하지도 않습니다. 오직 콩쿠르에서 경민이 기계적으로 연주를 잘해 우승해 자기 이름을 알려주기를 바라지요. 그것이 어머니의 목숨을 앗아간 교통사고 당시의 기

절대음감
어떤 음을 듣고 그 고유의 음 높이(절대음고)를 즉석에서 판별할 수 있는 청각능력. 음악가 중에는 바흐, 요요마, 그리고 팝가수 스티비 원더가 절대음감을 가졌다고 한다.

억에 의한 경민의 조명등 공포증(김지수가 끝내 그것을 모르는 것이 이상하지만)으로 좌절되자 그녀는 경민을 외면합니다.

훌륭한 스승의 조건

그런 그녀가 자신의 이기심을 버리고 진짜 경민의 스승이 됩니다. 있는 그대로를 사랑하기 시작했기 때문입니다. 경민이 처음부터 그랬고, 피아노 학원 아래층에서 피자가게를 하는 노총각 심광호(박용우)가 자신에게 그런 것처럼 말입니다. 콩쿠르를 망쳐 속상해하는 김지수에게 심광호는 이런 말을 하지요. "저도 피자를 굽다보면 가끔 태우기도 하걸랑요. 그래도 피자한테 화내지 않걸랑요. 경민이도 그런 거예요"라고. 우스운 비교이기는 하지만 여기에 상대에 대한 사랑의 자세가 담겨 있지요. 진정한 사랑이란 남녀 간이든, 스승과 제자간이든, 친구간이든, 이웃에게든, 내게 필요한 것만, 내가 필요할 때만 취하는 것이 아니라, 상대의 모든 것을 인정하고 아끼는 것이지요. 〈빌리 엘리어트〉의 윌킨슨 부인도 그렇지요.

뛰어난 재능을 갖춘 사람이 반드시 좋은 스승이 되는 것은 아닙니다. 김지수도, 윌킨슨 부인도 유명한 예술가나 탁월한 재능을 가진 사람은 아닙니다. 말은 피아노 전공자들만 가르친다고 하지만 김지수는 아이들 교습에 매달리는 변두리 초보 피아노학원 원장에 불과하고, 윌킨슨 부인 역시 탄광촌의 낡은 체육관의 발레 교사일 뿐입니다. 그러나 재능 있는 제자와 그의 예술적 미래에 대한 사심 없는 사랑이 있기에 그들은 기꺼이 어린 경민을 외국 유명 피아니스트에게 보내고, 빌리가 런던 로얄발레학교 입학하도록 자신의 열정을 다해 열심히 오디션 준비를 시킵니다.

더욱 중요한 것은 그들의 사랑이 제자들로 하여금 예술을 사랑하도록 해준다는 것이지요. 예술이 한 인간의 어떤 목적이나 수단이 되는 순간, 그것은 이미 예술이 아닙니다. 예술 역시 사람처럼 순수한 사랑으로 대할 때 아름다

운 존재가 됩니다. 경민과 빌리는 그 사랑을 스승의 자신에 대한 사랑에서
배웁니다. 그 사랑을 가슴에 담고 있기에 어린 나이에 외국에 가서도 경민은
좌절하거나 빗나가지 않고 훌륭한 피아니스트가 됐으며, 빌리 역시 너무나
삶이 고통스럽고, 힘들지만 포기하지 않고 발레학교에 들어갈 수 있었지요.

　이 두 영화의 감동은 마지막 청년이 된 주인공의 멋진 피아노 연주도, 오
디션에서 우아하게 공중 높이 날아오른 빌리의 춤에도 있지 않습니다. 그것
은 앞에서 말한 '빙산의 일각' 이기 때문입니다. 실제 어린이 피아노 콩쿠르
에서 1등을 한 신의재와 여섯 살 때부터 댄스를 배웠다는 제이미 벨의 능숙
한 연주와 춤 솜씨 때문도 아닙니다. 그것은 영화의 사실성과 감동을 살리
는 수단에 불과하지요.

감동은 역시 사람에게 있습니다. 마음과 마음을 열고 선생과 제자가, 아버지와 아들이 나의 욕심과 편견 보다는 상대를 소중하게 생각하고, 그의 재능과 꿈과 미래를 위해 나 스스로 변하고 희생하는 모습이 하나의 예술을 완성시켜갈 때의 감동이지요. 그것이 곧 예술이지요. 그래서 사랑이 없는 예술은 감동도 없는가 봅니다.

　그러면 이런 결론이 가능하나요. "아무리 좋은 예술이라도 사랑할 수 없다면 하지 말라. 아무리 뛰어난 실력을 가지고 있더라도 마음을 열고 모든 것을 받아들이지 않는 스승에게 배우지 말라. 물밑에 가라앉아 있는 빙산만큼의 땀과 눈물을 잊지 마라."

　지금도 거리를 지나가면 피아노, 미술, 무용 학원에서 열심히 건반을 두드리고, 붓질을 하고, 춤을 추는 것이 들리고 보입니다. 때론 그것이 신음소리처럼 들리고, 고문을 당하고 있는 것처럼 보이기도 합니다. 무미건조하게 클래식 악보를 두드리는 것보다 차라리 자신이 좋아하는 유행가 한 곡 신나게 연주하는 게 훨씬 감동적일 수 있습니다.

종교와 소설과 영화 사이의 거리

다빈치 코드

감　　독 / 론 하워드
제작국가 / 미국
제작연도 / 2006년
메　　모 / 전세계적으로 4,300만권이 팔린 동명소설이 원작

신神은 존재하는가?

굉장히 어리석은 질문일 수도, 아주 어려운 질문일 수도 있습니다. 종교를 가진 사람들에게는 이런 질문 자체가 성립하지 않을 수도 있습니다. '하느님은 존재하는가?' 라는 질문 역시 마찬가지입니다.

　종교는 믿음입니다. 절대자의 존재를 믿고, 그의 구원과 은혜를 믿는 것입니다. 그분의 말씀을 믿고 행하는 것입니다. 하느님은 세상을 창조하였으며, 인간의 죄를 용서하고 세상을 구원하시는 절대자입니다. 기독교는 계시(啓示)종교입니다. 하느님께서 당신 자신을 인간에게 드러내신다는 것입니다. 인간의 능력으로는 알 수 없는 신비, 즉 생명 구원 영생(영원한 생명)을 보여주신다는 것이지요. 간접적으로는 자연과 인간의 양심을 통해서, 직접적으로는 성경과 성전을 통해서지요. 이 직접계시의 결정체가 바로 그의 아들 예수이지요. 하느님은 그를 통해 새로운 약속의 시대를 열었다고 합니다. 그는 인간의 몸을 빌어 태어난 '신의 아들'이지요.

성서는 무엇일까요. 단순히 하느님의 말씀, 예수의 말씀이 아니라, 하느님과 인간과의 관계에 대한 기록입니다. 성서는 히브리인(고대 유대인)들이 이집트를 탈출할 때(이를 '엑서더스'라고 하지요) 하느님과 맺은 계약을 내용으로 하는 구약과 예수의 가르침과 삶에 근거해 하느님과 인간이 맺은 새 계약에 관한 신약으로 나눠지지요. 구약은 이스라엘의 역사에 관한 기록이기도 하지요. 모든 나라의 역사가 그러하듯, 문자가 없던 아득한 고대의 역사는 후세에 기록되지요. 구약도 입에서 입으로 전해오다 1,000년의 세월이 흐른 기원전 5세기 경에 이르러 지금의 46권(개신교는 39권) 중 첫 다섯 권인 모세오경(창세기 출애굽기 레위기 민수기 신명기)이 기록되지요. 신약 역시 비슷합니다. 예수는 직접 단 한 줄의 성경도 쓰지 않았다고 합니다. 그를 믿고 따르던 사람들이 나중에 그의 생애와 업적을 27권으로 기록한 것이지요. 기록한 사람의 이름을 붙여 마태오 복음, 마르코 복음, 루가 복음, 요한 복음이라 하지요.

인류의 역사, 특히 서양의 역사는 바로 기독교의 역사이지요. 역사를 예수의 탄생의 전(B.C.)과 후(A.D.)로 나눈 것, 중세 봉건사회, 종교개혁으로 인한 사회 대변동 등만 봐도 알 수 있습니다. 지금도 서구사회를 이끄는 중요한 정신적, 정치적, 사회적 힘이지요. 그런 만큼 그 영향력도 엄청나며 그에 따른 하느님과 예수의 존재도 절대적이지요. 당연히 그분들의 말씀과 행적 또한 신성불가침이지요. 그 때문에 기독교는 인류를 구원하고, 세상을 발전시키고, 사람들에게 안식의 평화를 주기도 했지만 인류에게 커다란 고통을 안겨주기도 했지요. 특히 믿음이 없거나 자신들과 다른 종교를 가진 사람(이교도)들에게 말입니다. 절대권력은 부패한다는 명제에 종교도 예외는 아닌 것을 우리는 역사를 통해 확인할 수 있지요. 중세 교회들의 타락과 횡포는 십자군전쟁이란 무자비한 살육, 돈만 내면 세상의 모든 죄를 용서하는 면죄부의 판매로까지 이어졌습니다.

종교에 대한 몇 가지 시각

역사학자 헨드릭 빌렘 반 룬이 쓴 〈관용〉이란 책이 있습니다. 제목은 '관용'이지만 사실은 불관용의 서양 역사를 썼지요. 관용을 '자신과 다른 의견이나 신념을 끝까지 참고 인정해주는 것'이라고 정의한 그는 서양의 기독교적 신념이 왜 그토록 무자비한 결과를 낳았는지 구체적 사례와 분석을 통해 이야기하고 있지요. 구교(가톨릭)와 교황의 이교도에 대한 탄압과, 그에 반발해 종교개혁을 했으면서도 결국은 그보다 더 잔인했던 신교(개신교)의 불관용을 통해 종교와 인류의 역사를 비판하지요.

반 룬이 만약 종교적 믿음으로만 기독교를 보았다면 이런 비판은 불가능하겠지요. 그는 역사 속에서 기독교를 본 것이지요. 성서를 역사로 보면 이 역시 승자의 기록이고 선택이란 것이지요. 그래서 패자의 진실은 가려져 있을 수 있다는 것이지요. 복음서의 경우도 마태오, 마르코, 루가, 요한의 4대 복음만 채택되고 나머지는 너무 쓴 사람의 생각이 많이 들어가 인정하지 않고 버렸지요. 또 어차피 성서는 사람들의 기억으로 쓰여진 것이니 진실이라고 믿기 어렵다는 주장도 나오지요.

또 다른 시각도 가능하겠지요. 사회학적으로 보면, 종교는 현실과 죽음에 대한 인간의 인식이 만들어낸 하나의 거대한 질서체계이지요. 이런 시각은 종교를 구원보다는 정의, 신의 논리보다는 인간의 논리를 추구하게 하지요. 예수를 '신의 아들'이 아니라 '사람의 아들'이라고 생각하게 만들기도 하지요. 때문에 성서는 인간의 역사이고, 인간이 쓴 역사이기에 100% 진실이 아

헨드릭 빌렘 반 룬

1882년 네덜란드 로테르담에서 태어나 스무 살에 미국으로 건너가 히버드대, 코넬대에서 공부한 뒤 AP통신의 유럽특파원으로 일했다. 1911년 뮌헨에서 철학박사 학위를 받고 미국의 여러 대학에서 서양사를 강의했다. 제1차 세계대전 때는 벨기에에서 종군 기자로도 활동했으며 전쟁이 끝난 뒤 다시 미국에서 역사를 강의하면서 20여 권이 넘는 작품을 썼다. 〈인류 이야기〉로 미국의 권위 있는 출판상인 뉴베리상 첫 수상의 영광을 차지했다.

니라는, 종교인들로서는 꿈도 못 꿀 가정과 상상도 해보지요.

마틴 스콜세지 감독의 1988년 영화 '그리스도 최후의 유혹' 도 그런 것이지요. **니코스 카잔차키스**의 소설을 원작으로 한 이 영화는 예수가 악마의 마지막 유혹에 넘어가, 십자가에서 내려와서 구세주로서의 자신의 역할을 스스로 비판하고 막달라 마리아와 결혼하여 아이들까지 낳고 사는 인간적인 삶을 선택하는 것으로 그렸습니다. 예수와 막달라 마리아와의 정사 장면, 예수님이 제자들 앞에서 심장을 꺼내는 장면, 유다가 이스라엘 독립을 무력으로 이룩하려는 열혈당원이라는 것 등이 충격적이지요. 당연히 논란이 됐지요. 수천통의 항의 편지로 제작사가 바뀌고, 영화 상영을 놓고도 교회와 종교단체의 반대 시위가 세계 곳곳에서 있었지요. 우리나라도 10년 뒤인 1998년에 개봉을 시도했으나 기독교계의 반발로 무산되고 2002년에야 '예수의 마지막 유혹' 이란 이름으로 겨우 상영됐지요.

우리나라에서 300만 권이나 팔린 유명한 댄 브라운의 추리소설 〈다빈치 코드〉도 비슷한 상상을 합니다. 예수가 막달라 마리아와 결혼해 아이를 낳았으며, 그 후손이 지금까지 이어져오고 있으며, 성배가 예수와 열 두 제자의 최후의 만찬 때의 잔이 아니라 막달라 마리아의 시신과 유품이며, 그녀는 사실 창녀가 아닌데 교회가 그렇게 왜곡했으며, 여성을 이교도로 생각하는 가톨릭은 이를 숨기려 수단과 방법을 가리지 않고 있으며, 그 선봉에는 '오푸스 데이' 라는 바티칸 성직자치단이 있고, 이들의 추적을 피해 성배를 보존해 성배와 기독교 본래의 진실을 밝히려는 시온 수도회가 오래 전부터 존재해왔으며, 아이작 뉴턴, 보티첼리, 빅토르 위고, 레오나르도 다빈치 등이 그 회원이었다는 것입니다.

〈다빈치 코드〉는 프랑스 루브르 박물관장의 죽음과 그가 남긴 기호, 저명한 미국의 기호학자인 랭턴이란 인물을 통해 성배의 존재와 행방을 스릴 넘치게 그리고 있습니다. 모두 106개의 소단락으로 나눈 소설은 마치 영화를

니코스 카잔차키스

그리스의 시인 소설가 극작가. 1883년 크레타섬 이라클리온에서 태어나 아테네에서 법학을 배웠고, 파리에서 철학을 공부하였다. 여러 나라를 돌아다니며 역사상 위인을 주제로 한 비극을 많이 썼다. 고향을 무대로 한 소설 〈그리스인 조르바〉(1947년)와 〈다시 십자가에 못박히는 그리스도〉(1955년) 등으로 세계적인 명성을 얻었고 1956년 국제평화상을 받았다. 1957년 사망.

염두에 둔 것처럼 흥미와 긴장을 주고, 다빈치의 작품을 활용한 치밀하고
사실적인 묘사는 모든 것이 사실인 것처럼 착각하게 만듭니다.

소설은 소설, 영화는 영화일 뿐

이런 소재와 인기와 관심을 할리우드가 놓칠 리 없지요. 영화로 만들었
고, 반발을 우려해 사전 시사회도 갖지 않고 세계 동시개봉이란 작전을 펼
쳤지요. 당연히 종교계는 영화를 두고 반발했지요. 우리나라에서도 가톨릭
교회가 우려를 표명했고, 개신교는 한발 나아가 한국기독교총연합회(한기
총)를 통해 법원에 상영금지가처분 신청을 했고, 그것이 받아들여지지 않자

극장 앞에서 시위까지 벌였습니다. "종교의 자유와 기독교인의 인격권을 훼손한다"는 것이 이유였습니다. 한기총은 '성서는 신이 아닌 인간의 작품이다', '3세기에 걸친 마녀사냥으로 교회는 500만 명에 달하는 여성을 말뚝에 묶어 태워 죽였다', '성서는 이교도였던 로마 황제 콘스탄티누스 대제가 짜 맞춘 것이다' 등의 표현을 들며 "영화가 기독교의 정통 교리를 훼손하고 희화화하고 있을 뿐만 아니라, 영화 내용을 사실로 오인하도록 조장하고 있다"고 주장했습니다.

왜 소설 출간 때와는 달리 기독계가 영화 〈다빈치 코드〉에 대해 이처럼 민감할까요. 막상 영화가 공개됐을 때 대부분의 영화평론가와 관객이 작품성에 실망했다는데 말입니다. 사실 영화 〈다빈치 코드〉는 실망스러울 정도입니다. 종교적 믿음이나 성서에 대한 구체적 지식이 없는 사람들이 엄청난 진실의 폭로라고 믿을 수도 있는 소설의 치밀한 구성과 추리력, 역사적 사실에 기초한 그럴 듯한 가정, 조마조마한 상황 전개 등이 너무나 생략되거나 무시된 채 줄거리 따라 가기에 급급한 모습입니다. 소설의 평면적 요약 수준이라고나 할까요. 그럼에도 불구하고 영화는 일반 사람들에게는 '정말 그렇지 않을까' 하는 의문을 가지게 만들었고, 신자들에게는 명예와 감정이 침해와 모욕감을 느끼게 했을 것입니다.

보다 중요한 것은 영화란 예술의 특성 때문이지요. 실화를 소재로 하지 않은 소설이나 영화는 모두 가짜지요. 작가의 상상력이 만들어낸 허구를 가장 그럴 듯하게 표현한 것이지요. 문제는 소비의 행태와 표현수단의 차이지요. 소설은 다분히 사적인 데 반해 영화는 대중적이란 얘기지요. 소설은 개인이 자기 방에서 혼자 읽는 것이라면, 영화는 극장이라는 일종의 광장에서 여러 사람에게 보여진다는 것입니다. 대중연설 같은 것이지요. 위력이 강할 수 밖에요. 더구나 소설이 활자로 표현돼 상상을 자극한다면, 영화는 상상력을 아주 현실로 살아 있는 영상을 통해 보여준다는 것입니다.

그렇더라도 허구가 사실이 되지는 않습니다. 의문은 가져보되 그 허구를 사실로 받아들여서도 안 되지요. 만약 이런 전제가 없다면 예술의 자유, 표현의 자유는 불가능하겠지요. 법원이 영화상영금지를 거부한 것도 "원작 소설과 영화는 작가의 상상력으로 창작한 것이 명백하기 때문"이라고 했습니다. 그러면서 이렇게 덧붙였습니다. "우리 사회 평균인은 장기간에 걸쳐 예수 그리스도의 생애 내지 기독교에 대해 구체적인 관념을 가지고 있는 상태이며, 영화를 보는 과정에 그 관념이 바뀐다고 보기 어렵다"고. 2005년 한국영화 '그때 그 사람들'의 경우 몇 개 장면 삭제를 결정한 것과는 차이가 있지요. 이 영화는 박정희 전 대통령의 장례식 장면 등 다큐멘터리 자료화면 때문에 영화 속 대통령을 진짜 박 전 대통령으로 오해할 소지가 있고, 그것이 당사자와 유가족의 인격권을 침해할 수 있다고 본 것이지요.

아무리 허구이고 상상이라고 해도 예수가 막달라 마리아와 결혼해서 아이까지 낳았고, 그 후손들이 있다는 사실은 기독교인들게는 충격이고 모욕이겠지요. 그러나 모든 사람들에게 그런 소절적 상상까지 '금기'로 강요할 수는 없겠지요. 어차피 소설은 소설이고, 영화는 영화이니까요. 영화를 영화로 봐주는 자세가 필요하겠지요. 그게 '관용'이 아닐까요. 더구나 〈다빈치 코드〉가 제기한 지난 시대 교회의 불관용에 대해서는 이미 가톨릭교회가 반성했듯이 우리 모두 다시 한번 귀 기울일 필요가 있지는 않을까요.

이 책도 읽어보세요

 사람의 아들

이문열이 1979년에 쓴 장편소설. 추리극 형식으로 신의 존재, 신과 인간, 구원과 사회정의에 대해 진지하게 파고들었다. 만물의 창조주인 야훼가 고난받는 민중들에게 아무런 도움도 주지 못한다는 회의에 빠진 신학도 민요섭. 신학교를 중퇴하고 자신의 신념을 실천하기 위해 빈민구제사업을 모색하면서 그는 야훼를 부정하고 새로운 신을 창조한다. 부산부두 노동판에서 알게 된 조동팔과 함께 거리의 고아, 창녀, 거지, 장애인 등을 모아 천막교회를 세운 그는 교회 유지를 위해 절도, 강도 등의 범죄도 서슴없이 저지른다. 그러나 스스로 창조한 신에 대해 회의를 품은 민요섭이 기독교로 다시 돌아오고 그의 변화에 분노와 배신을 느낀 조동팔에 의해 살해당한다.

소설에서 민요섭이 주목하는 인물은 아하스 페르츠이다. 예수와 같은 시대 인물로 사탄으로 비난 받았던 그는 야훼가 창조한 인간세계에 죄악과 고통에 가득 차 있고, 야훼는 그것에 대해 무기력한 것에 대해 회의한다. 그는 결국 만약 야훼께서 죄악을 만드셨다면 그 죄는 인간이 아닌 야훼의 책임이며, 만약 죄악이 야훼의 뜻이 아니라면 야훼의 전지전능은 부정되어야 한다고 생각한다. 요섭에게 예수는 거짓 사람의 아들이고, 아하스 페르츠야말로 진정한 사람의 아들이다.

이는 아하스 페르츠가 일곱 번이나 예수를 만나 벌인 논쟁에 잘 나타나 있다. 신의 아들인 예수는 당연히 기독교적 논리를 내세우고, 아하스 페르츠는 자신이 눈뜬 인간의 비참과 죄악과 고통에 대한 인간적인 논리를 내세운다. 그는 경험 불가능한 신의 존재를 필요로 하지 않는다. 고통스런 모순의 현실을 조금이라도 개선하기 위해서는 신의 은총보다는 자유와 정의의 실현이 더욱 가치 있다면서 신은 더 이상 인간을 현혹하지도 말고 인간들의 투쟁과 노력을 방해하지도 말라고 주장한다.

처음 민요섭은 그의 주장대로 살아가지만 점차 정의로운 목적을 위해 수단과 방법을 가리지 않는 일에 회의를 품는다. 1980년 유현목 감독에 의해 영화로도 만들어졌으며, 영화는 그 해 대종상 최우수 작품상을 받았다.

07 가치관

착한 사람만 늘 복을 받는가

올리버 트위스트

감 독 / 로만 폴란스키
제작국가 / 체코 · 영국 · 프랑스 · 이탈리아
제작연도 / 2005년

<blockquote>"죽 좀 더 주세요"</blockquote>

어린 올리버는 빈민구호소(구빈원) 원장에게 이렇게 말합니다. 뚱뚱한 원장
은 자신의 귀를 의심합니다. 올리버는 다시 한번 같은 말을 합니다. "원장
님, 조금만 더 주세요"

원장은 얼굴이 창백해졌습니다. 옆에 있던 직원들도 놀라기는 마찬가지
입니다. 그들에게 올리버의 행동은 바로 반란이었습니다. 당연히 꼬마 반란
자 올리버는 추방을 당합니다. 왜, 죽 좀 더 달라는 것이 그렇게 엄청난 죄
가 될까요. 규정상, 아니면 누구에게만 더 줄 수 없는 형평의 원칙상 불가능
하다면 그냥 "안 된다"고 하거나, "없다"거나, 남았으면 주면 될 텐데.

소설 〈올리버 트위스트〉를 읽어보지 않은 사람은 없겠죠. 읽지 않았더라도 어떤 이야기인지는 알고 있지요. 19세기 영국의 유명한 소설가 찰스 디킨스가 쓴 이 소설에서 올리버에게는 두 군데에 '너무'란 수식어가 붙지요. '너무' 불쌍하고, 그러면서도 '너무' 착한 아이. 올리버는 태어나자마자 어머니마저 죽어 이름도 없는 고아가 됩니다. 그래서 범블이라는 관리가 아무렇게나 지어준 이름이 올리버 트위스트입니다.

고아들과 함께 구빈원에서 생활하던 올리버는 그날 '죽 사건'으로 쫓겨나 죽은 사람을 위해 관을 만들고 장례를 치러주는 장의사 소어베리 집에서 일하게 됩니다. 그런데 그 집에도 그를 괴롭히는 사람이 있지요. 거기서 일하는 노어 클레이폴이란 아이지요. 참다 못한 올리버는 죽은 어머니를 놀리는 그를 때려주지요. 그러자 소어베리는 그를 어두운 광에 가두어버립니다. 이 집에서도 살수 없게 된 올리버는 새벽에 도망쳐 빈손으로 런던으로 향합니다. 그런데 런던에서 그를 반갑게 맞아주는 사람이 있습니다. 바로 소매치기 잭 도킨스란 인물이지요. 순진한 올리버는 그것도 모른 채 그를 따라가 두목인 페이킨 영감을 만납니다. 유대인인 페이킨은 올리버에게 맛있는 음식을 주면서 소매치기를 가르칩니다.

얼마 후, 소매치기를 위해 처음으로 거리로 나선 올리버는 도둑으로 몰려 경찰에 잡히지만 다행히 피해자인 브라운로의 해명으로 풀려납니다. 그 사건을 계기로 페이킨의 소굴에서 벗어난 올리버는 자식처럼 대해주는 브라운로의 집에서 살게 됩니다. 그러나 그것으로 올리버의 불행은 끝나지 않지요.

〈올리버 트위스트〉는 이렇게 태어나자마자 불행으로 시작해서는 끝없이 불행 속을 왔다갔다하는 어린 올리버의 안타까운 모습을 자세히 그리고 있지요. 그러나 그는 결국 브라운로에게 되돌아가고, 출생의 내막도 밝혀져 아버지의 유산을 물려받아 행복한 삶을 시작합니다. 영화 〈올리버 트위스트〉도 그 이야기를 소재로 했습니다. 로만 폴란스키 감독은 자신의 아이들을

위해 이 영화를 만들었다고 합니다. 매일 저녁 침대머리에서 아이들에게 이야기를 들려주는 것처럼.

세상에 존재하는 폭력과 공포

〈올리버 트위스트〉는 과거에도 영화로 만들어진 적이 몇 번 있지만 최근에는 없었습니다. 캐롤 리드 감독이 뮤지컬 형태로 만든 1968년이 마지막이었으니까요. 그러니 이번이 거의 40년 만이지요. 폴란스키 감독은 1948년 데이비드 린의 영화처럼 가능하면 원작에 충실했습니다. 권선징악이란 주제, 등장인물의 성격, 시대 배경, 당시 런던의 거리풍경 등을 그대로 영화에 옮겨 놓았습니다.

그렇다고 소설을 그대로 베끼지는 않았지요. 원작을 읽고 이 영화를 보았다면 여러 곳에서 그것을 발견할 수 있습니다. 우선 영화는 올리버의 출생과 그에 얽힌 비밀을 생략했습니다. 바로 어린 올리버가 구빈원에 들어오는 것으로 시작하지요. 죽을 더 달라고 말한 것도 다른 아이들의 권유나 강요에 의해서가 아니라, 제비뽑기 결과에 의해서입니다. 올리버의 이복형인 몽스나 그가 올리버를 범죄자로 만들고는 혼자 차지하려는 아버지의 유산이나 엄마의 금목걸이 같은 것도 없습니다. 브라운로도 올리버 아버지의 친구가 아니라 전혀 관계없는 사람이지요. 아파서 현관 앞에 쓰러진 올리버를 구해준 로즈 부부도 안 나오지요. 페이킨의 동업자이자 살인강도인 빌 사이크스가 올리버를 앞세워 도둑질하려는 집도 로즈 부부가 아닌 브라운로의 집으로 바꾸었습니다. 그 와중에 올리버는 총을 맞는데, 영화에서는 다른 집의 하인에게서가 아니라, 바로 빌에게서 입니다. 마지막 빌이 죽는 것도 조금 다르고요.

왜 폴란스키 감독은 자기 아이들을 위한 이야기로 〈올리버 트위스트〉를 선택했고, 또 왜 이런 변화들을 주었을까요. 로만 폴란스키 감독은 2002년 〈피아니스트〉를 만들었지요. 세계 2차대전 중 폴란드 바르샤바의 유대인 강제거주구역인 게토에서 살아 남은 피아니스트 스필만의 이야기를 실감나게 그린 작품이지요. 어린 시절 그곳에서 산 적이 있는 감독은 나치의 유대인에 대한 학대와 학살의 기억을 영화에 그대로 담아냈습니다.

그것을 통해 폴란스키 감독이 말하고자 한 것은 인류역사에 존재하는 폭력의 공포와 구원이지요. 그가 말하는 폭력은 개인적이기보다는 사회적이기에 더욱 무섭습니다. 홀로코스트(유대인 집단학살)야말로 전쟁이란 상황에 편승한 사회적 광기의 가장 대표적이고 잔인한 폭력이라는 것이지요. 어느 한 사람에 의해 막을 수도 없으며, 어느 한 사람에게만 해당되는 것이 아니라는 점에서 그 공포는 인간의 영혼을 파괴시키기도 하지요. 그래서 같은 처지에 있으면서도 이웃을 팔아 자신의 생명을 연장하는 인간도 나오고, 오직 생존을 위해 몸부림치는 주인공을 속여 자기 이익이나 챙기는 인간들이 나오지요.

그래도 선善은 있다

〈올리버 트위스트〉에서도 마찬가지입니다. 올리버에게는 무서운, 그리고 우리들에게는 너무나 가슴 아픈 폭력들이 존재하지요. 그것은 바로 19세기 산업화, 기계화로 자본주의가 기세를 올리고, 빈부격차가 심해지고, 그로 인해 사회적 차별이 극심하면서 생긴 하층민에 대한 폭력이지요. 런던의 거리에는 희망 없는 사람들이 서로 술 먹고 악다구니하고 주먹을 휘둘러댑니다. 산업사회에서 생산도구, 이를테면 자본이나 토지나 노동력을 갖고 있는 자만이 가치가 있습니다. 그것이 없는 부랑자, 무식자, 고아는 빨리 치워버려야 할 '쓰레기'일지도 모릅니다. 마치 나치가 유대인을 그렇게 취급하듯이. 그런 올리버가 "죽 좀 더 달라"고 하는 것은 기존 지배계급에 대한 엄청난 반역이지요. 당연히 그 반역에 대한 대가는 혹독합니다. 구빈원장 뿐 아닙니다. 그런 사람에게는 교회의 자비도, 법의 정의도 아무런 영향을 미치지 못합니다. 판사는 올리버가 가난한 아이, 거리의 아이라는 이유로 무조건 도둑놈으로 몰아붙이려고 합니다.

그들을 더욱 공포스럽고 절망에 빠뜨리는 그들 안에서의 또 하나의 폭력과 악은 〈올리버 트위스트〉에도 있지요. 아이들에게 소매치기를 시켜 그것으로 자기 돈을 모으는 유대인 영감 페이킨이 그렇고, 그의 동업자로 살인까지 저지르는 잔인한 인간 빌이 그렇고, 장의사 집에서 일하는 노어란 아이가 그렇습니다. 그들 역시 영혼을 팔아먹은 자들이지요. 〈올리버 트위스트〉가 세계 청소년들에게 감동을 주는 것은 바로 이런 폭력과 공포에 시달

리는 애처롭고 아슬아슬한 올리버의 모습과, 마침내 그가 그런 상황에서 벗어나 행복해졌기 때문입니다. 〈피아니스트〉의 스필만이 그 긴 전쟁과 광기의 시간을 피해 살아 남아 마침내 벗진 피아니스트로 연주를 다시 하게 된 모습을 볼 때의 감동과 같지요.

그 행복한 결말을 가져주는 것은 무엇일까요. 아무리 절망과 공포의 세상이라고 하지만 구원에 대한 희망이 없다면 인간은 모두 야수가 되거나 좌절로 스스로 죽음을 선택할 것입니다. 폴란스키 감독은 그 희망을 신의 기적에서 바라지 않습니다. 기적은 선한 인간에게서 나온다고 말합니다. 그것도 아주 개인적인 사람들이 베푸는 선 말입니다. 〈피아니스트〉에서 주인공 스필만의 친구로 유대인이 아닌 여성 성악가와 그의 남편, 마지막 그의 피아노 연주를 듣고는 죽이지 않고 살려준 독일 장교처럼 〈올리버 트위스트〉에서는 브라운로, 영화에는 안 나오지만 로즈 부부가 그렇지요. 처음 올리버를 소매치기 소굴로 다시 오도록 납치를 도와준 것과 반대로 나중에는 브라운로에게 올리버가 있는 곳을 알려주는 창녀 낸시도 그런 인물이지요.

죄의 사회적 책임

그러나 폴란스키의 영화는 무엇보다 절망과 폭력으로부터 인간을 구원하는 것은 자기 자신의 착한 마음이라고 말합니다. 〈피아니스트〉의 스필만은 선량한 청년입니다. 오직 음악만을 위해 살며, 남에게 조금도 피해를 주지 않는 사람입니다. 죽음의 위험 앞에서 도움을 청하면서도 그는 상대방의 입장을 더 생각합니다. 독일 장교 앞에서도 그는 살아날 꾀를 생각하기보다는 그냥 마지막 연주라고 생각하고 피아노에 열중하지요.

올리버 역시 그렇습니다. 그가 아이들을 대표해 죽을 더 달라고 한 것도 순수하기 때문이었습니다. 소매치기 일당에 붙들려가서도, 결코 페이킨을 포함한 모든 사람들을 미워하지 않는 것도 그의 선한 마음 때문입니다. 감독이 원작과 다르게 출생의 비밀과 아버지가 남긴 유산 같은 내용을 없앤 것도 바로 그 올리버의 천성적인 선함을 드러내기 위한 것이지요. 그 마음은 영화의 마지막에 더욱 잘 드러나지요. 〈피아니스트〉에서 스필만이 자기 목숨을 살려준 독일장교의 행방을 찾아 감사의 마음을 전하려 한 것처럼, 올리버는 경찰에 잡혀 교수형을 당하게 되는 페이킨을 면회하러 감옥에 갑니다. 올리버는 그를 만나서는 이렇게 말하지요. "나한텐 잘 해주셨어요"라며 그에게 감사하고, 그를 용서해 주지요. 그가 그렇게 했다고 영화는 물론 악까지 너그럽게 용서하지는 않습니다. 독일장교는 소련군의 포로가 돼 어느 수용소에서 죽었고, 페이킨은 교수형을 당합니다.

그야말로 영화는 '권선징악'의 공식을 따르지요. 자신의 절대 선함은 그

메시지를 더욱 크게 합니다. 그리고 그 크기만큼 우리는 감동을 받습니다. 그런데 문제는 스필만이나 올리버처럼 오직 절대적으로 선한 인간만이 구원을 받아야 할까요. 이 세상에 올리버가 과연 얼마나 많이 있을까요. 굶어 죽을 지경에 이르러 빵 한 조각을 훔친 **장발장**을 잔인하게 감옥에 가둬야 하나요. 아무리 일하고 싶어도 일 할 곳이 없어 거리를 떠돌며 소매치기를 하는 사람들은 무조건 죽이거나 감옥으로 가야 하나요. 인간은 어떤 상황이와도 선함을 잃지 말아야 하지만, 우리 모두가 함께 사랑과 나눔과 용서를 통해 그 선함을 잃지 않도록 해야 하지는 않을까요. '가난 구제는 나라에서도 못한다'는 옛말이야말로 이런 사람들을 외면하기 위한 핑계는 아닐까요. 〈올리버 트위스트〉에는 분명 이런 사람들까지 불행에서 벗어나기를 바라는 마음, 그것을 위해 우리가 해야 할 일이 있다는 사실을 담고 있을 것입니다.

이 책도 읽어보세요

 크리스마스 캐롤 | 찰스 디킨스 지음

유명한 구두쇠 스크루지 영감이 주인공으로, 하룻밤에 꾼 악몽으로 마음을 고쳐먹고 새 사람이 돼 이웃에 자비를 베푼다는 내용의 소설. 영화로도 만들어졌다.

나의 시각으로만 보는 자유

와일드

감　독 / 스티브 스파즈 윌리암스
제작국가 / 미국
제작연도 / 2006년

마다가스카

감　독 / 에릭 다넬, 톰 맥그라스
제작국가 / 미국
제작연도 / 2005년

어릴 때 처음 동물원에 가면
너무나 신기하고 즐겁지요. 그림책에서나 볼 수 있는 밀림의 맹수나 원숭
이, 바다에 사는 펭귄이나 물개 등을 볼 수 있으니까요. 게다가 우리 사람들
을 더 즐겁고 신나게 해주려고 그들은 쇼도 펼쳐지지요. 돌고래가 다이빙
묘기를 보이고, 원숭이가 사람처럼 공도 굴리고, 코끼리가 재주를 부리지
요. 그뿐입니까. 밀림의 왕자라는 사자도 호랑이도 어느새 온순해져 사람들
이 손으로 주는 먹이를 먹고는 어슬렁거립니다. 저 아프리카 밀림까지 가지
않아도 우리는 동물원에서 이렇게 온갖 야생동물을 봅니다.

　　그러나 자꾸 가다보면, 그런 즐거움 한쪽에 슬그머니 이런 생각이 삐죽 나올 것입니다. 저들은 왜 여기 있어야 하는가? 저렇게 갇혀 사는 저들은 행복한가? 저들은 밀림이나 바다가 그립지 않을까? 군이 먹이를 구하려 산을 헤매고, 들판을 달리지 않아도 되니 편안하다고 생각할까? 점점 야생의 본성을 잃어 인간의 요구에 맞춰 길들여지고, 원래 모습과 달리 스스로 자연의 변화에 적응하지 못하게 된, 우리에 갇힌 동물들의 삶이야말로 얼마나 불행한가?

그런 생각으로 만들어낸 영화가 바로 〈와일드〉와 〈마다가스카〉입니다. 이 두 편의 애니메이션은 우연이라고 하기에는 너무나 닮아 있습니다. 미국 최고의 도시, 인간문화의 상징인 미국 최고 도시 뉴욕의 동물원에 가장 인기 있는 사자가 각각 도시를 떠나 아프리카 밀림으로 가지요. 〈와일드〉의 사자 샘슨부터 볼까요. 그의 특기는 모든 동물의 가슴을 얼어붙게 만드는 우렁찬 포효. 그는 어린 아들 라이언에게 자신이 밀림에 살던 때, 용감했던 이야기를 들려주곤 하지요. 물론 거짓말이지요. 그 역시 동물원에서 태어났기 때문에 밀림이라고는 구경도 못했지요. 그 이야기는 그가 아버지에게 들은 것에 불과하지요. 그러나 라이언은 그 얘기만 들으면 늘 아버지만큼 용맹스러울 수 없다는 열등감에 사로잡힙니다. 그러던 어느 날 우울한 마음에 몰래 동물원의 콘테이너에 들어갔다 갇히어 트럭에 실려 아프리카 야생의 세계로 가게 됩니다.

이 사실을 알게 된 샘슨 역시 아들을 찾기 위해 안락하고 안전한 동물원을 뛰쳐나와 야생의 세계로 갑니다. 여기에 생사고락을 같이할 친구들이 없을 수 없지요. 산전수전 다 겪은 샘슨의 가장 친한 친구인 영리한 다람쥐 베니, 귀여운 인형 취급 받는 게 가장 싫은 코알라 나이젤, 쥐망울 만한 베니로부터 구애에 시달리는 멋쟁이 키다리 기린 브리짓, 무서운 본능을 포기한 아나콘다 래리가 그들이죠. 동물원을 빠져 나오자마자 샘슨은 바로 야수성을 시험받습니다. 겁 없이 달려드는 개조차 무서워 하수도로 도망가는 그를 보고 친구들은 의심을 하지요. 샘슨은 할 수 없이 사실을 고백합니다. 그렇다고 아들 구하기를 포기할 수는 없지요. 그게 인간이나 동물세계에서나 아버지의 힘이니까요. 그 아버지의 위대함은 이미 '니모를 찾아서'의 물고기에서까지 확인했으니까요.

본능은 마음 속에 숨어 있다

야생의 세계를 전혀 모르는 그들은 인생을 포기한 것 같은 너구리를 만나도 어쩔 줄 모릅니다. 그들은 이미 오래 전에, 아니면 태어날 때부터 본능이 무엇인지 모르기 때문이지요. 그런 그들을 밀림의 혁명을 꿈꾸는 초식동물인 영양떼가 위협합니다. 밀림의 먹이사슬의 최고 위에 있는 사자의 야성실종, 그 아래에서 먹이가 돼 주던 초식동물 영양의 육식동물로의 꿈, 이 둘 모두 자연의 본능과는 거리가 멀지요. 그렇게 아들에게 거짓말로 우렁찬 포효로 영양떼의 우두머리를 꼼짝 못하게 했다고 허풍을 늘어놓았던 샘슨은 막상 영양떼 앞에서 초라하게 패배합니다. 그런 그에게 다람쥐 베니가 말하지요. "넌 할 수 있어. 네 본능을 믿어. 본능을 따라가"라고.

재미있으면서도 서글픈 것은 샘슨이 야생의 본능을 찾는 방법입니다. 그는 밀림의 모든 것을 자신이 있던 동물원의 것으로 대입해보는 것입니다. 나무도, 바위도 모두 자기에게 친숙한 동물원의 화려하게 색칠한 것들로 봅니다. 낯선 세계에 대한 자신감을 가지는 방식이자 샘슨이 그만큼 인간의 세계에 길들여져 있다는 증거지요. 아무튼 샘슨은 사자 원래의 용맹과 우렁찬 포효로 죽음의 위기에 처한 아들을 구합니다. 그 과정에서 아들도 한번도 못한 사자로서의 용맹을 보여주지요. 결국 참된 자신의 모습은 어디서 태어났다는 데 있지 않고 마음속에 있음을 이 영화는 보여줍니다.

앞서 만들어진 〈마다가스카〉도 아주 비슷합니다. 사자 알렉스와 그의 친구들인 얼룩말 마티, 기린 멜먼, 임신한 하마 글로리아 역시 태어나 한 번도

동물원 밖에 나간 적이 없지요. 늘 조련사들이 던져주는 맛있는 고기를 먹고 그들의 따뜻한 보살핌을 받아온 야생 상실의 '온실' 동물들이지요. 이번에는 친구인 얼룩말이 사고를 치지요. 호기심 많은 몽상가 마티가 펭귄들의 도움을 받아 도시 속의 자유로운 야생의 삶을 경험해 보기 위해 담을 넘습니다. 알렉스와 멜먼, 글로리아가 그를 데려오기 위해 뒤쫓아 가지만 곧 사람들에 의해 생포됩니다.

그런데 뜻밖에도 그 소동을 야생으로 가려는 것으로 판단한 사람들이 '진정한 자유'를 되찾아주기 위해 그들을 아프리카행 배에 태웁니다. 그러나 그것조차 뜻대로 안 되지요. 같은 배에 탄 펭귄들이 북극으로 가자며 선장을 포박하는 소동을 일으키는 바람에 4인조를 실은 상자가 바다에 빠져 엉뚱하게도 미지의 섬 마다가스카 해변에 닿게 됩니다. 이때부터 '야생'이라고는 경험해본 적이 없는 이 '뉴욕 토박이'들은 의 눈물겨운 탈출기가 시작됩니다.

이들 역시 〈와일드〉의 5총사 다르지 않습니다. 알렉스는 밀림의 왕자로서의 본능을 전혀 갖고 있지 않습니다. 그래서 잔뜩 겁을 집어 먹은 채 어떻게든 뉴욕의 동물원으로 돌아올 생각만 하지요. 그런 그를 마티는 비웃지요. 그러나 여기서도 용기는, 야수의 본능은, 어디에서 태어났든, 어디서 무엇을 하며 자랐든 결코 사라지지 않으며 마음속에 있음을 보여줍니다. 그것은 진정한 용기가 필요할 때 다시 나타난다고 말합니다. 마티가 위기에 처하고 밀림의 힘이 약한 동물들의 도움이 필요하자 알렉스 역시 사자의 본능을 발휘합니다.

본능의 가치를 확인하라

동물이 본래의 본능을 되찾으려는 모습을 그린 다른 애니메이션으로는 영국의 닉 파크라는 감독이 만든 점토 애니메이션 '치킨런'이 있지요. 양계장의 닭들이 새의 본능을 살려 하늘을 날아 탈주를 시도하는 이야기이지요.

무대는 1950년대 영국의 어느 닭 농장. 주인인 트위디 여사는 몇 년간의 계란 판매 끝에 닭으로 치킨파이를 만들어 파는 사업을 시작하기로 결심합니다. 모든 닭들이 곧 닭요리 식탁에 오를 자신들의 처지를 한탄하며 공포에 떨고 있을 때, 암탉 진저는 나름대로 탈출계획을 세우지만 성공하지 못합니다. 그때 록키라는 미국 수탉이 나타납니다. 그는 진저에게 날 수 있는 방법을 가르쳐주겠다고 합니다. 오래 전에 날개가 퇴화해버리고, 사람들에 의해 하루 종일 닭장에 갇혀 사료나 먹으며 밤에도 환한 전깃불에 잠도 안 자며 열심히 계란만 낳던 닭들에게 야생의 본능은 이미 사라진 지 오래입니다. 새면서도 날지 못하는 새인 닭들은 그러나 피나는 노력 끝에 마침내 하늘로 날아오릅니다.

동물의 야생본능찾기를 감동적으로 그린 우리 소설도 있습니다. 황선미 씨의 장편동화 '마당을 나온 암탉'이지요. 그 암탉의 이름은 잎싹이지요. 양계장에서 사료나 먹으며 알이나 쑥쑥 낳아주는 그런 편안한 삶을 살던 그는 병아리를 품으려고 생각을 하지요. 그런데 안타깝게도 그는 알을 제대로 낳지 못하게 되지요. 이상하게 껍질이 없는 알을 낳게 되고, 털도 빠지고, 시름시름하자 주인은 그가 병들었다고 생각하고는 구덩이에 버리지요. 그러나 잎싹은 죽지 않고 청둥오리의 도움으로 그곳을 빠져나옵니다. 이제는 더 이상 알을 낳지 못하는 잎싹은 어느 날 청둥오리가 알을 낳고는 족제비에게 잡아먹히자 대신 알을 품어 아기 청둥오리 초록머리를 부화시킵니다.

그리고 그 초록머리가 하늘로 높이 날아오르는 것을 보고는 따라 날아가고 싶다고 생각합니다. 그것 또한 그의 소원이기 때문이지요. "한 가지 소망이 있었지. 알을 품어서 병아리의 탄생을 보는 것. 그걸 이루었어. 고달프게 살았지만 참 행복하기도 했어. 그 소망 때문에 오늘까지 살았던 거야. 이제는 날아가고 싶어. 나도 초록머리처럼 훨훨, 아주 멀리까지 가보고 싶어"라고 말하지요. 그러면서 날개를 퍼덕거려보지요. 그는 후회를 하지요. 그동안 왜 한 번도 연습을 하지 않았는지. 어린 초록머리도 저 혼자 서툴게 시작했는데. 그는 그때야 깨닫지요. 날고 싶은 것, 그건 또 다른 소망이라는 사실을, 아니 소망보다 더 간절하게 몸이 원하는 것이라는 사실을. 바로 야생의 본능을 깨닫게 된 거지요. 그러나 늙고 힘이 없는 잎싹은 날지 못합니다. 그리고 기꺼이 족제비의 먹이가 됩니다. 그 족제비 역시 자신이 그랬던 것처럼 자식을 위해 필사적으로 먹이를 찾아 헤매는 '부모'로서의 마음을 갖고 있다는 것을 알기 때문입니다.

본능은 '자유'이다

그럼 〈와일드〉의 친구들은 앞으로 어떻게 살아갈까요. 그들에게는 두 가지 선택이 있겠지요. 다시 뉴욕의 안락한 동물원으로 돌아오거나, 아니면 또 다른 밀림을 찾아가든가. 영화는 어느 쪽인지 분명하게 말해주지 않습니다. 영양떼 두목인 블라그를 무찌른 샘슨은 친구들과 다른 동물들을 데리고 화산 폭발 직전의 섬을 떠나 배에 오릅니다. 그리고 영화는 그들을 바다 한가운데 남겨두고 끝이 납니다. 여러분은 그들이 어디로 가길 바라나요? 그 이유는 무엇인가요?

본능을 잃고 살며, 그것을 되찾아보고 싶은 동물이 어디 〈와일드〉의 사자나 〈마다가스카〉의 얼룩말 뿐일까요? 우리가 어루만지고 사랑해주고, 그러기 위해 심지어 본성은 물론 크기와 모양까지 마음대로 바꾸어버린 애완동물들. 그들과 함께 지내면서 행복해하는 인간들 역시 이미 오래 전에 본능을 잃어버린 처지가 아닐까요? 인간들 역시 편안하고 안락하게 길들여져 살고 있습니다. 컴퓨터 게임은 밖에서 뒹굴고 뛰어다니는 우리의 본능을 억제시키고, 편리한 도구는 손과 발의 힘을 줄어들게 만들고, 부드럽게 익힌 음식은 우리의 턱과 치아를 약하게 만들어버렸습니다. 아파트의 편리함에 인간들은 스스로를 가두어놓았지요. 도시의 문명은 우리로 하여금 불편해서 하루도 들판에서는 지내지 못하게 만들어버렸습니다. 바쁘게 돌아가는 도시의 삶은 우리를 자연의 시간에 여유롭게 순응하지 못하게 만들었습니다.

그렇게 해서 인간이 얻는 것이야말로 〈와일드〉와 〈마다가스카〉의 동물원 친구들이 가진 편안함과 다를 바 없을 것입니다. 그것만이 행복이라고 자신 있게 말할 수 있습니까. 물론 동물원을 떠나 야생으로 돌아간 동물들은 과거에 비해 이루 말할 수 없이 힘들고 위험하고 불편하겠지요. 그러나 그건 어디까지나 우리 인간들의 생각입니다. 너무나 문명에 길들여진 인간의 기준으로 그들을 보는 것이지요.

미니멀리즘을 실천하며 사는 사람들이 있습니다. 모든 것을 최소한으로 해서 사는 방식이지요. 도시문명을 떠나 산골에서 불도 전기도 기계도 최소한 사용하고, 농사일도 하루 4시간 정도 먹고 살 식량을 얻을 만큼만 하는 생활이지요. 아마 원시시대에는 다른 야생동물과 마찬가지로 인간도 그렇게 살았을 것입니다. 남보다 많은 재산과 돈을 모아 문화생활을 하기 위해 노력할 필요도 욕심도 없었을 것입니다. 그들이 이렇게 사는 이유는 '자유'를 위해서 입니다. 자유 또한 인간의 중요한 본능이지요. 그것을 희생하고 보다 높은 문화와 편리한 생활을 위해 우리 현대인들은 도대체 하루 몇 시간 일하고 공부하는 노예가 되어가고 있는 건가요.

동화에 대한 동화의 반란

슈렉

감　독 / 앤드류 아담슨
제작국가 / 미국
제작연도 / 2001년(1편), 2004년(2편), 2007년(3편)
메　모 / 제1편이 54회 프랑스 칸느영화제 경쟁부분에
　　　 장편 만화영화로는 23년 만에 진출할 만큼 호평을 받
　　　 은 작품이다.

세상에서 가장 못생긴

초록색 괴물 〈슈렉〉은 미남, 미녀만이 주인공이 되는 동화의 고정관념을 뒤
엎습니다. 장편 만화영화 〈슈렉〉 역시 동화와 많이 다르지만, 아름다운 공주
와 백마 탄 왕자의 디즈니 애니메이션 틀을 뒤엎는다는 점에서 닮은꼴입니
다. 나는 아름다운 공주, 백마 탄 왕자에 얼마나 빠져 있는가? 디즈니 애니
메이션에 얼마나 길들여져 있는가?

　우리가 태어나 가장 먼저 들은 이야기는 어떤 것일까요? 글자도 알기 전
부터 우리는 여러 가지 이야기를 듣고 자랍니다. 옛날에는 그것이 할머니가
들려주는 전래 동화나 전설이었죠. 그러나 언제부터인가 그 이야기는 외국

영화에 나오는 아이들처럼 침대 머리맡에서 어머니가 읽어 주는 서양동화로 바뀌었습니다. 〈신데렐라〉나 〈잠자는 숲속의 공주〉를 듣고, 우리는 스스로 공주가 되어 동화 속 백마 탄 왕자님을 상상하고, 꿈속에서 그 왕자를 만나기도 했지요. 공주는 언제나 예쁜 드레스를 입고, 긴 머리에 아름다운 얼굴을 하고 있습니다. 또 왕자는 어떻습니까? 노랑 머리에 하얀 얼굴에 키가 큰 그야말로 몸짱의 미남으로, 용감하고 너그럽기까지 합니다.

디즈니 애니메이션은 우리의 그러한 꿈들을 아주 구체적인 모습으로 다가오게 했습니다. 아름답고 환상적인 만화는 동화 속 세계를 더 큰 꿈과 동경의 세상으로 만들었지요. 디즈니가 자랑하는 고전명작 〈신데렐라〉〈인어공주〉〈백설 공주〉〈미녀와 야수〉 등을 보며 우리는 생각했습니다. '잘생기고 예쁜 얼굴을 가지는 것이, 가난한 백성보다는 귀족이나 왕족이 되는 것이, 이 세상에서 가장 행복하게 살 수 있는 길이다'라고.

현실에서도 이런 모습은 많습니다. 우리 주변을 한번 돌아보세요. 여자들은 아름다워지기 위해서 자신의 육체를 마음대로 뜯어고칩니다. 날씬한 몸매를 위해서라면 고통스런 수술도 마다하지 않고 굶주림도 참아냅니다. 그리고 이제는 그런 사실을 떳떳하게 밝히기까지합니다. 텔레비전이나 잡지는 잘생기고 예쁜 것이 최고의 행복이라며, 늘 그렇게 '잘난' 스타들을 소개하기에 바쁩니다. 기업에서조차 여자는 물론 남자까지도 능력보다는 이왕이면 '잘 생긴' 사람을 뽑으려 합니다. 그래서 어느새 못생긴 것이 거의 죄악시되는 세상, 딸이 키가 작다고 부모를 원망하고, 그 원망에 키 작은 부모들이 가슴 아파해야 하는 세상. 왜 이렇게 됐을까요? 혹시 어릴 적부터 어머니가 들려주는 동화를 통해, 아니면 디즈니 애니메이션을 통해 그렇게 길들여졌기 때문은 아닐까요?

외모지상주의의 세상

어머니는 동화를 읽어주며 이렇게 말합니다. "그래, 우리 딸도 신데렐라
처럼 예쁘지." 디즈니 애니메이션을 보고 나서 아버지는 "야, 백설공주가 꼭
우리 딸 같네."라고 말해줍니다. 아이는 그렇게 믿습니다. 자신이 정말 백설
공주처럼 예쁘고, 또 그렇게 예뻐야만 멋진 왕자를 만날 수 있고, 예쁘지 않
으면 아무런 삶의 의미도 없을 것이라고. 그래서 나중에 커서 자신이 신데
렐라나 백설공주 아니라는 사실을 알았을 때, 아이는 절망합니다. 자신의
외모를 위해서라면 수단과 방법을 안 가리는 아름다움의 노예가 됩니다.

한번쯤이라도 이런 의문을 가져봅시다. 왜 야수가 미녀와 사랑을 이루기
위해서는 꼭 멋진 왕자로 변해야 하지? 그냥 야수인 채로 미녀와 사랑을 할
수는 없을까? 세상의 모든 동화, 심지어 우리의 옛날이야기까지 '그 징그러

운 뱀이 알고 보니 아주 예쁜 아가씨였단다' 라는 식일까? 왜 예쁘면 마음씨
도 곱고 똑똑하고, 못생기면 질투심도 많고 미련하고 어리석다고 생각할까?
동화 속 이야기들이 다 옳은 것일까?

　이런 의문을 가진 많은 사람들이 디즈니 애니메이션을 비판합니다. 안데
르센 동화가 가진 잘못된 가치관을 더욱 환상적인 그림과 음악으로 치장해,
그것을 아이들에게 무의식적으로 심어준다고 말이지요. 그러나 아이들의
가치관을 이론적 분석이나 말로 부수기란 쉽지 않습니다. 언제나 말보다는
글이, 글보다는 영상이 전달력이 강하지요. 〈슈렉〉 역시 그것을 잘 알고 있
기에 디즈니 애니메이션에 대한 비판을 똑같은 '강력한 수단' 인 재미있는
애니메이션을 통해 이야기합니다. 눈에는 눈으로 대항한 것이지요. 원작
〈슈렉〉도 물론 동화입니다. 미국 작가 윌리엄 스타이그의 작품이지요. 영화

는 그러나 주인공과 공주 피오나, 당나귀 동키 등을 이용해 이전의 동화와는 다른, 새로운 이야기를 만들었습니다.

괴물 슈렉이 혼자서 조용히 살고 있는 성 밖 늪지대에 어느 날 동화 나라 식구들이 쳐들어옵니다. 그들은 다름 아니라 지금까지 디즈니 애니메이션에서 주인공이었던 신데렐라, 피노키오, 백설공주 등으로, 파콰드 영주에게 쫓겨난 것이었습니다. 자기생활을 방해받은 슈렉은 수다쟁이 당나귀 동키와 함께 파콰드 영주와 담판을 지으러 그의 성으로 찾아갑니다. 그런데 일이 이상하게 꼬이면서 슈렉은 파콰드 영주로부터 한 가지 제안을 받습니다. 불을 뿜는 용이 지키는 성에 갇힌 공주 피오나를 구해서 데리고 오면, 그의 늪 지대를 돌려주겠다는 것이지요. 결국 용의 성을 향해 길을 떠난 슈렉은 위험을 무릅쓰고 피오나를 구해 데리고 옵니다. 그러는 사이 슈렉과 피오나는 서로 사랑하게 되지요.

통쾌한 가치관 뒤집기

줄거리만 보면 지금까지 보아 온 디즈니 애니메이션과 다를 게 없습니다. 망설이던 두 사람이 마침내 결혼한다는 결말까지 같습니다. 여기에 마지막으로 슈렉이 멋진 왕자님으로 변하면 그야말로 〈미녀와 야수〉지요. 그러나 〈슈렉〉은 우리의 이런 고정관념을 멋지게 배반해 버립니다. 디즈니에 대한 멋진 반란. 이것은 1편에서 처음 슈렉이 '옛날에 아름다운 공주님이 살고 있었는데, 공주님의 얼굴은 눈처럼 고왔으며……' 로 시작하는 동화책을 북북 찢어 화장지로 사용하는 것에서 분명히 드러납니다. 그리고 그것은 슈렉의 행동을 통해 계속됩니다. 슈렉은 지저분한 진흙으로 샤워를 하고, 물 속에서 방귀를 뀌어 물고기들을 질식시키고, 입 냄새 때문에 접근하기조차 싫은 그런 존재입니다.

공주는 어떤가요? 아름답고 청순하게 생겼지만 그 속엔 숨겨진 진실이 있지요. 그녀는 일부러 침대에 자는 척 누워서, 자기를 구하러 온 '백마 탄 기사' 슈렉이 '잠자는 숲 속의 공주' 이야기처럼 자기를 키스로 깨워주기를 기대합니다. 그러나 말도 안되는 기대죠. 〈슈렉〉은 기존의 동화의 모든 공식을 깨버립니다. 공주는 더 이상 연약하고 보호 받아야만 하는 존재가 아닙니다. 피오나 공주는 숲에서 로빈 후드 일당을 만나자, 멋진 액션으로 순식간에 그들을 때려눕혀버립니다. 그녀는 이른 아침 나뭇가지에 앉아 있는 새와 음을 높여 가며 노래를 부르다 새의 몸이 터져버리자, 그 둥지에서 알을 꺼내 프라이를 만들어 먹습니다.

다른 등장인물들도 지금까지의 동화에서 보여주었던 고정된 틀을 깨버립니다. 레드 드레곤(불 뿜는 용)이 당나귀인 동키에게 사랑을 느껴 함께 살려고 한다거나, 어떠한 기적 없이 못생긴 얼굴 그대로 서로 사랑하게 되는 슈렉과 피오나는 분명 디즈니에 대한 반격입니다. 그리고 동시에 우리의 고정 관념, 잘못된 가치관에 대한 비웃음입니다.

그 비웃음은 2편에서도 계속됩니다. 신혼여행에서 돌아와 피오나 공주의 부모님인 '겁나 먼 왕국'의 해롤드 왕과 릴리안 왕비로부터 저녁식사를 초대 받은 슈렉. 아내인 피오나 공주, 친구인 당나귀 '동키'와 함께 왕국을 찾아갑니다. 그러나 괴물 사위와 못생겨진 딸의 모습에 실망과 분노를 느낀 해롤드 왕은 요정계 대모의 도움을 받아 공주와 슈렉을 갈라놓기 위한 작전을 벌입니다. 1편에서 공주를 구하러 갔으나 슈렉보다 한 발 늦어 피오나 공주와 결혼 못한 잘생긴 차밍 왕자가 바로 그 요정계 대모의 아들입니다. 그래서 대모는 둘을 갈라놓고 이번에만은 꼭 아들을 공주와 결혼시켜 왕국을 차지하려고 합니다. 급기야 슈렉을 죽이기 위해 특급 킬러인 '장화 신은 고양이'가 나타납니다. 그러나 슈렉과 피오나는 우여곡절을 겪긴 하지만 결코 잘생긴 왕자나 공주로 변하지도, 서로 헤어지지도 않습니다. 원래 모습 그대로 부부로 살게 되지요.

새롭게 보이는 동화세계

2편은 바로 그런 헤롤드 왕이 사는 궁전을 현실에서 비슷한 생각에 빠져 사는 곳으로 풍자를 했습니다. 허황된 꿈의 공장인 할리우드, 소비와 외모 지상주의의 대명사로 불리는 미국의 명품거리 베버리 힐스를 베껴왔습니다. 값비싼 제품으로 유명한 베르사체, 알마니, 아베크롬비 & 피치 등의 패션 브랜드들과 스타 벅스, 베스킨 라빈스 등을 본뜬 가게들이 즐비하게 나오지요. 이를 통해 영화 〈슈렉〉은 우리의 문화와 사회가 얼마나 바보스럽게 변해가는지를 깨닫게 해줍니다. 3편에서 슈렉이 아내인 피오나 공주의 아버지인 헤롤드 개구리 왕이 죽자 왕위계승을 거부하고 원래 살던 늪으로 돌아가 세 아들과 사는 것 역시 일종의 풍자이지요. 왕이란 엄청난 권력보다 자유스런 삶이 낫다는 것이지요.

〈슈렉〉의 최고의 장점은 그것을 심각하게, 아니면 어렵게 이야기하지 않고 아주 쉽고 유쾌하다는 점입니다. 그래야 디즈니만큼이나 설득력을 얻을 수 있으니까요. 쉽고 효과적인 이야기 방법은 또 있습니다. 바로 패러디와 엽기적 유머지요. 〈슈렉〉은 디즈니 애니메이션뿐만 아니라 수많은 인기 영화들을 능숙하고 기발하게 패러디해 웃음을 크게 했습니다. 1편에서는 〈매트릭스〉나 〈와호장룡〉 〈미녀 삼총사〉를, 이어 2편에서는 〈미션 임파시블〉 〈반지의 제왕〉 〈마스크 오브 조로〉 〈스파이더맨〉 〈에이리언〉 〈고스터버스터즈〉 〈터미네이터〉 〈가위손〉 등 무수한 작품들의 명장면이 변형돼 나옵니다. 3편에서는 마법학교와 빗자루 타기의 〈해리포터〉, 말하는 나무의 〈반지의 제왕〉에 아더왕, 후크 선장까지 등장시킵니다.

그리고 벌레가 덕지덕지 붙은 거미줄로 솜사탕 만들기, 뱀과 개구리 배에 바람을 불어넣어 풍선 만들기 같은 엽기적 행동들을 유머로 풀어내 풍자의 재미와 맛을 잃지 않게 합니다. 어찌보면 황당하고 어이없는 애니메이션에 전세계가 난리를 치며 통쾌해 하는 이유는 우리는 지금껏 보고 들어온 동화에 대해 불만이 그만큼 컸으며, 우리 스스로 솔직하지 못했기 때문일 것입니다.

〈슈렉〉은 어쩌면 동화야말로 인간의 본질적인 아름다움을 해칠 수도 있다고 말합니다. 왜 예쁘고 멋진 사람만이 늘 주인공이 돼야 하나요. 그들의 사랑만이 고귀하다고 생각하나요. 순수하고 아름다운 마음을 사랑하는 인간의 착한 모습은 어디로 갔나요. 〈슈렉〉을 보고 나면 처음엔 괴상하고 징그럽던 슈렉이 사랑스러워집니다. 이전의 공주들과는 다른 모습의 피오나도 아름답습니다. 물론 그렇다고 〈슈렉〉이 이 세상의 영원불변의 아름다운 가치까지 마구잡이로 뒤집어버리지는 않았습니다. 바로 '가족'이지요. 그 이유를 3편에서 슈렉은 이렇게 말합니다. "모든 이야기에는 양면성이 있기에 우리의 억울함은 아무도 모른다. 그러니 우리만의 해피 엔딩을 만들자"고. 〈슈렉〉은 그런 마음으로 세상의 모든 것들을 사랑하라고 가르치고 있는지도 모릅니다.

원작도 읽어보세요

슈렉 | 윌리엄 스타이그 지음, 조은수 옮김, 비룡소 펴냄

아프리카에도 동화와 전설은 있다

키리쿠와 마녀, 키리쿠 키리쿠

감   독 / 미셸 오슬로
제작국가 / 프랑스
제작연도 / 1998년(키리쿠와 마녀)
          2005년(키리쿠 키리쿠)
메   모 / 영국국립영화연구소(BFI)가 '14세 이하의 아이
          들에게 보여줘야 할 영화 10편' 중의 한 편으로 뽑음.

우리는 많은 편견과

오류를 가지고 있습니다. 가난하면 아둔하고 세련되면 똑똑하다, 백인은 뛰어
나고 흑인은 미개하다, 착하면 성실하다는 등. 물론 그럴 수도 있습니다. 하지
만 그것은 두 가지가 우연히 겹쳐진 것일 뿐, 이것이 서로 연관을 가지거나 비
교기준이 같은 성질의 것은 아닙니다. 이렇게 상관관계가 없는 두 가지를 묶
어 하나로 판단해버리는 것을 심리학에서는 '상동효과'라고 말합니다.

피부색에 관한 한 흰색이 우월하다는 생각 역시 백인사회가 만들어낸 편
견입니다. 그 편견은 그들이 일찍이 과학과 산업의 발달을 이룩하고, 세계
를 지배하면서 시작됐습니다. 기독교의 **선민사상**도 한몫을 했습니다. 자본

선민사상

자신들이 다른 민족들 가운
데 특별히 하느님께 선택된
민족이라고 믿는 것. 특히 유
대인들이 이런 생각을 가졌
었다. 인종차별의 원인이 되
기도 한다.

주의를 그대로 받아들였듯, 우리는 이러한 서구의 편견도 그대로 받아들여, 알게 모르게 흑인 하면 우리보다 지능이 낮거나 사고력이나 상상력이 빈곤한 존재라고 생각합니다. 영화 〈나의 결혼원정기〉에서도 말했듯 인종차별도 결국 거기에서 나오는 것이지요. 텔레비전의 영향도 큽니다. 월드컵 축구로 많이 달라지기는 했지만, 미국에서 제작한 다큐멘터리는 아프리카를 '동물의 왕국' 쯤으로 상상하게 만들고, 그곳 사람들 역시 동물에 가까운 원시인으로 취급하게 만들었습니다.

몇 년 전에 인터뷰를 하러 만난, 한류의 주역 영화배우 이영애씨는 이렇게 말했습니다. "난민구호활동을 위해 아프리카의 에티오피아에 가서 아이들을 만나보니, 너무나 순수하고 상상력도 많고 생각도 다양했다. 우리가 그들이 가난하다고 불쌍하고 못났다고 생각하는 것이 얼마나 잘못된 것인지 알았다."

또 하나 있습니다. 2001년 아프리카 상업영화로는 한국에서 처음 극장에서 개봉한 〈야바(할머니)〉는 아프리카의 한 마을에 사는 소년과 마녀라고 낙인찍혀 마을에서 추방당한 할머니의 우정을 다룬 이야기였습니다. 소년은 아버지와 마을 사람들의 경고와 반대에도 불구하고, 그녀와 친할머니와 손자처럼 친하게 지냅니다. 소년은 웃옷을 입지 않았으며, 할머니도 가슴을 드러낸 채 다닙니다. 그러나 이 가난하고 배고픈 소년은 이웃을 사랑하고 어른을 공경하며, 할머니에 대한 마을 사람들의 편견을 순수한 마음으로 씻어 줍니다. 어쩌면 그들이야말로 우리가 이웃도 모른 채 너무나 각박하게 살면서 잃어버린 소중한 것들을 가지고 있는지 모릅니다.

아프리카의 깜찍한 동화

〈키리쿠〉는 아프리카를 무대로 한 애니메이션입니다. 아프리카를 무대로 한 영화는 이전에도 있었습니다. 〈아웃 오브 아프리카〉나 〈사하라 사막〉 같은 것들입니다. 그러나 〈키리쿠〉는 서양인 시각으로, 서양인 주인공이 정말 사람이 살 수 없는 곳으로 묘사된 아프리카에서, 미개한 아프리카인들 때문에 위험에 처하거나, 그곳을 무대로 전쟁을 벌이는 영화와는 전혀 다릅니다.

우선 〈키리쿠〉는 모든 주인공이 아프리카인들이고, 그들의 이야기를 합니다. 감독을 맡은 프랑스 애니메이션의 거장 미셸 오슬로는 여섯 살 때 아프리카 기니로 가서 열 두 살까지 살았습니다. 아프리카라고 동화가 없으며 아름다운 전설이 없을까요. 초등학교 교사였던 그의 어머니는 아마 아프리카 동화나 전설에 관심이 많았을 터이고, 그래서 수집한 것을 어린아들인 미셸에게 들려주었을 것입니다. 그리고 미셸은 그 이야기를 기억하고 있다가 어른이 되어서 애니메이션으로 만들었습니다.

어머니가 먼저 미셸에게 들려준 〈키리쿠와 마녀〉 이야기는 이렇습니다. "아프리카 어느 오두막에 배가 부른 여자가 있었단다. 아이를 밴 거지. 그런데 뱃속의 아이가 말을 하는 거야. '엄마 나 좀 밖으로 내보내줘요.' 엄마는 대답했지. '엄마 뱃속에서 말할 수 있는 아이는 세상에도 혼자 나올 수 있어.' 키리쿠는 그 말을 듣고 스스로 어머니 뱃속에서 나왔지. 그리고는 엄마에게 '씻겨 주세요'라고 했지. 그러자 엄마는 또 '혼자 나온 아이는 혼자 씻을 수 있지'라고 말해 주었어. 손가락 세 개 만한 작은 아이 키리쿠는 끊임없이 엄마에게 물었어. '아버지는 어디 있어요? 삼촌은 어디 있어요?'라고. 엄마는 그때마다 마녀 카라바가 잡아갔다고 대답했어. 키리쿠는 그 길로 아버지와 삼촌을 구하러 길을 떠났지. 그러나 나무인형 같은 물신을 거느린 마녀를 당해낼 수 없었어. 마녀는 마을 우물을 말라버리게 했고, 황금을 바치라고 강요했으며, 마을 남자들을 모두 잡아가 버렸지."

〈키리쿠와 마녀〉는 이렇게 시작합니다. 키리쿠는 위험을 무릅쓰고 지혜로운 사람(현자)인 할아버지를 찾아가 마녀가 왜 사악해졌는지에 대한 이야기를 듣습니다. 그리고는 누구도 접근하기를 무서워하는 마녀를 찾아가 그녀의 등에 박힌 가시를 뽑아 마을 사람들을 구하고, 본래의 착한 모습으로

돌아온 마녀와 결혼해서 행복하게 살았다는 것으로 끝을 맺습니다. 어떻습니까. 우리 할머니들이 "옛날 옛날 어느 마을에……"로 시작하는 전설이나 서양의 동화와 다르지 않지요?

7년 만에 돌아온 〈키리쿠 키리쿠〉도 마찬가지입니다. 〈키리쿠와 마녀〉에서 보여주지 못했던 어린 키리쿠의 모험이 재미있게 펼쳐집니다. 마을 사람들이 일구던 텃밭이 들짐승의 습격으로 엉망이 되자 키리쿠는 특유의 날쌘 발과 재치를 이용해 그들을 물리칩니다. 그러나 마을에서 외따로 떨어진 키리쿠를 마녀 '카라바'가 해치려 하자 얼른 지나가는 기린의 머리에 올라타 아프리카 여행을 시작합니다. 천진한 키리쿠의 귀여운 모습, 꾸미지 않은 대사가 무척이나 사랑스럽습니다.

사랑과 평화를 원하는 아이

〈키리쿠〉는 세계 여러 나라의 이야기들과 마찬가지로 동화적이고 전설적인 요소들을 다 가지고 있습니다. 마녀라는 미신적 요소가 있고, 어린이의 용기와 모험과 정의감, 순수와 용서, 지혜가 있으며, 어머니의 사랑이 있습니다. 마녀 '카라바'의 음모로 마을에 어려움이 생길 때마다 키리쿠는 '안되는 건 없다'는 특유의 긍정적 사고로 문제를 해결해냅니다. 키리쿠는 세상에서 가장 작고 어리지만 용감한 영웅으로 신나는 모험을 마다하지 않습니다.

그는 어떻게 하면 마녀 카라바를 속일까 지혜를 짜냅니다. 그는 삼촌 모자 속이나 어머니의 옷자락 속에 숨기도 하고, 나뭇잎으로 새처럼 위장해 할아버지가 사는 산 너머까지 가기도 합니다. 어머니는 어린 키리쿠의 위험한 모험을 허락하며 아버지의 단검을 주기까지 합니다. 모험 도중에 스컹크와 멧돼지, 뱀 등을 만나지만 용기와 지혜로 물리칩니다. 물론 위험에 처한 다람쥐를 도와 주는 착한 일을 하는 것도 잊지 않습니다.

〈키리쿠〉는 자연친화적입니다. 동물과 인간이 대립하거나 서로 죽이지 않습니다. 키리쿠는 자기를 공격하는 새와 마을 텃밭을 엉망으로 만든 들짐 승조차 쫓아버리기만 합니다. 마녀 카라바도 사실은 마을 사람들을 잡아먹은 것이 아니라, 마법을 걸어 물신으로 만들었을 뿐입니다. 영화는 미움보다는 이해와 사랑으로 세상을 봅니다. 그것은 키리쿠가 "카라바는 왜 그렇게 못됐죠? 심술 궂죠?"라고 질문을 하는 것에서, 그녀에게 복수를 하기보다는 그 원한의 원인을 찾아 풀어줌으로써 모두 함께 잘살기를 바라는 데에서도 나타납니다.

당연히 폭력적이지 않지요. 마녀조차 폭력을 쓰지 않으며, 키리쿠 역시 카라바를 죽이지 않고 그녀의 아픈 곳을 고쳐 착한 사람으로 돌아오게 합니다. 물신이 된 마을 남자들 역시 모두 다시 인간이 돼 마을로 돌아옵니다. 키리쿠가 카라바의 입맞춤으로 갑자기 청년이 되어 그녀와 함께 마을로 돌아왔을 때, 마을 사람들은 처음에는 크게 분노하지만 키리쿠의 할아버지가 와서 "용서할 줄 알아야지" 하고 말하자, 카라바를 키리쿠의 아내이자 자신들의 이웃으로 맞아들입니다.

〈키리쿠〉는 정답고 즐겁습니다. 현란한 색깔, 빠른 화면, 컴퓨터그래픽의 입체적인 영상을 자랑하고, 선악이 분명한 디즈니 애니메이션이나 주로 미래사회의 전쟁을 소재로 하는 일본 SF 애니메이션과 달리 원색으로 아기자기하게 그린 동화책 같습니다. 검은 피부에 땅은 검누런색이고, 풀과 하늘은 푸른색으로 강하게 대비시켜 사실적이면서도 환상적 아름다움을 가지게 했습니다. 프랑스 특유의 색채를 살짝 입혔지만 〈키리쿠〉는 아프리카의 정서를 그대로 담았습니다. 발가벗고 다니는 귀여운 모습의 키리쿠가 그렇고, 상체를 드러낸 채 다니는 여인들의 모습이 그렇습니다.

키리쿠의 존재가치
〈키리쿠〉에서는 디즈니 애니메이션의 매끈하고 환상적인 음악 대신 단조

롭지만 흥겨운 노래와 춤이 나옵니다. 키리쿠가 위험에 처한 아이들을 구하자 "키리쿠는 우리를 구했다네. 키리쿠는 작지만 힘이 세지. 마음도 비단결. 작지만 우리 가족이야. 현명하지"라고 노래하며 춤 추고, 키리쿠가 샘에서 다시 물이 나오게 하자 마을 사람들은 엉덩이를 흔들며 아프리카 특유의 발짓으로 춤을 춥니다.

용감하지만 잔인하지 않고, 지혜롭지만 이기적이지 않으며, 정의롭지만 남을 용서할 줄 아는 자세. 엄지 손가락 세 개 만한 아주 작은 아프리카 꼬마 키리쿠는 아프리카 인들에게도 이런 인간이 가진 가장 아름답고 소중한 것이 있으며 그것을 가르치고 그것을 지키려는 전통이 있다는 사실을 말해 줍니다. 키리쿠에게서 그것을 느끼려면, 피부색은 다르지만 아프리카인들을 우리와 같은 존재로 받아들이려면, 먼저 스스로의 편견에서 벗어나야 합니다. 디즈니와 일본 애니메이션에 너무나 빠져버린 문화의 편식을 고쳐야 합니다.

그런데 아직도 우리는 디즈니의 환상과 일본만화의 오락성이 주는 달콤한 맛에서 헤어나지 못하는 것 같습니다. 이 영화를 낯설어하고, 그냥 아프리카를 무대로 한 별난 애니메이션 쯤으로 여겨 안 본 사람이 많은 것을 보면. 그러나 우리와 달리 프랑스에서는 〈키리쿠와 마녀〉의 경우 〈뮬란〉과 〈이집트 왕자〉의 관객수를 앞지른 160만 명을 동원했고, 유럽 전체에서는 600만명이 이 영화를 봤습니다. 〈키리쿠 키리쿠〉 역시 2005년 프랑스에서 〈해리포터와 불의 잔〉〈나니아연대기-사자, 마녀, 그리고 옷장〉과 같이 개봉해 조금도 밀리지 않고 2주만에 100만 명을 돌파해 아프리카의 작은 고추 키리쿠의 매운 맛을 보여주었습니다. 더구나 〈키리쿠와 마녀〉는 프랑스 앙시라는 도시에서 매년 열리는 세계 최고의 애니메이션 페스티벌에서 최우수 작품상까지 받았습니다. 보면 볼수록 따뜻한 휴머니즘을 느끼게 하는, 충분히 그럴 만한 영화이지요.

08 상상력

외계인에 대한 우리의 생각과 불안

우주전쟁

감　독 / 스티븐 스필버그
제작국가 / 미국
제작연도 / 2005년

　　　　　　　　　　　　　　　　　　　　　'외계인' 하면 먼저
어떤 이미지가 떠오릅니까. 머리는 문어처럼 생긴 괴물? 아니면 흉측한 파
충류? 끈적끈적한 피부에 징그러운 모습을 한 생명체? 그러면서 난폭하고
우리보다 무기가 발달해 좀처럼 무찌를 수 없는 존재?

　이런 이미지는 사실 소설과 영화가 만들어낸 것이지요. 실제 우리는 그
어떤 외계 생명체도 본 적이 없습니다. 혹시나 있을지 모르는 외계 생명체
를 찾아내기 위해 인간들은 가까운 달에서부터 저 멀리 화성, 금성에까지
인공위성을 쏘아 보내보지만, 생명체가 있을 가능성이 있다는 흔적만 겨우
발견할 뿐, 살아 있는 생명체를 발견하지는 못했습니다. 그래도 인간은 외
계 어딘가에 분명 생명체가 있을 것이란 믿음을 버리지 못하고 있습니다.

이 드넓은 은하계, 수많은 위성이 모두 생명체가 없는 죽은 별이라고는 생각할 수가 없지요. 그 수많은 별들 중 지구만이 유일하게 생명체가 사는 곳이라는 것도 이상합니다.

당연히 이 우주 어디에는 지구의 생명체와는 다른 모습이겠지만, 생명체가 존재할 것입니다. 단지 우리 인간의 능력으로는 도저히 확인할 수 없을 뿐입니다. 과학으로 증명하지 못한다고 존재하지 않는다고 말할 수 없지요. 우주는 우리가 모르는 불가지(不可知)의 세계이니까요. 그래서 더욱 우리의 상상력을 발휘하게 만들지요.

그런데 왜 우리는 외계의 생명체에 대해 부정적인 이미지를 만들어내고 있을까요. 물론 그렇지 않은 경우도 있습니다. 아직도 많은 영화나 코미디에서 패러디되고 있는 외계인과 인간이 서로 검지 손가락을 맞대는 장면으로 유명한 스티븐 스필버그 감독의 1982년 영화 'E. T'(The Extra Terrestrial)가 있지요. 이 외계 생명체는 커다란 눈에, 긴 목을 가진 착하고 순한 동물이지요. 예외적인 작품을 제외하면 대부분 영화나 소설에 나오는 외계인은 인간이 상상할 수 있는 최대한의 끔찍하고 잔인하고 징그러운 모습이지요. 그들은 무자비합니다. 인간을 무자비하게 공격하고, 지구를 자기들 영토로 만들려고 합니다. 그들은 우리보다 훨씬 뛰어난 기술과 무기를 가지고 있습니다. 그들을 물리치는 것은 우리의 첨단 무기도, 강력한 군대도 아닙니다. 뛰어난 과학자도 아닙니다. 인간만이 가지고 있는, 우리가 하찮게 생각하는 것들이나 존재조차 모르는 평범한 소시민입니다. 그리고 지구는 반드시 지켜지지요.

'외계인'을 다룬 영화의 특징

어디 팀 버튼 감독의 1996년 작품 〈화성침공〉부터 볼까요. 이 영화의 외계인은 화성인입니다. 얼마 전 우주탐사선이 그곳을 조사한 결과 생명체가 없다는 것을 확인했지만, 여전히 우리에게 가장 가깝게 느껴지는 외계는 화성이지요. 어느 날 그 화성인이 지구에 옵니다. 머리가 크고, 뇌의 주름이 그대로 보이는 초록색의 동물이지요. 미국 대통령은 평화를 원한다는 그들의 말을 믿고 그들을 영접할 준비를 합니다. 그러나 평화를 원한다며 지구를 찾아온 화성인들은 환영 나온 미국의 장군과 사람들을 무참히 죽여버립니다. 그래도 멍청한 미국 대통령은 그 원인이 언어의 차이로 인한 오해라고 판단해 그들과 재교신을 시도합니다. 미국 국회의사당에서의 사과연설을 요청한 화성인들은 이번에는 국회의사당을 잿더미로 만듭니다. 그리고 급기야 화성인들은 지구인으로 위장해 대통령 부인은 물론 파괴와 파멸을 피하고 공생 번영을 하자는 대통령까지 죽여버립니다. 세계는 파괴와 악몽의 도가니가 됩니다. 그런데 이게 웬일입니까. 지구를 삼켜버릴 듯한 기세로 설치던 화성인이 갑자기 맥없이 죽어가는 게 아닙니까. 그것도 머리통이 통째로 터지면서 말입니다. 알고 보니 어이없게도 옛날 유행가 때문이었습니다. 리치라는 할머니가 즐겨 듣던 노래의 리듬이 화성인에게는 치명적인 살상 무기였습니다. 이 곡을 전세계 방송국에서 틀자 화성인들은 섬멸되고 맙니다.

같은 해에 나온 또 다른 영화 '인디펜던스 데이'(감독 롤랜드 에머리히)도 한번 볼까요. 미국 독립기념일을 이틀 앞둔 7월 2일, 하늘이 이글이글 불타오르고 땅이 격렬히 흔들리더니 직경이 무려 550km, 무게가 달의 4분의 1이나 되는 거대한 괴비행물체가 나타나더니 태양을 가리고, 지구는 공포에 휩싸입니다. 거대한 비행물체는 가공할 위력의 불기둥으로 뉴욕의 마천루와 워싱턴의 백악관, 이집트의 피라미드를 순식간에 잿더미로 만듭니다. 거리의 자동차들도 휴지조각이 됩니다. 사람들은 당황하여 숨을 곳을 찾지만 도망칠 곳은 아무데도 없습니다. 지구를 완전히 파괴하려는 외계인에 맞서 핵무기까지 사용하지만 괴비행물체는 끄덕하지 않습니다. 여기서도 이들을 물리치는 사람은 일개 대위인 스티븐이란 흑인이고, 외계인의 공격과 방어 통제망을 무너뜨리는 것도 우리의 컴퓨터에 있는 바이러스입니다.

인류의 불안한 미래 상상

이런 외계인의 지구 침공에 대한 고전에 해당하는 소설이 바로 〈우주전쟁〉입니다. 〈타임머신〉 〈투명인간〉 등 유명한 공상과학소설을 발표한 영국의 H.G 웰스(1866~1946)가 1898년에 썼지요. 과학기술 지상주의로 치달아 인류의 문명이 비약적으로 발전하던, 백 년 전인 19세기말에 그가 이런 소설을 쓴 이유는 뭘까요. 웰즈가 보기에는 결코 인류의 미래는 행복한 것만은 아닐 것이라는 거지요. 그리고 인간이 이 지구상에서는 가장 뛰어날지 모르지만, 어느 날 그보다 더 똑똑한 외계생명체에 의해 지배를 당할 수도 있다는 것이지요. 팀 버튼 감독의 또 다른 영화 〈혹성탈출〉에서 인간의 실험도구로밖에 취급받지 못하던 침팬지가 인간을 지배하는 것처럼 말입니다. 여기에는 인간이 가장 우월한 동물이며 우주의 지배자라는 오만, 다른 생명체와의 조화로운 공존보다는 모든 것을 독점하려는 인간의 탐욕에 대한 비판도 담고 있지요.

영화 〈우주전쟁〉은 소설을 바탕으로 할리우드 흥행의 귀재인 스티븐 스필버그 감독이 영화로 만든 것입니다. 20여년 전 우리에게 예쁘고 귀여우며 상냥한 미지의 생명체 〈E.T〉를 창조해냈던 감독이 이번에는 정반대의 외계인을 만든 셈이지요. 이에 대해 감독은 "지금이 〈우주전쟁〉을 보여줄 가장 좋은 때다. 정말로 무서운 미지의 생명체가 나오는, 정말로 무서운 영화를 만들면 재미있겠다고 생각했다. 엄청나게 큰 사건을 대항하는 인간 본성의 기본적인 요소들, 이를테면 우리 자신들이 가지고 있는 공포와 생존에 대한 본능과 기지를 보여주고 싶었다"고 말했습니다. 그는 또 이 영화를 생존과 함께 아이들을 안전하게 지키려는 아버지에 관한 이야기라고 했습니다. 하

필이면 21세기 초에 그는 이런 생각을 했을까요. 아마 외계인의 침공이란 상상할 수 없을 만큼의 위협 앞에서도 아버지는 자식을 위해서는 최선을 다하는 위대한 존재이고, 지금 우리는 그 아버지를 잃어가고 있다는 감독의 생각 때문은 아닐까요.

소설과는 약간 다른 초점을 가지고, 무대를 미국으로 옮겼지만 이 영화 역시 앞에서 말한 외계인 영화의 공식을 하나도 벗어나지 않습니다. 먼저 외계인의 위력은 어마어마합니다. 머리만 아주 큰 문어 같은 외계인은 인간보다 훨씬 똑똑합니다. 그들이 조종하는 커다랗고 다리가 셋인 로봇무기가 순식간에 모든 것을 재로 만듭니다. 그들이 지구를 침공한 것은 자신들의 생존을 위해서지요. 그들에게 인간은 식량이지요.

영화는 아내와 이혼하고 아무 희망 없이 살아가는 부두 노동자 레이가 아들 로비와 딸 레이첼을 지키기 위해 필사적으로 도망가는 악몽의 과정을 오싹하게 그리고 있습니다. 그는 외계인에 대항할 특별한 능력도 힘도 가지고 있지 않은 평범한 사람입니다. 그러나 아이를 지켜야 한다는 집념이 그를 끝까지 살아 있게 만듭니다. 그리고 마침내 농장 지하실로까지 딸과 함께 쫓겨 들어갑니다. 여기에서 레이는 위험한 한 남자를 만나지요. 바로 오길비라는 사람입니다. 그는 외계인에게 가족을 잃고 충격을 받고는 농장 지하실에 숨어 지냅니다. 그 역시 소설에서 목사가 '하느님의 침공이 하느님의 벌'로 생각하듯, 아주 위험한 생각으로 레이 부녀를 위험에 빠뜨립니다. 결국 위험 속에서도 냉정한 자세와 지혜를 발휘한 레이 부녀만 살아 남게 되지요. 그리고 레이는 외계인들이 왜 지구를 침공했는지도 알게 됩니다.

인류의 진짜 무서운 적은?

이쯤 되면 이제 우리의 영웅 '레이'가 지구를 지키기 위해 나서야 하지요. 할리우드 영화는 늘 이렇게 평범한 미국 시민을 영웅으로 만들어 미국이 위대한 나라이며, 지구를 지키는 나라라고 말해왔으니까요. 그러나 〈우주전쟁〉은 우리의 이런 기대를 저버립니다. 오히려 레이는 더 이상 견딜 수 없어 모든 것을 포기하려 합니다. 그 순간, 그는 로봇이 저절로 쓰러지고, 그 안에서 로봇을 조종하던 외계인 역시 모두 죽어가고 있는 것을 발견합니다. 아슬아슬한 마음으로, 그리고 마지막 멋진 대결을 기대하던 관객들로서는 궁금하면서도 맥이 빠지는 순간이지요.

영화 역시 지금까지의 현란한 액션과 긴장된 모습과는 어울리지 않게 한마디 설명으로 끝냅니다. 외계인들을 몰살시킨 주인공은 다름아닌 인간의 몸 속에 있는 미생물인 박테리아라는 것입니다. 외계인들은 박테리아에 면역이 되어 있지 않아, 인간의 피를 빨아 먹고나서는 감염이 돼 모두 죽었다는 것이지요. 한 옛날 노래 가락이 화성인을 물리쳤듯, 〈우주전쟁〉에서도 외계인을 물리친 것은 인간의 지혜도, 기술도 아닌 지구상에서 가장 보잘 것 없는 작은 생명체였습니다.

왜 이처럼 인간은 외계인에 대해 공포를 갖는 걸까요. 그것은 인간이야말로 최고 우등한 동물이고, 지구야말로 가장 살기 좋은 곳이고, 이곳이야말로 주인은 인간이라는 생각 때문입니다. 그래서 늘 불안한 것이지요. 우주 어딘가에는 인간보다 더 지능이 발달한 생명체가 있어 그들이 이 살기 좋은 지구를 정복하면 어떡하나 하는 두려움. 인간 역시 자신보다 못한 지구의 온갖 생명체들을 기술문명으로 무자비하게 정복해 주인이 됐으니까요.

한낱 미생물에 불과한 박테리아가 지구를 구한다는 결말은 바로 스스로 지구의 주인이라고 생각하는 인간에 대한 일종의 조롱이자, 무시무시한 경고이지요. 지구의 진짜 주인은 영화 〈은하수를 여행하는 하이커를 위한 안내서〉에서 처럼 생쥐일지도 모릅니다. 그리고 외계인이 그렇듯, 우리 인간에게 가장 무서운 적은 초록색의 화성인도, 강력한 로봇을 조종하는 머리 큰 세 발의 외계인도 아닐지 모릅니다. 아주 작은, 인간이 보기에는 생명체의 초기단계에 불과한 미생물이 가장 무서운 적일 수도 있습니다. 조류독감의 원인인 조류인플루엔자(AI)를 한번 보십시오. 특히 이 바이러스가 야생 조류보다는 집단 사육하는 닭이나 오리에게 치명적인 것은 과학이 그들을 인간에게 가장 효율적인 먹이 제공의 대상으로 만들어 온 탓에 AI에 대한 면역체계가 전혀 없기 때문이라고 어느 생물학자는 말합니다. 인간 역시 그들과 크게 다를까요. AI가 변이과정을 거쳐 공기를 통해 인간에게 전염된다고 한번 상상해 보십시오. 정말 오싹합니다. 거기에 비하면 외계인은 아직 멀고 먼, 그리고 여전히 영화에서나 나오는 공포에 불과하지요.

이 영화도 보세요

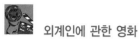

외계인에 관한 영화

- 맨 인 블랙 1~3(베리 소넨필드 감독, 1997년, 2002년, 2012년)
- E.T(스티븐 스필버그 감독, 1982년)
- 화성침공(팀 버튼 감독, 1996년)
- 인디펜던스 데이(롤랜드 에머리히 감독, 1996년)
- 혹성탈출(팀 버튼 감독, 2001년)
- 스피시즈(로저 도널드슨 감독, 1995년)
- 고무인간의 최후(피터 잭슨 감독, 1987년)

이 책도 읽어보세요

타임머신 | G. H 웰스 지음

선·악의 이분법과 선·악의 양면성

반지의 제왕

감　독 / 피터 잭슨
제작국가 / 뉴질랜드, 미국
제작연도 / 2001년(반지원정대), 2002년(두개의 탑), 2003
　　　　　 년(왕의 귀환)
메　모 / 시리즈 3편 모두 아카데미영화상 작품상 후보
　　　　　 작에 올랐었고, 3년에 걸쳐 3편에서 모두 17개 부문을
　　　　　 수상했다. 영국신문 '더 선' 선정 역사를 바꾼 위대한
　　　　　 10대 걸작 영화.

2001년 겨울,

처음 우리를 찾아온 〈반지의 제왕〉은 세계의 많은 영화 팬들에게 즐거움을
선물했습니다. 촬영자이자 감독인 피터 잭슨의 고향인 뉴질랜드는, 이 영화
로 그 나라 최고 수출품인 양털의 1년 수출액의 절반이나 되는 돈을 벌어들
였다고 합니다. 영화산업의 위력이 얼마나 대단한지를 증명하는 것이기도
하지요. 더구나 1편의 결과를 보지 않고 한꺼번에 세 편을 동시에 만든 〈반
지의 제왕〉 시리즈는 세계 영화사상 흥행에서, 작품의 완성도에 있어서도
최고의 걸작으로 기록되고 있습니다.

　무엇이 이처럼 〈반지의 제왕〉을 판타지 영화의 제왕으로 우뚝 서게 했을

J. R. R. 톨킨

1892년 1월 3일 남아프리카 공화국 블룸폰테인에서 태어나 네 살 때 영국으로 와 옥스퍼드대에서 영문학을 전공했다. 졸업 후에는 문헌학자이자 언어학자로서 1959년까지 이 대학에서 교수로 재직했다. 1936년 〈베어울프〉에 이어 1937년에는 고대 북유럽 신화를 상상력과 연결시킨 동화 〈호빗〉을 출간하였다. 이어 〈호빗〉에 영감을 얻어 〈반지의 제왕〉을 기획해 12년 만인 1954년 〈반지원정대〉와 〈두 개의 탑〉을, 이듬해 〈왕의 귀환〉을 출간하였다. 1925년부터 계속해온 신화연대기 〈실마릴리온〉을 편집하다 완성하지 못하고 1973년 9월 2일 세상을 떠났다.

까요? 1편이 나온 후, 1년씩 기다려 3편까지 본 사람이라면, 그 이유를 조리 있게 설명하진 못하더라도 충분히 느낄 수는 있을 것이라 생각합니다. 하나는 우선 원작인 J. R. R. 톨킨의 소설이 가진 상상력입니다. 모든 소설이나 영화는 상상력을 바탕으로 이야기를 꾸밉니다. 그 상상력의 대부분은 인간의 삶이나 과학, 기술의 테두리 안에서 이뤄지지요.

그러나 〈반지의 제왕〉은 다릅니다. 인간세계에만 머물지 않고 상상력을 신화와 전설의 세계와 자연 전체로 넓힙니다. 그 결과 세상은 우리가 상상할 수 있는 경계선을 뛰어넘습니다. 땅에는 인간세계만이 존재하는 것이 아닙니다. 같은 인간이라도 주인공 프로도(엘리야 우드)처럼 난쟁이인 호빗 족이 있고, 요정이 살며, 반은 짐승 반은 인간의 모습을 한 오크 족도 존재합니다. 간달프(이안 맥켈런)와 같은 마법사도 있고, 숲 속의 엔트 족인 나무 수염도 살고 있습니다. 물론 악의 존재도 있습니다. 불의 산을 중심으로 세력을 뻗치고 있는 악의 군주 사우론과, 그의 밑에 있는 마법사 사루만(크리스토퍼 리)이 그들이지요. 우주나 다른 별이 아니라 우리가 살고 있는 이 지구에 신비감과 현실감을 동시에 가진 '중간대륙'이라는 미지의 땅이 존재한다는 상상도 흥미롭습니다.

마치 고대 그리스와 로마 신화를 보는 듯하지요. 사실 그리스 로마 신화 역시 인간이 만들어낸 상상이며, 오늘날 우리가 수많은 고대 유물로 접하는 그 신화의 형상과 흔적들, 소설처럼 흥미진진한 그들의 이야기 역시 인간의 상상이 만들어 놓은 것들이지요. 호머의 〈일리아드〉와 〈오디세이〉(자세한 내용은 영화 〈트로이〉 편을 참고하세요) 같은 것이 그 대표적인 예이지요. 그런데 〈반지의 제왕〉은 그 신화와 인간과 자연의 상상력을 모든 게 불가사의해 보였던 고대가 아닌 첨단 과학이 지구뿐 아니라 우주의 신비까지 모두 밝힌 20세기에 쓰여졌다는 것이 더욱 우리를 놀라게 합니다.

상상력에도 과학성이 필요하다

단지 상상력만 기발하다고 해서 재미있는 것은 아닙니다. 아무리 마음대로 그릴 수 있는 상상의 세계라고는 하지만 나름대로 그럴 듯해야지요. 상상력의 과학성이라고나 할까요. 그 점에서 〈반지의 제왕〉은 대단합니다. 거짓인 상상력을 아주 짜임새 있게 구성해 놓았습니다. 그리고 비록 가상의 세계지만 마치 그곳이 실제로 존재했거나, 존재하거나, 존재할 것처럼 느끼게 합니다. 거짓인 줄 알면서도 마치 현실처럼 느끼게 하는 공간과 이야기, 이것이야말로 판타지 영화의 생명이지요.

이렇게 그럴듯한 상상력을 과학적으로 짜놓은 〈반지의 제왕〉 속 세계. 그곳에서 가장 흔하고 단순하지만 가장 흥미롭기도 한 선악의 대결이 펼쳐집니다. 바로 절대 반지를 차지해 중간대륙을 암흑으로 지배하려는 사우론과, 그 반지를 '불의 산'에 던져 파괴함으로써 중간 대륙의 자유를 지키려는 다양한 종족들의 대결이지요.

누가 절대 반지를 '불의 산'으로 가지고 갈 것인지 의논하는 자리에서, 작고 힘없는 호빗 족의 청년 프로도가, "제가 가겠어요. 제가 그 반지를 가져갈게요"라고 용기 있게 외칩니다. 그러자 마법사 간달프가 그를 보호하겠다고 나섭니다. 곤도르 왕국의 직계 후손인 최고의 전사 아라곤(비고 모르텐슨)과 보로미르(숀 빈)도 칼을 들고 일어섭니다. 북쪽의 요정 엘프족의 왕자 레골라스(올랜도 블룸)도 활을 들고 싸울 것을 맹세합니다. 난쟁이족의 전사 김리(존 라이스 데이비스)와 프로도의 호빗 족 친구들도 기꺼이 함께 가겠다고 합니다.

이렇게 해서 9명으로 구성된 '반지 원정대'는 사우론이 있는 모르도르의 '불의 산'으로 향합니다. 그런데 그 사이 원정대의 후원자인 마법사 간달프가 땅굴의 악마 발로그와 싸우다 지하세계로 떨어져버리고, 보로미르 역시 죽습니다. 그리고 반지 원정대는 뿔뿔이 흩어지게 되지요. 프로도는 샘과

함께 반지를 갖고 길도 모르는 채 '불의 산'으로 향합니다.

1편인 〈반지 원정대〉는 중간대륙과 그곳에 사는 다양한 종족, 그리고 그들이 하나로 모여 반지 원정대를 구성하는 과정을 보여주는 서막(어떤 일의 시작)이라고 할 수 있습니다. 2편인 〈두 개의 탑〉은 그들이 본격적으로 중간대륙을 지배하려는 악의 화신 사우론과 그의 하수인(남의 명령을 받아 직접 악행을 저지르는 사람) 사루만, 사루만의 괴물 군대와 싸우는 이야기입니다. 그리고 마지막 3편 〈왕의 귀환〉은 사우론의 군대가 인류를 멸망시키기 위해 대규모 전쟁을 일으키고, 반지원정대와 인간들이 필사적으로 이에 맞섭니다. 스미골이 왜 골룸이 되었는지도 보여줍니다. 그리고 악의 화신 '사우론'의 최후와 아라곤과 아르웬의 사랑, 프로도와 반지의 마지막 운명이 밝혀집니다.

절대 의지는 없다

절대반지의 영원한 파괴를 위해 '불의 산'으로 출발한 9명의 반지 원정대는 그들을 이끌던 간달프가 사라지면서 뿔뿔이 흩어집니다. 처음부터 그들이 임무를 완수하는 것은 불가능해 보였습니다. 게다가 사루만은 대규모 전쟁으로 중간대륙의 인간 세계인 로한 왕국을 무너뜨릴 준비까지 하고 있습니다. 이런 상황에서 7명으로 줄어든 반지 원정대는 하나 둘 위기에서 벗어나 각자 사우론에 맞섭니다. 아라곤 일행은 죽었다고 믿었던, 그러나 발로그와 싸워 이기고 더 강한 힘을 가진 백색의 마법사가 된 간달프를 만나 로한 왕국으로 달려갑니다. 메리와 피핀은 구사일생으로 살아나 나무 수염의 도움을 받게 되지요. 마침내 중간대륙의 운명을 건 전투가 시작됩니다. 아라곤 일행은 로한의 왕인 세오덴을 비롯하여 엘프족 병사들과도 힘을 합쳐 죽을 힘을 다하여 전쟁을 벌입니다.

골룸은 기회가 있을 때마다 프로도의 반지를 빼앗으려고 하고, 프로도 역시 악의 유혹에 이따금 흔들리는 가운데 사우론의 군대가 마침내 인간 종족을 멸망시키기 위해 마지막으로 곤도르 왕국의 수도인 미나스 티리스를 총공격합니다. 과거의 위대함은 사라진 채 그 명맥만을 유지해오던 곤도르 왕국은 이제 그 어느 때보다도 왕이 절실해 아라곤이 왕위를 계승하기를 바라고, 간달프는 필사적으로 흩어진 곤도르의 병력을 수습하고, 세오덴은 로한의 전사들을 모읍니다. 생애 가장 큰 전투와 엄청난 희생 속에서도 원정대는 프로도가 임무를 달성할 수 있게 돕습니다. 그러나 위험한 적의 땅을 가로질러 불의 산에 도착한 프로도는 반지가 끊임없이 자신의 의지와 인간성을 시험하자 결심이 흔들립니다.

〈반지의 제왕〉의 재미는 액션 장면에도 있습니다. 원시적인 실제 연기액션과, 인간의 힘으로는 도저히 흉내낼 수 없는 컴퓨터그래픽의 결합이 바로 그것이지요. 실제 연기가 액션에 생명력을 불어넣었다면, 컴퓨터그래픽은 시각적인 효과를 최고로 만들었습니다. 로한 왕국과 사루만 군대의 헬름 협곡(좁고 험한 골짜기) 전투와 마지막 사우론과의 대규모 전투는 그야말로 이 둘의 결합의 하이라이트입니다. 전문 대장장이를 동원해 500년 전 기술로 만들었다는, 5만 벌에 가까운 갑옷과 무기를 갖고 땀과 피를 튀기며 싸우는 장면은 숨을 죽이게 하지요. 그런가 하면 컴퓨터그래픽으로 연출한, 수만 병사들의 실제 사람과 똑같은 움직임이 액션의 규모를 한층 웅장하게 만들었습니다.

야누스, 인간 본래의 두 모습

〈반지의 제왕〉이 단지 오락물로서 만족한다면 이 정도로도 충분합니다. 이 영화를 남녀노소 모두 좋아하는 이유는 단순한 액션과 색다른 상상력에만 있는 것은 아닙니다. 그 속에 지금 우리가 살고 있는 사회와 인간의 모습을 비추고 있기 때문이지요. 그것이야말로 〈반지의 제왕〉이 현실과 동떨어

이분법

논리학에서, 어떤 대상을 단순히 둘로 나누어버리는 논리적 구분 방법.

진 황당한 판타지가 아니고, 어쩌면 우리가 모르는 역사이거나 세상 이야기일 수 있다는 상상을 하게 합니다. 그것은 이 영화에서 단순한 **이분법**을 부정하고 있기 때문입니다. '선한 인간은 무조건 선하기만 하다' 는 공식에 대한 부정 말입니다.

같은 인간 종족이면서 곤도르 왕국과 로한 왕국은 자신들의 이익 앞에 갈등하면서 통합하지 못합니다. 그것뿐만이 아닙니다. 주인공인 프로도 역시 비슷합니다. 절대반지를 끼도록 유혹하는 사우론에 대해 유일하게 저항할 수 있는 그 역시 점차 자신도 모르게 악의 유혹에 빠집니다. 비슷한 현상은 또 다른 판타지 영화 〈해리포터〉에서도 나타나지요. 〈비밀의 방〉에서 유일하게 악마 볼드모트의 목소리를 들을 수 있는 해리포터는 이렇게 말합니다. "어쩌면 볼드모트와 내가 닮은 것인지도 몰라"라고.

이 두 가지 사실은 프로도와 해리포터 역시 악의 유혹에 넘어갈 수 있다는 것이지요. 정의롭고 착한 인간 역시 악한 존재가 될 수 있다는 말이기도 하지요. 선한 인간이 악한 존재가 되는 것은 '변화' 가 아닙니다. 인간의 내면에 숨어 있는 양면성이 드러나는 것일 뿐이지요. 흔히 '야누스' 라고 말하는 인간의 선악 양면성이야말로 동전의 앞뒤와 같은 것입니다. 문제는 어느 쪽이 어느 쪽을 억누르느냐에 따라 전혀 다른 얼굴이 될 수 있다는 것입니다.

야누스

로마 신화에 나오는 문지기 신으로, 문의 앞뒤를 보는 두 개의 얼굴을 가지고 있음. 두 얼굴을 지닌 모습에 빗대어 이중적인 사람을 가리키기도 한다.

그것을 가장 상징적으로 보여 주는 존재가 바로 골룸입니다. 반지를 빼앗긴 뒤 계속 반지를 되찾으려고 발버둥치는 그는 프로도와 샘 일행을 뒤쫓다 붙잡혀 그들의 길잡이가 됩니다. 그에게는 '프로도를 도와야 한다' 는 마음과 '프로도를 죽이고 반지를 되찾아야 한다' 는 마음이 엇갈립니다. 그의 사악한 마음은 물론 절대 반지에 의해 악의 유혹에 한번 빠졌기 때문이지만, 원래 그의 마음속에 전혀 없었던 것은 아닙니다. 그리고 결국 그 욕심이 그를 죽음으로 몰고 가지요.

골룸이 점점 약해지는 프로도를 악의 구렁텅이로 빠뜨릴 것인가, 아니면 프로도의 용서와 착한 마음이 골룸을 구해 낼 것인가, 골룸의 정체는 뭘까, 그럼 스미골은 왜 골룸이 되었는가를 따라가는 것도 〈반지의 제왕〉을 더욱 재미있고 철학적으로 볼 수 있는 방법이지요. '반지 원정대'의 성공과 실패 가 단지 거대한 전쟁에 의해서만 결정되지 않았던 이유 또한 바로 여기에 있었는지도 모르지요.

이 영화도 보세요

 신화적 상상력과 판타지에 관한 영화

- 토르 : 천둥의 신 ┃ 지구로 추방당한 토르의 활약(케네스 브래너 감독, 2011년)
- 나니아연대기 ┃ 사자, 마녀 그리고 옷장(앤드류 아담슨 감독, 2005년)
- 그림형제 ┃ 마르바덴 숲의 전설(테리 길리암 감독, 2005년)
- 라비린스 ┃ 시간의 미로여행(짐 헨슨 감독, 1986년)

인간은 왜 마법을 꿈꾸는가

해리포터 1~8

감　독 / 크리스 콜럼버스, 알폰소 쿠아론, 마이크 뉴웰 등.
제작국가 / 미국
제작연도 / 2001~2011년
메　　모 / '해리포터와 마법사의 돌'에서 '해리포터와 죽음
　　　　의 성물 2부'까지 10년에 걸쳐 8편이 영화로 나온 21세
　　　　기 최고의 판타지.

　　　　　　　　인간은 왜 꿈을 꾸는 것일까요?

정신분석학자인 프로이트는 꿈은 인간의 무의식 혹은 욕망을 드러내는 것
이라고 했습니다. 인간은 현실에서는 이룰 수 없는 것들을 꿈이나 환상을
통해 이루려는 내면의 움직임을 가지고 있다는 것입니다. 그래서인지 오래
전부터 사람들은 꿈 꾸는 것 말고도 허구의 이야기들과 이미지들을 만들어
내는 일에 열중해왔습니다. 그중에서도 판타지 소설이나 영화들은 인간의
무한한 상상력에서 비롯된 가장 비현실적인 소망을 표현한 것이지요.

　몇 년 전 영국의 전설적인 그룹 '비틀즈'의 멤버였던 조지 해리스가 사망
했다는 소식에 1960, 70년대 그들의 음악을 사랑했던 전 세계 팬들이 슬퍼

했습니다. 가수 한 명 죽은 것 가지고 뭐 그렇게 난리냐고 말하는 사람도 있을 겁니다. 당연한 얘기죠. 지금의 젊은 세대들은 '비틀즈'와 그들의 음악이 20세기 후반 세계 문화사에서 얼마나 큰 비중을 차지하고 있는지 실감이 나지 않을 테니까요. 하지만 그 당시 그들의 음악은 지금의 인터넷게임만큼이나 젊은이들 사이에서 매우 큰 영향력을 발휘했습니다. 그래서 오랜 세월이 지난 지금도 영국은 비틀즈를 셰익스피어 이후 자신들이 낳은 최고의 문화라고 자부하고 있는 것이지요. 사실 위대한 예술가나 진정한 대중 스타 한 명이 갖고 있는 가치는 돈으로 계산할 수 없습니다. 한류스타 배용준의 인기나 몸값만 봐도 알 수 있지요. 더구나 문화는 단순한 상품이 아니라 그 나라의 정신이자 자부심이기도 하니까요. 그래서 영국은 '셰익스피어를 인도와도 바꾸지 않겠다'고까지 한 것입니다.

그런 영국이 21세기 시작에 또 하나의 중요한 문화유산을 얻었습니다. 바로 이름없는 신인 작가에 불과했던 조앤 K. 롤링을 일약 세계적인 베스트셀러 작가로 만들어 준 〈해리포터〉 시리즈입니다. 뜻밖이죠. 다분히 어린이들을 위한 판타지 소설 같아 보이는 이것이 또 한번 영국의 문화 위력을 과시하다니. 미국의 부모들이 아이들에게 이 책을 사 주기 위해 밤을 세워 기다렸으며 후속 시리즈가 나올 때마다 전세계 어린이들이 난리를 치고 있다는 뉴스를 들었을 것입니다. 〈마법사의 돌〉에서 〈혼혈왕자〉까지 지금까지 여섯 개의 시리즈가 나온 〈해리포터〉는 '이제는 인터넷, 영상시대. 활자문화의 시대는 끝났다'는 21세기에 20억권이 넘는 어마어마한 판매기록을 세웠지요. 비틀즈 이후 영국이 낳은 최대 문화 상품이라는 소리를 듣기도 하는 것입니다.

영화는 그 시리즈의 첫번째 이야기인 〈해리포터와 마법사의 돌〉을 시작으로 4편이 나왔고, 2007년에 5번째 작품인 〈불사조 기사단〉이 마지막으로 나왔습니다. 소설을 읽은 사람은 영상으로 살아 움직이는 상상력을 확인할 수 있고, 읽지 않은 사람은 흥미진진한 영화로 소설을 만날 수 있으니 〈해리 포터〉는 당연히 위력을 발휘할 수밖에요.

판타지는 인간의 욕망

늘 저질이나 너무 폭력적이다 해도 한국영화에서 조직폭력배가 나오는 '조폭영화'는 인기입니다. 〈친구〉가 엄청난 관객을 몰고 다녔는가 하면, 이제는 조폭이 고등학교에 학생으로, 교생으로까지 나옵니다. 한때 청소년들 사이에 '조폭'이 선망의 대상이라는 조사 결과가 나오기도 했지요. 이렇게 조폭영화가 유행처럼 번지고, 관객이 열광하는 이유는 '액션'이라는 영화 자체의 재미에도 있겠지만, 사회적인 이유에도 있습니다. 조폭영화는 다분히 현실적입니다. 현실에 민감하게 반응한다는 말입니다. 조폭은 불법적인 존재들입니다. 영화는 바로 그 사실에 주목합니다. 영화는 조폭들의 비극적인 모습을 통해 관객들로 하여금 스스로 도덕성을 일깨우고 도덕적 우월성을 확인하게 하기도 하지만, 더 큰 목적은 불법적인 그들을 통해 합법적인 틀 안에 안주하고 있는 모순을 공격하는 것입니다. 뭔가 잘못된 세상, 비뚤어진 세상을 가장 폭력적인 존재들이 통쾌하게 깨부숨으로써 대리만족을 주는 셈이지요. 만족도는 세상이 불공평하고, 불법이 판을 치고 있다고 생각하면 할수록, 그것을 바로잡을 희망이 없으면 없을수록 더욱 큽니다.

그렇다면 판타지는 무엇이고, 왜 사람들은 판타지 세계인 '해리포터'에 열광할까요? 판타지는 현실에서 도저히 불가능한 상상이나 욕망, 공포를 체험하게 해준다는 점에서 가장 영화적입니다. 우리는 영화를 통해 실현 불가능한 것들을 간접 경험하니까요. 그런 점에서 판타지는 조폭영화와는 달리 현실 도피적입니다. 알지 못하는 세계, 존재하지 않는 세계라는 점에서 무의식과 꿈의 표현일 수도 있습니다. 일종의 욕망이죠. 뭔가 현실에서 채워지지 않은 것을 판타지를 통해 경험해보는 것입니다. 〈마법사의 돌〉에서 꼬

마 해리포터는 현실에서 갖지 못한 어머니에 대한 간절한 사랑을 마법의 세
계를 통해 만납니다.

　판타지 영화 역시 현실이 초라할수록, 현실에서의 위기감이 클수록, 훨씬
더 불가능하고 화려한 세상으로 치닫고, 그런 세상에 사람들은 빠져 듭니다.
미국이 경제 대공황에 빠졌던 1930년대에 〈바그다드의 도적〉〈백설 공주와
일곱 난쟁이〉 등 판타지 영화들이 전성기를 누렸습니다. 지금 세계가 〈해리
포터〉 시리즈에 열광하는 것도 같은 현상이 아닐까요? '21세기 최악의 사
건'이라는 미국 뉴욕무역센터의 테러와 그에 따른 미국의 아프카니스탄에
대한 무차별 보복, 그것도 모자라 이라크까지 침공한 미국, 이스라엘과 팔레

스타인의 끝없는 분쟁. 그렇다면 한국에서의 '해리포터' 열풍도 그만큼 우리 사회가, 우리 어린이들이 뭔가 억눌리고 불안하다는 이야기일까요? 아니면 단지 어린이의 순수한 상상력이나 어른들의 어린 시절 향수일까요?

소설에 갇힌 영화

미국의 할리우드가 영화를 만들자고 제안했을 때, 원작자 조앤 K. 롤링은 두 가지 조건을 달았다고 합니다. 하나는 원작에 충실하라. 또 하나는 영국 배우를 써라. 그 조건은 아직까지도 그대로 지켜지고 있습니다. 〈불의 잔〉에서는 감독까지 영국 출신으로 바뀌었습니다. 비록 영화산업은 미국에 뒤져 제작을 맡기지만, 자기 나라의 것이라는 강한 자부심이 있다는 것이겠지요. 영화는 그의 요구에 충실했습니다. 할리우드의 상업적 상상력과 과장을 허락하지 않았지요. 소설을 읽고나서 영화를 보았다면 지금까지 만들어진 영화들이 이야기, 순서, 대사를 원작 그대로 따랐음을 금방 알 수 있습니다.

4만 명의 지원자 중에서 뽑은 주연 배우 다니엘 래드클리프는 소설책 표지에 그려진 해리를 그대로 닮았고, 그와 삼총사를 이룰 론 위즐리의 루퍼트 그린트와 헤르미온느의 엠마 왓슨도 소설 속 이미지에서 한 치도 벗어나지 않습니다. 셋은 몰라보게 키가 자라 꼬마 해리포터나 위즐리 모습에서 많이 변했지만 이후에도 계속 그대로 나오고 있습니다.

〈마법사의 돌〉은 이모 집에서 구박받으며 살던 해리포터가 마법학교에 들어가서 두 친구와 함께 영원한 생명을 준다는 신비의 돌을 지키는 이야기입니다. 앞서 이야기한 것처럼 고아로 이모의 집에서 구박받고 자라던 아이 해리포터에게 마법의 세계는 그야말로 판타지이죠. 〈마법사의 돌〉 뿐만 아니라, 이후 계속되는 모든 시리즈에서 영화는 호그와트 마법학교에서의 모험과 환상에 많은 시간을 줍니다. 그곳은 영국의 가장 고전적 공간인 성입니다. 오랜 역사, 세계 역사의 중심으로서 영국의 귀족적 자존심을 드러내는 공간이기도 하지요.

마치 과거로 여행하는 듯한 이런 공간과 분위기에서 영화는 다양한 캐릭터와 특수효과, 화려한 소품으로 환상을 연출합니다. 도깨비가 웃음을 주고, 풍성한 식탁이 눈을 황홀하게 하고, 컴퓨터 그래픽이 창조한 온갖 유령과 마술이 우리를 즐겁게 합니다. 마치 어린이 판 〈인디애나 존스〉의 무대를 공중에 옮겨 놓은 듯한, 빗자루를 타고 벌이는 신나고 스릴 넘치는 퀴디치 경기(럭비와 폴로를 혼합한 게임)가 그렇고, 세 아이가 마법의 돌을 찾으러 가는 길에서 벌이는 살아 있는 체스 판에서의 무시무시한 대결이 그렇고, 〈비밀의 방〉에서 사람을 얼어붙게 만드는 것이 그렇고, 〈불의 잔〉에서 가장 흥미진진하고 위험한 마법경연대회인 '트리위저드 대회'가 그렇습니다. 이처럼 실감나는 장면은 글로는 아무리 해도 표현할 수 없지요.

〈해리포터〉 시리즈는 이렇게 신나고 신기한 볼거리로 마법의 세계를 그려 내고 있습니다. 특수효과로 만들어 낸 캐릭터들이 진짜 살아 있는 것처럼 느껴지죠. 영화는 단순합니다. 〈마법사의 돌〉에서부터 원작에 나오는 내용을 생략해 스네이프 교수가 왜 해리포터를 못마땅하게 대했는지도 알 수가 없습니다. 여름방학이 지나가고 학년이 올라가고, 그에 맞춰 해리포터와 그의 세 친구가 눈에 띄게 컸는데도 영화는 늘 그 눈높이입니다. 어린이에게 맞췄으니 볼거리가 중요하다고 생각했을 수도, 아니면 이미 소설을 읽었으니 그래도 상관없다고 생각했을 수도 있습니다.

현실이 없으면 환상도 없다

주제도 간단합니다. 복잡하고, 뭔가 무시무시하고 비밀에 쌓인 이야기들이 펼쳐지고, 상대가 바뀌어도 해리포터의 목적은 어둠의 신, 악을 물리치는 일이지요. 거대한 뱀 바실리스크가 나오는 〈비밀의 방〉에서도, 사람의 영혼을 빨아들이는 디멘터가 등장하는 〈아즈카반의 죄수〉에서도, 그리고

〈불의 잔〉에서도 결국 해리 포트가 상대해야 할 대상은 악의 화신인 볼트모트이지요. 결국 아버지가 그랬던 것처럼 해리 포터 역시 '덤블도어의 군대'란 〈불사조기사단〉을 만들어 볼트모어를 없애는 것으로 길고 긴 〈해리포터〉 시리즈도 막을 내립니다.

　다만 변화가 있다면, 시리즈가 계속될수록 해리포터의 이미지가 조금씩 달라진다는 것이지요. 처음에는 어린, 그래서 순수한 영혼이었고, 단순한 어린 영웅이었지만, 그도 커가면서 결국에는 두려움을 안고 살며, 과거에서 벗어나고, 영웅 역할을 그만하고 싶어 하는 복잡한 마음을 가진 사춘기 소년으로 변하고 있습니다. 그래서 영화를 보고나면 "에이, 재미없어"라고 말하는 사람이 있는지도 모릅니다. 그것은 이미 소설로 판타지를 경험했기에 영화로 또 한번 같은 판타지를 반복한다는 것이 쉽지 않을 수도 있기 때문입니다.

'원작에 충실하라'는 조건은 영화 〈해리포터〉를 소설로부터 자유롭지 못하게 했습니다. 이것이 영화의 장점이자 약점이 되고 있지요. 글로 표현한 상상력을 영상으로 똑같이 확인하는 즐거움은 있지만, 소설을 뛰어넘는 영화적 상상력이나 변주는 차단된 셈입니다. 물론 원작의 뛰어난 판타지를 영상으로 살려 낸 것만은 틀림없지만요. 중요한 것은 그 영상이 소설의 판타지 세계의 모든 것이 아니라는 것입니다. 그것은 극단적으로 영화감독들의 상상력이죠. 그것을 보고 우리가 소설을 읽으면서 가졌던 상상력을 잃어버리면 안 됩니다. 각자 나름대로 상상한 마법의 세계를 간직하는 것이 중요합니다. 그렇지 않다면 영화가 오히려 우리의 상상력을 키워주는 것이 아니라, 빼앗아버리는 결과가 되니까요.

또 한 가지, 판타지는 어디까지나 판타지입니다. 그것은 결코 현실일 수도, 쉽게 현실이 될 수도 없습니다. 그렇기 때문에 그곳에 오래 머물 수 없는 것이지요. 그것에 취해 현실을 외면할 때 환상은 이미 환상이 아닙니다. 현실이 없이는 환상도 존재할 수 없기 때문입니다.

무협과 축구에 숨은 인간의 욕망

쿵푸허슬

감   독 / 주성치
제작국가 / 중국(홍콩)
제작연도 / 2004년
메   모 / 〈소림축구〉 팀이 3년 만에 다시 만든 코믹액션
극으로 홍콩 최고영화제인 금마장상에서 감독, 남우주
연, 여우주연 등 7개 부문을 수상했다.

소림축구

감   독 / 주성치
제작국가 / 중국(홍콩)
제작연도 / 2001년
메   모 / 주성치가 각본 감독 주연을 맡음.

'만약(if)'은 가정법입니다.

중학교에 들어가서 영어시간에 처음 이것을 배울 때, 왜 가정법 현재에 과거 동사를 쓰는지 이해할 수 없었습니다. 그래서 처음에는 무작정 외웠지요. '가정법 현재는 과거동사, be 동사는 were를 쓴다'는 식으로요.

현재를 이야기하는 데 과거동사를 쓰다니. 그 이유를 알기까지 한참이나 걸렸습니다. 그러나 가만히 생각해보면 당연합니다. 가정법은 현실이 아닙니다. 현실에 존재하지 않거나 불가능한 것에 대한 허망한 소망이지요. 더 정확히 말

하면 지난 것에 대한 아쉬움이나 후회나 상상입니다. 우리가 '내가 만약 ○○ 라면'이라고 하는 순간, 그것은 현실이 아니라는 말과 다르지 않습니다. '만약 에 클레오파트라의 코가 조금만 낮았다면 세계 역사가 달라졌을 텐데'라거나 '고구려가 삼국을 통일했다면 우리의 역사와 영토가 달라졌을 텐데'라는 식의 가정은 그렇게 되지 못한 역사와 현실에 대한 아쉬움의 표현입니다. '가정'은 일종의 욕망입니다. 이룰 수 없는 현실, 아니면 지금보다 나은 현실에 대한 상상이지요.

　영화는 그 상상을 채워주는 일종의 판타지 세계입니다. 영화는 우리가 'if'로 시작하는 모든 것을 현실인 것처럼 연출합니다. 미래우주사회도 우리 눈앞에 펼쳐지고, 현실에서 도저히 불가능한 사랑이나 행복도 영화는 만들어줍니다. 그것을 보고 우리는 그 세계가 마치 현실인 양, 그 주인공이 마치 나 자신인 양, 잠시 착각에 빠져 '가정법'의 세계를 경험합니다. 물론 영화라고 다 그런 것은 아닙니다. 현실을 현실보다 더 현실적으로 담은 작품들도 있으니까요. 그러나 1884년 프랑스의 뤼미에르 형제가 영화를 처음 만든 이후 지금까지, 영화는 인간의 수많은 상상력으로 채워지고 있습니다.

그것은 관객들의 성향에서도 잘 나타납니다. 미국에서 영화산업이 번창한 시기는 경제공황 때였습니다. 실업자가 쏟아져 나오고, 살기가 힘들어 마약이나 밀수 같은 범죄가 마구 일어나던 때에, 영화는 고통을 잊게 해주는 마약과도 같은 존재였습니다. 지금 영화를 가장 많이 만들고, 가장 많이 보는 나라는 인도입니다. 가난하고 고달픈 그들은 극장에서 역시 가난하고 비천한 주인공의 '고생'에 눈물을 흘리고, 그의 '성공'과 '행복'이 마치 자신의 것인 양 감격하고 즐거워합니다. 그것이 아무리 황당무계하더라도 말입니다.

가정법의 극단적 표현들

'황당무계'는 도저히 현실 불가능한 상상이면서 너무나 비논리적이어서, 어떤 환상이나 감정 이입의 대상이라기보다는 그냥 웃을 수밖에 없는 '가정법'입니다. 홍콩영화 〈쿵푸허슬〉과 〈소림축구〉는 정말 황당무계 그 자체입니다. '혹시라도 그럴 수 있다'는 가정을 송두리째 포기한 과장과 상상의 희극이지요. 그럼 그 실체를 한번 살펴볼까요.

먼저 인물. 〈쿵푸허슬〉에 나오는 인물들은 하나같이 황당합니다. 주인공인 싱(주성치)부터 농부 아주머니의 주먹 한방에 나가 떨어지는 약골이면서 온갖 허풍을 부리며 폭력조직에 들어가기 위해 발버둥칩니다. 더구나 어릴 때 거지로부터 황당한 부처님의 불공으로 천하무적이 된다는 무협비책 〈여래신장〉을 얻어, 그것을 연마해 동네아이들에게 써먹어봤지만 전혀 통하지 않아 모욕을 당합니다. 나중에 야수란 고수에게 실컷 얻어맞아 막혔던 혈이 터져 천하고수가 된다는 것 역시 황당합니다. 그의 조수인 물삼겹은 또 어떤가요. 칼 하나 제대로 던지지 못하는 위인입니다. 알고 보니 무림의 고수들이 모여 사는 돼지촌의 여주인 뚱녀나 그의 남편 비실배실이 평소 하는 짓이나 그들이 '사자후'와 '유들유들 영춘권'의 대가라는 사실도 그렇고, 거문고 가락으로 칼을 마구 날리는 '음공권'의 달인인 킬러 형제도 어이 없기는 마찬가지입니다.

이런 인물은 〈소림축구〉라고 다르지 않습니다. 홍콩 도심에 나타난 주인공 씽씽(주성치)은 도저히 지금 시대의 사람이라고 할 수 없습니다. 쓰레기 자루를 양 손에 들고 거지처럼 나타나 다짜고짜 사람들에게 쿵푸를 배우라고 떠듭니다. 만두집에서 일하는 여자 아매(조미) 역시 비슷합니다. 왕년의 축구 스타였지만, 계략에 빠져 다리를 다치고 거지처럼 사는 명봉(오맹달)은 또 어떻고요. 씽씽은 무쇠 다리입니다. 그가 하늘로 차 올린 축구 공은 한참이나 떠들고 마시고 한 뒤에야 내려옵니다. 그가 찬 공은 두꺼운 벽돌 담도 뚫어버립니다. 아매의 무술 역시 만만찮습니다. 장풍을 일으키고, 무공으로 만두를 절묘하게 빚어내지요.

씽씽이 축구 팀을 만들기 위해 찾아낸 그의 형제들(소림사에서 무술을 함께 배운 선후배들)도 황당하기는 마찬가지입니다. 무쇠보다 단단한 머리를 가진 형, 발차기가 특기이면서 이소룡을 닮은 형, 다리 회전에서 둘째 가라면 서러워할 동생, 뚱뚱하지만 새처럼 하늘로 날아오를 수 있는 동생 등. 물론 마지막 그들과 결승을 벌일 상대 선수들도 황당하기는 마찬가지입니다.

쿵푸와 축구의 진실

이들의 황당함은 인물 자체의 성격이 가진 것에서 나오기도 하지만 쿵푸라는 무술이 가진 특성에서 나오는 것이기도 하지요. 원래 영화나 무협소설에서 쿵푸는 그 자체가 과장입니다. 그 과장을 우리가 영화를 보는 동안 아주 실감나게 받아들일 수 있는 것은 그것이 현실이 아닌 '상상' 속에 간혀 있기 때문이지요. 무협영화, 무림의 세계 자체가 상상이라는 얘기입니다. 사람이 하늘을 날고, 엄청난 바람을 일으키고, 〈동방불패〉나 〈쿵푸허슬〉에서처럼 거문고 하나로 수많은 사람을 죽이는 과장된 무협은 이연걸이나 성룡, 앞서 이소룡이 보여준 무술과는 다릅니다. 인간의 몸으로 할 수 있는 기술이 아니라, 초인적인 것들이지요. 도끼파 두목이 "살인해봤어?"라고 묻자 싱이 "상상으로 많이 해봤어요"라고 말하듯, 무협은 정신적으로는 가장 우수하나 육체적으로는 날 수도 없고, 호랑이처럼 날쌜 수도 없는 인간의 욕망의 표현이지요. 그 욕망이 문학과 영화로 오면 무협이 됩니다. 〈쿵푸허슬〉은 다른 영화와 달리 그것을 코믹하게 그림으로써 그 '상상'에 더욱 솔직합니다.

그렇다면 〈소림축구〉는 어떤가요. 무림의 세계를 가장 육체적으로 현실적인, 흔히 우리가 가장 원시적인 운동이라는 축구로 끌어들였습니다. 다른 스포츠에 비해 왜 사람들은 축구에 열광할까요. 그것은 아마 발을 사용하기 때문일 겁니다. 손은 진화를 상징합니다. 네 발로 기어 다니던 인간이 일어서서 두 발만으로 다니는 직립보행의 상징이지요. 그런데 축구는 여전히 그 발에 의존합니다. 발은 부정확합니다. 그래서 의외의 결과가 벌어지기도 합니다. 센터링해 준 공이 1m만 낮았더라면 골인이 됐을 텐데, 시간이 1분만 더 있었더라면 이길 수 있었을 텐데. 하지만 그것은 어디까지나 가정입니다.

〈소림축구〉는 그 가정을 훨씬 뛰어넘어버립니다. 바로 쿵푸가 있기 때문입니다. 축구장을 만화 같은 세상으로 만들어버리지요. 축구공이 불덩이가 돼 날아가고, 한바탕 사나운 바람이 몰아쳐 골대가 날아가고, 골키퍼의 옷이 갈기갈기 찢어집니다. 새처럼 하늘을 날아 공중에서 대포알 같은 슛을 날리고, 얼마나 공이 강하고 빠른지 운동장이 두 쪽으로 갈라집니다. 그런데 사람들은 그 모습을 보며 즐거워하고 재미있어합니다.

황당함 속에 갖춘 진정성

이유가 무엇일까요? 그것이 현실이 아니라는 것을 이미 알고 있기 때문입니다. 현실에서는 도저히 불가능한 꿈의 욕망으로 받아들이기 때문입니다. 그것은 우리가 멜로영화에 빠져들어 그 주인공을 자신의 모습으로 대신하려는 욕망과는 비슷한 감정입니다. 어차피 현실이 아닌 것일 바에야, 차라리 더 황당하고 과장된 모습으로 대리만족을 해보자는 것이지요.

그렇다고 영화가 처음부터 끝까지 그 황당무계한 모습으로 간다면, 마지막에 사람들은 그것을 보고 웃었던 자신을 한심해할 것입니다. 〈쿵푸허슬〉도, 〈소림축구〉도 그것을 잘 알고 있습니다. 그래서 비록 황당한 이야기, 잠시도 진지함을 가지지 못하는 영화지만 그 속에 삶의 진실을 집어 넣었습니다. 바로 가난하고 소외된 사람들에 대한 연민과 그들의 아름다운 마음, 그리고 '선(善)'의 통쾌한 승리지요. 〈쿵푸허슬〉에서는 어린 시절 동네 아이들에게 놀림받는 자신을 지켜주려다 모욕을 당한 싱을 잊지 못하는 무지개 사탕의 주인공인 여자 퐁의 순수한 사랑의 마음과 이를 무시하다 마침내 그 사랑을 받아들이는 싱의 모습이 나옵니다.

〈소림축구〉에서도 주인공 씽씽(주성치)이 얼굴에 심한 흉터가 있는 아매에게 "당신은 아름다우니 자신있게 얼굴을 드러내라"고 말하고, 그의 말을 믿고 아매는 우스꽝스런 화장을 하고 나타나 씽씽에게 사랑을 고백합니다. 하나같이 홍콩사회에서 무시당하고 사는 씽씽의 형제들과, 원수 밑에서 업신여김을 당하며 목숨을 부지해야 하는 명봉. 〈소림축구〉는 그들에 대한 연민과 사랑으로 가득합니다. 그들에게 가진 자, 늘 잘난 체하며 남을 짓밟는 자에 대한 통쾌한 복수를 하게 합니다. 아주 단순한 선악의 이분법, 어이없는 반전과 해피엔딩에도 불구하고 그 진실이야말로 서민들의 마음을 대변합니다.

쿵푸에 배드민턴을 결합시킨 영화 〈소림 셔틀콕〉도 마찬가지입니다. 이름만 들어도 모두가 슬금슬금 피하던 은행강도 출신 라우단(정이건)이 배드

민턴 클럽을 만들고, 동네 골치 덩어리지만 배드민턴 실력만은 놀라운 가우사우(조시호)를 코치로 영입하고, 주변의 무시당하는 사람들을 끌어 모아 보란 듯이 챔피언에 도전하는 것도 같은 목적이지요.

또 하나. 중국인들의 정신과 자존심인 쿵푸는 이제 기억 속에서나 존재할 뿐입니다. 〈쿵푸허슬〉과 〈소림축구〉는 그것에 대한 향수이기도 합니다. 주성치가 생각하는 쿵푸는 자본주의에 물들어 가면서 점점 인간성을 상실해 가고 점차 왜소해져 가는 중국인의 기상을 되찾고, 가난한 중국인들의 자신감을 되찾는 것이기도 하지요. 그래서 거지는 또 다른 아이에게 무술책을 권하고, 씽씽은 홍콩 거리에서 "쿵푸를 배우자"고 외칩니다. 그렇더라도 〈쿵푸허슬〉이나 〈소림축구〉 같은 세상은 오지 않을 것입니다. 이룰 수 없는 욕망의 유쾌하면서도 슬픈 판타지인 셈이지요.

이 영화도 보세요

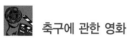 축구에 관한 영화

- 오프사이드(자파르 파나히 감독, 2005년)
- 레알(보르하 만소 감독, 2005년)
- 슈팅라이크 배컴(거란다 차다 감독, 2002년)
- 그들만의 월드컵(베리 스콜닉 감독, 2001년)

길은 '하나' 가 아니다

우리는 목표가 하나면 길도 하나라고 생각하고, 오직 그곳으로만 가야한다고 믿고, 강요하기도 합니다. 오직 지름길, 안전한 길, 편한 길, 넓고 멋있는 길이어야 한다는 강박이 다른 길의 존재를 무시합니다. 그러나 세상에는 많은 길이 있습니다. 압바스 키아로스타미 감독의 이란 영화 〈바람이 우리를 데려다 주리라〉에서 주인공 소년 베흐자드가 오래 전에 '학교가 두 군데가 아니라, 학교 가는 길이 둘"이란 말로 그것을 깨우쳐 주었지요.

빠르다고. 가깝다고, 넓다고, 편하다고 좋은 길은 아닙니다. 어떤 길이든 나름대로 가치와 아름다움이 있습니다. 먼 길을 돌아간다고, 험한 길을 걷는다고 틀린 것이 아니라 다른 선택을 했을 뿐입니다. 영화도 마찬가지입니다. 각자 선택하고 걸어가는 것입니다. 그 다양함이야말로 영화로 인간을 이해하고, 세상과 소통하는 최선의 방식입니다.

재미도 '하나' 가 아니다

〈14세 소년, 극장에 가다〉도 그렇게 시작했습니다. 14세 소년이 영화를 자기방식으로 재미있게 즐기고 이야기하자. 그런데 새삼스럽게 '영화를 이렇게 보세요' 라고 안내를 하겠다는 것 자체가 억지입니다. 굳이 변명을 하자면 그 '재미'를 좀더 넓게 보고, 만들도록 해주자는 것입니다.

우리가 특정 장르, 작품을 선택하는 첫 번째 기준은 '재미'입니다. 사회적인 이유도 있습니다. 주변사람들과의 대화와 동질감을 위해 1,000만명을 동원한 영화, 주변 친구들이 본 영화들을 보는 것도 그중 하나지요. 그러나 그 역시 재미가 없으면 즐거운 일이 아닙니다. 영화도, 독서도 즐겁지 않으면 노동입니다. 즐겁지 않으니 길이 보일 리 없고, 보이지 않으니 그 속으로 걸어 들어갈 수 없습니다. 당연히 재미있는 영화부터 봐야 합니다.

재미도 사람에 따라 천차만별입니다. 어떤 사람은 재미있다고 난리인데, 정작 나는 그 영화가 재미가 없고, 나는 가슴이 뭉클해 자꾸 듣고 싶은 클래식 음악이, 다른 사람은 시끄럽기만 하다고 꺼려하는 일도 비일비재 합니다. 문화적 취향이 사람에 따라 다양하고, 그 깊이가 다르기 때문입니다.

문화적 취향은 14세 전후에 결정됩니다. 그렇다고 그것을 위해 마구잡이로, 억지로, 졸음을 참으며 영화를 보고, 음악을 듣고, 공연을 보고, 책을 읽을 수는 없습니다. 그래서도 안 되고, 그렇게 한다고 취향이 넓어지는 것도 아닙니다. 그에 앞서 재미의 폭부터 넓혀야 합니다. 재미는 감각적인 자극이나 쾌락, 스트레스 해소에만 있지 않습니다. 감정에만 있는 것도 아닙니다. 영화나 드라마를 보고 눈물을 흘리면서도 우리는 "재미있다"고 말합니다. 영화를 통해 새로운 사실이나 지식, 현실에서 하지 못하는 대리경험, 상상력, 세상을 보는 새로운 눈, 추억을 얻는 것도 모두 '재미'일 수 있습니다. 14세만이 아니라, 우리 모두에게 해당되는 얘기지요.

영화를 '내 것'으로 만들어라

문화적 취향의 필수요소인 이런 다양한 '재미'를 위해서는 무엇보다 영화를 '내 것'으로 만들어야 합니다. 눈과 가슴을 열고, 영화 속으로 들어가 뒤집어보고, 감독이 보라고 권하는 카메라의 시선을 무작정 따라가지 않고 엉뚱한 방향으로 가보기도 하고, 영화가 숨겨놓은 것들을 숨은 그림 찾기 하듯 해야 합니다. '왜, 무엇, 어떻게'란 의문을 끝없이 갖고 영화를 보면 작은 것, 한마디 대사, 한 순간의 표정과 눈빛에서 나름대로 큰 의미와 즐거움을 발견하게 됩니다.

여기에는 가정법이 필요합니다. 바로 '내가 감독, 배우, 작가라면?'입니다. 그러면 저절로 "이 장면은 이렇게 했을 텐데" "저것은 저렇게 표현했을 텐데", "굳이 그 말은 안 해도 될 텐데", "결말을 이렇게 바꾸었을 텐데"가 떠오릅니다. 재미없고, 엉성한 영화에 대한 실망이나 싫증도 없어집니다. 영화에 대한 나의 눈도 그만큼 높아지는 것이니까요.

또 하나, 영화를 보면서 바로 기록해 놓아야 합니다. 어두운 곳에서 힘들다고 할지도 모르겠지만, 긴 글을 쓰라는 것이 아닙니다. 순간순간 핵심이 되는 단어만 적으면 됩니다. '좋다/나쁘다, 재미있다/없다'가 아니라 '이순신의 마지막 눈빛' '앙상한 손'처럼 자신의 시각과 통찰력, 느낌을 작은 메모장에 써놓으라는 것입니다. 나중에 그 짧은 단어 몇 개가 신기하게 영화에서 받았던 느낌을 오롯이 되살아나게 합니다. 때론 머리가 아닌 손이 기억을 나게 합니다. 그 기억이 사라지기 전에 목록을 만들고, 자기 언어로 감상평을 짧게라도 쓰면 더욱 좋겠지요.

이렇게 신경 곤두세우고, 귀찮은 짓까지 하면서 영화를 보면 재미있겠느냐고 투덜거릴지 모르겠습니다. 그러나 습관이 되면, 오히려 멍하니 팝콘이나 먹으면서 오로지 감각적인 재미만을 기대하며 영화를 보는 사람들이 한심해 보입니다. 조금 더 욕심을 낸다면 원작이 있는 영화는 원작을 미리 읽고 보면 훨씬 보이는 것, 생각할 것들이 많아지지요.

'다름과 보편적 공감대'를 인정하라

각자 생각과 표현이 다르듯, 똑같은 소재를 다룬 영화라도 감독에 따라 차이가 납니다. 이전에 나온 작품을 그대로 베끼는 리메이크 영화조차도 그런데, 하물며 서로 다른 소재의 영화야 말할 필요도 없지요. 같은 주제와 소재를 다루더라도 어떤 영화는 아주 세련미가 넘치는데 어떤 영화는 투박하고, 어떤 영화는 정교하지만 어떤 영화는 엉성하고 유치하기 짝이 없습니다. 영화에 따라 맛도 전혀 다릅니다.

같은 이야기를 아주 재미있게 하는 사람과 그렇지 못한 사람이 있듯, 영화도 마찬가지입니다. 영화도 결국은 사람이 하는 이야기이기 때문에 평등하지 않습니다. 그 '다름'을 인정하면, 영화에서 얻을 수 있는 것들이 더 많아집니다. 영화의 완성도도 중요하지만 이에 못지않게 그것을 어떻게 받아들이냐도 중요합니다. 세상에 나쁜 영화는 없습니다. 재미없는 영화도 없습니다. "영화는 예술이다"라는 예술지상주의에 사로잡혀 코미디나 액션 영화를 아예 거들떠보지 않으려는 것도 영화의 재미와 영화 취향의 절반을 포기하는 것입니다.

1,000만명의 관객을 끌어모은 영화를 보지도 않고는 "사람들이 왜 저렇게 난리를 치는지", "왜 이렇게 흥행이 되는지 이해할 수 없다"고 말하는 사람들이 있습니다. 그러면서 그들은 자신은 그런 군중심리에 휩쓸리지 않겠다는 듯한 태도를 취합니다. 영화의 상업성을 비하하고, 무시하는 것이지요. 그렇다고 자신의 문화적 취향

이 고상해지는 것은 아닙니다. 1,000만명이 바보가 아닙니다. 남이 보니까 덩달아서 보고, 남이 좋다고 하니까 덩달아서 좋다고 하는 것이 아닙니다. 영화 감상은 돈과 긴 시간을 투자하는 고비용 행위입니다. 그리고 사람들은 영화에 대해 냉정합니다. 누가 뭐라고 해도, 1,000명이 아니라 대한민국 국민 절반이 봤다고 해도 재미없다고 판단되면 돈 주고 보라고 해도 거부합니다.

대박에는 반드시 뭔가 특별한 것이 있습니다. 단지 대화에서 소외당하지 않기 위해서가 아니라, 그것을 확인하기 위해 영화를 봐야 합니다. 그것을 통해 사람들의 보편적 공감대를 함께 느껴야 합니다. 영화가 어떻게 그것을 집어내고, 표현해 사람들의 재미와 감동을 불러일으켰는지, 그 상업적 전략을 나름대로 발견하는 일이야말로 대박영화를 보는 커다란 '재미' 이지요.

영화는 '영화' 일 뿐이다

영화를 너무 좋아하다 보면 영화가 마치 세상인양 착각합니다. 물론 영화는 현실과 역사을 담기도 합니다. 그러나 현실을 있는 그대로 담았다는 실화나 다큐멘터리라 하더라도 현실 자체는 아닙니다. 선택과 연출, 조작이 들어가기 때문이지요. 아예 100% 허구인 경우가 훨씬 많지요. 영화도, 소설도 상상력의 산물이니까요. 역사와 현실이 기록하지 못하는 것들을 영화는 그것으로 메워 마치 진짜인양, 살아있는 실체인양 사람들에게 보여주지요. 이를 소설가 이병주는 "역사는 태양에 빛나는 산맥을 기록하고, 나의 소설은 달빛 비추는 골짜기를 기록한다"는 말로 표현했습니다.

때론 그 상상력이 마치 예언처럼 정확하게 미래의 현실이 되기도 하지만, 그렇다고 과거(영화)가 미래(현실)가 될 수는 없지요. 영화는 영화일 뿐입니다. 영화로 모든 것을 보고, 생각하고, 판단하면 마치 꿈속을 걷는 것과 같습니다. 영화가 세상의 전부가 아닙니다. 예술의 한 장르일 뿐이고, 예술 역시 인생의 한 부분입니다. 영화를 세상과 인생 자체로 착각하지 말고, 그것을 보는 창(窓)으로 생각해야 합니다. 내가 진짜 살아야할 세상과 인생은 그 창 너머에 있습니다. 그리고 창을 열고 나가 수많은 길 가운데 하나를 선택해 걸어가야 합니다.

영화는 현실에서 우리가 가볼 수 없는 길을 허구에서라도 잠시 가게 하는 '대리만족'을 선사합니다. 그것만으로도 영화가 있다는 것, 우리가 그 영화를 언제든 볼 수 있다는 것은 얼마나 행복한 일입니까. 그 행복한 길에 안내자가 필요 없을지 모릅니다. 인생이 그렇듯, 영화보기 역시 정답은 없으며 결국 각자 선택하고, 자기방식으로 가야하니까요. 그래서 "영화보기에 공식은 없다"고 말한 것이지요. 그래놓고는 영화보기에 대해 이러쿵저러쿵 말하는 것 자체가 하나만 남겨두고 다른 길들을 막는 것 같아 걱정도 됩니다. 다만 이중 하나라도 한번 따라 해보고 괜찮다면 다행입니다. 물론 재미없고, 의미를 못 느낀다면 언제든 그만두어도 됩니다.

 14세 소년의 영화보기 제안

- 재미는 하나가 아니다.
- 영화는 '나의 것'이다.
- 나도 감독, 배우, 작가이다.
- 원작을 읽어라.
- 보면서 나의 언어로 메모해라.
- 다름을 인정하라.
- 대박에는 반드시 이유가 있다.
- 영화는 영화일 뿐이다.